Kein weißes Blatt

Susanna Filbinger-Riggert, Jahrgang 1951, erlebt als junges Mädchen den politischen Aufstieg ihres Vaters ebenso mit wie seinen Fall. Sie hat lange Jahre im Ausland gelebt, doch die Vergangenheit des Vaters hat sie nie losgelassen. Die Auseinandersetzung mit dieser Vergangenheit wird zu einer Reise zu den eigenen Wurzeln – und zu sich selbst.

Susanna
Filbinger-Riggert

KEIN WEISSES BLATT

Eine Vater - Tochter - Biografie

Campus Verlag
Frankfurt/New York

FSC
www.fsc.org
MIX
Papier aus verantwortungsvollen Quellen
FSC® C006701

ISBN 978-3-593-39803-7

Umschlaggestaltung: Anne Strasser, Hamburg
Umschlagmotiv: © Burghard Hüdig (DGPh), Stuttgart
Satz: Fotosatz L. Huhn, Linsengericht
Gesetzt aus: Adobe Garamond Pro und Myriad Pro
Druck und Bindung: CPI-Ebner & Spiegel, Ulm
Printed in Germany

Dieses Buch ist auch als E-Book erschienen.
www.campus.de

Für Johannes und Anna-Georgia

Mein Vater war Marinerichter in einem totalitären, verbrecherischen System und hat als solcher moralisch Schuld auf sich geladen. Wie viele andere Offiziere hat er sich für das Funktionieren des »Systems Wehrmacht« instrumentalisieren lassen.

Seine Biografie enthält Brüche und Widersprüche, die auch das Verhältnis Vater-Tochter geprägt und für mich zu schwierigen Auseinandersetzungen und Erlebnissen geführt haben. Ich habe Zeit gebraucht, um mich differenziert mit der Vergangenheit meines Vaters auseinanderzusetzen. Es ist eine Auseinandersetzung, das habe ich bei der Arbeit an diesem Buch festgestellt, die noch immer nicht abgeschlossen ist. Auch ich ringe immer wieder und immer noch mit dem, was war, und dem, was ist. Vielleicht werde ich nie ganz »fertig« mit allem sein. Aber ein Anfang ist gemacht. Die Beschäftigung mit den Tagebüchern meines Vaters, die ich durch Zufall entdeckte und die der Auslöser für dieses Buch waren, ist für mich ein wichtiger Schritt in Richtung Verstehen, jenseits von Rechtfertigung oder Verurteilung.

1 |

Der Frühling ist mal wieder keiner gewesen und der Sommer droht keiner zu werden. Ein verregneter Mai und jetzt Anfang Juni die Schafskälte. In den Morgenstunden hat Nebel über den durchnässten Wiesen gestanden, der sich nur langsam auflöst. Auf den Feldern liegt das Korn gedrückt, die Wege sind matschig. Die Lupinen blühen, Kamille, Margeriten – groß ist sie ja nicht mehr, die Artenvielfalt am Wegesrand –, Gänseblümchen und natürlich Löwenzahn, »Unkraut vergeht nicht«. Es hat Beschwerden gegeben aus der Nachbarschaft über den Zustand des Gartens. Die Hecken müssten geschnitten werden, ganz zu schweigen von den Rosen, es müsste gemäht werden. Mähen allerdings würde schon nicht mehr gehen, da müsste schon jemand mit der Sense kommen. Sicheln, wie es so schön heißt. Ich parke unmittelbar vor dem Haus auf dem schmalen Bürgersteig, anders geht es nicht in der engen Straße, ziehe noch im Auto den Gürtel meines Trenchcoats fester zu, in der Tasche spüre ich den Schlüsselbund, die ganze Fahrt über habe ich ihn gespürt.

Warum eigentlich ich? Warum muss ich das machen und warum bin ich allein? Die Handtasche vom Beifahrersitz schnappen, die Autotür zuschlagen, das Tor aufsperren, an der Garage vorbei, die Treppe zum Haus hinaufgehen. Die Haustür aufsperren. Es ist ein Jahr nach seinem Tod. Mutter ist ihm vor wenigen Wochen gefolgt. Es riecht muffig in der Diele, klamm. Man müsste lüften, alle Fenster aufreißen, alle Türen, es müsste geheizt werden, das

Haus ist aus dem Jahr 1950, keine gute Bausubstanz. Man müsste putzen, »grundreinigen«, man müsste aufräumen. Am besten wäre es, das Haus leer zu räumen. Man müsste Entscheidungen fällen, es vermieten oder verkaufen. Ich stehe im Flur und schaue die Wände hoch. Schimmel würde sich als Erstes oben in den Ecken bilden. Ich habe in meinem bisherigen Leben schon sehr gut, aber auch lange extrem bescheiden gelebt. Wohin man in nicht gelüfteten Häusern als Erstes sehen muss, weiß ich genau. Und trotzdem ist es absurd, was ich tue. Vielleicht haben meine Geschwister ja recht. Sie sind für »Entsorgen«, ich bin die Einzige, die dagegen ist. Es geht nicht um das Haus, es geht um sein Arbeitszimmer, die Bibliothek, jenen halbkreisförmigen, nachträglich in den Berghang geschlagenen Kultraum. Die Bibliothek wirkt wie die Apsis einer Barockkirche, ein Heiligtum in Bauweise und Einrichtung. Sein Heiligtum. Wohin mit Tausenden von Büchern, mit gewiss Hunderttausenden von Schriftstücken und Dokumenten, und alles ist Vergangenheit, vorbei, vorbei, vorbei. Hat Mutter deshalb die Tür nach seinem Tod verschlossen halten wollen? Alles hatte sie nun allein machen wollen, sie, die nie allein gewesen war. Wie eine Marotte war es uns erschienen, dass sie plötzlich den Zugang verweigerte, den Zugang zur Zentrale, zum Herzstück unseres Hauses. Von hier aus hat er regiert. Wie eine Art Einflugschneise wirkt der Weg durch die große Diele, in den Anbau, durchs Esszimmer, direkt auf seinen riesigen Schreibtisch zu. Und immer, wenn er da war, war die Tür offen. Dann sah man ihn schon vom Eingang aus hinter seiner Arbeit sitzen. Aber heute ist die Tür zu, und ich muss sie öffnen. Meine zögernde Hand auf der kalten Klinke – was weiß der Körper von den Dingen, die wir machen?

Es ist dunkel im Raum, als Erstes gehe ich zu den Vorhängen und ziehe sie zur Seite, ich schalte die Lampen an, drehe die Heizkörper auf. Ein zartes Spinngewebe, fast unmerklich, streift meine Hand, ich ziehe sie erschrocken zurück.

Ich lasse den Blick durch den Raum schweifen: die wandhohen Regale, erdrückend, wie ich schon immer fand, sein großer Schreibtisch, ein Stehpult, eine Sitzecke, zwei Armsessel vor dem Fernseher und viel Raum zum Auf-und-ab-Gehen. Wie oft ist er hier auf und ab gegangen, hin und her. Und wie oft habe ich dabeigesessen und ihm zugehört. Auf dem Couchtisch liegt ein Stapel Kondolenzbriefe, alles ist überzogen von einer feinen Staubschicht. Keine Frage, hier war seit Monaten kein Mensch mehr. Mir fällt eine Anekdote von Picasso ein. Der Maler hatte sich ungeheuer aufgeregt, als eine seiner Frauen in seinem Atelier ungefragt Staub gewischt hatte. Er brauche den Staub, nur so könne er sehen, was bewegt worden war. Wie still es hier ist. Bücher, die nicht gelesen werden, schweigen ungeheuer laut. Erstausgaben, jede Menge Erstausgaben, Goethe, Schiller, dessen Porträt lehnt gegen die Theaterstücke von 1806. Europäische und deutsche Literatur, alphabetisch geordnet, ein ganzes Regal allein für französische Belletristik, dann Geschichte, Verfassungsgeschichte, Politik, deutsche Politik. Eine Marmorbüste von Konrad Adenauer steht in einer Lücke. Jetzt poltert es in den Heizkörpern. Lange werde ich nicht bleiben, beschließe ich, gehe zu den großen Glasschiebetüren und öffne sie. Wie viel heller es mir jetzt draußen vorkommt, obwohl der Himmel noch immer bedeckt ist. Fern der Schwarzwald, vor mir am Hang unser desolater Garten. Ich bin hier groß geworden. Hier im Garten habe ich das Laufen gelernt, sprechen gelernt, denken, fühlen. Wirklich? Hab ich hier fühlen gelernt? Oder war das woanders? Auf dem Rückweg gleich werde ich ein badisches Vesper essen, unten im Dorf, im Gasthaus »Kybfelsen«. Ich werde Wein trinken.

Wein trinken, das liebte er. Und reden, diskutieren, mit mir, ohne Ende. Diese Freude, wenn ich kam, später, als ich erwachsen war. »Je, Susala, da bist du ja! Komm rein, leg ab! Wie war die Fahrt? Was wollen wir trinken?« Und schon verschwand er im

Weinkeller und immer kam er mit einem ganzen Sortiment zur Auswahl zurück, Spätburgunder, Riesling oder Silvaner, meistens Gewächse aus der Gegend, vom Kaiserstuhl oder aus dem Markgräflerland. Manche Flaschen hielt er wie Babys in den Händen, wägte ihre Qualität ab, indem er sie liebevoll begutachtend hin und her drehte.

»Setz dich!«, sagte er. »Mach es dir bequem.« Und dann redeten wir, meist bis spät in die Nacht hinein. Irgendwann tauchte Mutter im Bademantel auf, setzte sich kurz dazu, trank ein Glas mit und ermahnte uns, nicht zu lange zu machen: »Vater muss ins Bett, er braucht Ruhe!« Aber Vater wollte reden: über Politik, über das Neueste in der Familie und dann wieder über Politik, den Zustand der Parteien, über die Weltlage, über die Finanzmärkte, über Amerika, Europa, und natürlich über das Wichtigste: das Filbinger-Barometer. Wie stand es? Tief? Mittel? Hoch?

Meines stand immer unter Druck, zu viel Druck. Hat er das jemals gemerkt? Noch heute zucke ich bei der Nennung meines Namens regelmäßig zusammen. »Warum nehmen Sie denn dann nicht den Namen Ihres Mannes an?«, empfehlen die Gutmeinenden. Wenn das so einfach wäre …

Am Horizont ist jetzt ein schmaler blauer Lichtstreif auszumachen, ich stehe wie festgewurzelt auf den roten Backsteinfliesen. Mein letztes längeres Gespräch mit ihm fand hier statt. Wenige Wochen vor seinem Tod. Es war ein ungewöhnlich warmer Märztag gewesen, und er war gerade aus dem Krankenhaus entlassen worden. Eine schwere Bronchitis hatte ihm den Atem genommen. An jenem Tag durfte er sogar ein paar Minuten draußen sein, an der frischen Luft. Ich hatte ihm seinen Lodenmantel übergezogen, in dem er fast versank. Er hatte stark abgenommen, er war sehr schwach. »Sein Körper ist wie durch schwere Traglasten zu einem Haken gekrümmt«, hatte ein Journalist kurz zuvor über ihn geschrieben. Ich fand es pietätlos. Ich hatte Himbeerkuchen mitgebracht, ich weiß es noch genau, denn es war ja noch keine Zeit für Himbeeren, also waren sie etwas Besonderes. Bei uns wurde stets darauf geachtet, sich nichts Besonderes zu kaufen, nicht zu schlemmen. Gut zu essen, ja, aber nichts, was den Anschein von Verschwendung hatte. Doch den Kuchen hatte er gegessen, ein, zwei Gabeln wenigstens. Und dann machte er ein paar Schritte mit mir, hier auf dieser Terrasse. Ich trug das mobile Sauerstoffgerät, und er fing ganz leise zu erzählen an. Es ging um seine Orden. Sie seien im Eichenschrank aufbewahrt, das müsse ich wissen. Wenn es so weit sei, sagte er. Das Thema schien ihm plötzlich äußerst wichtig. Der Orden der *Légion d'honneur,* der sei ihm der liebste, die höchste Auszeichnung der *Grande Nation*, auf den sei er besonders stolz. Er habe ihn für seine Arbeit als Kulturbeauftragter der Bundesregierung verliehen bekommen, für den Deutsch-Französischen Freundschaftsvertrag. Vierhundert Jahre fortwährender Spannungen zwischen Frankreich und Deutschland, vierhundert Jahre Spannungen und Kriege seien beigelegt worden, dozierte er im Flüsterton, während ich ihn stützte und mahnte, wieder reinzugehen in sein Arbeitszimmer. Aber Vater war mittendrin, es seien Schulen und Städtepartnerschaften gegründet worden und Austauschprogramme für Lehrlinge, für Studenten, fuhr er fort, »aber weißt du was?«

Ich wusste, was jetzt kam. Eine Anekdote, fast alle seine Erzählungen endeten mit einer Anekdote, so auch damals. Es war unser letztes wirkliches Gespräch und mein Vater erzählte, wie er im Élysée-Palast zur jährlichen Bilanz dieser Arbeit neben Willy Brandt gesessen habe und wie dieser, nachdem Mitterrand sein Resümee aus französischer Sicht gezogen hatte, anstatt auf Mitterrands Wunsch zu antworten, die Antwort einfach an ihn abgegeben habe. »Das übernimmt Dr. Filbinger«, habe Willy Brandt gesagt, und zwar ohne jegliche vorherige Absprache. »Bloßstellen wollte der mich, in Verlegenheit bringen! Aber das gelang ihm nicht.« Wir blieben stehen und Vater strahlte mich aus seiner gebeugten Körperhaltung heraus an. »Ich habe auf Französisch geantwortet, einen dreißigminütigen Vortrag! Danach hat Brandt beschlossen: Der Filbinger muss weg. Der kriegt die Verlängerung nicht. Koschnik wurde mein Nachfolger. Aber der konnte außer *oui* und *non* kein einziges Wort französisch sprechen.«

Ich musste trotz seines Anblicks schmunzeln, wie kindisch können Politiker sein. Und dann verging mir das Schmunzeln: Wie konnten ihn solche Nichtigkeiten derart beschäftigen? Er konnte sich kaum auf den Beinen halten.

Die Orden seien im Eichenschrank aufbewahrt, prägte er mir ein. Dann gelang es mir, ihn zurück in sein Arbeitszimmer zu schieben.

Von wegen Eichenschrank. Kurz nach seinem Tod erhielt ich einen Anruf von der Protokollabteilung des Staatsministeriums: »Wir benötigen die höchsten Orden Ihres Vaters für die Aufbahrung während des Staatsaktes im Freiburger Münster!«

Wie vorausahnend er mich doch präpariert hatte, dachte ich, doch als ich den Schrank öffnete, war kein einziger dieser Orden da. Ich räumte den gesamten Schrank aus, Urkunden, Ehrendoktorwürden, Ehrenbürgerschaften und – jawohl, da waren auch Orden. Aber es waren Fastnachtsorden. Als wir beschlossen, die richtigen Orden nachmachen zu lassen, tauchten die Originale schließlich auf: in einer Schublade seines Kleiderschrankes zwischen Manschettenknöpfen und schwarzen Wollsocken. Das bereits in Auftrag gegebene Ersatzbundesverdienstkreuz traf tags darauf ein.

Mir ist kalt. Ich gehe zurück, schließe die Türen hinter mir wieder, ich habe keine Ahnung, wen ich für das Herrichten des Gartens fragen soll. Ich gehe ein wenig auf und ab, dann lasse ich mich an seinem Schreibtisch in den großen schwarzen Sessel sinken, blättere in einem alten Pressespiegel – das gelbe Band des Pressespiegels, das aus jedem Stapel hervorsticht, auch mich hat es ein Leben lang begleitet, in den Tagen, in den Nächten, ich habe es tatsächlich schon oft im Traum vor mir gesehen und es waren keine guten Träume.

»CDU trauert um Filbinger, Wirbel um Oettinger-Rede …«

Ein verstaubtes Diktafon steht da, ein Foto meiner Mutter und ein abgemeldetes Telefon. Leere, wo sich sonst die Manuskripte und Akten stapelten, wo Termine gemacht, Reden geschrieben und Bücher gewälzt wurden.

Wenn mich jemand fragen würde, warum ich hier bin, wüsste ich keine Antwort. Ich musste plötzlich zu diesem Haus fahren, zu unserem Haus. Ohne dass ich etwas Konkretes vorhatte, etwas suchen oder finden wollte. Ich öffne die rechte Schublade seines Schreibtisches, ziehe das weiße Plastikringbuch heraus, das er immer bei sich hatte, wenn er unterwegs war. Es müssen seine letzten Einträge gewesen sein. Mit zittriger Schrift auf weißem, unliniertem Papier sind Zahlenkolonnen notiert, die seine Blutwerte, seinen Gewichtsverlust, Appetitlosigkeit festhalten. Er hatte den Verfall seines Körpers richtiggehend in Zahlen festgehalten.

Ich halte das Büchlein in der Hand und lasse es in meinen Schoß sinken. Er war alt geworden und ich weiß, dass er in Frieden gestorben ist. Wir waren ja alle dabei, haben um sein Bett gesessen. Der Pfarrer war noch einmal gekommen, seine Kinder waren da, im Garten spielten die Enkel. Es war Palmsonntag gewesen und er hatte einfach nur die Augen zugemacht und aufgehört zu atmen.

Wieder schweift mein Blick über die hohen Regalwände. Ich bleibe an den Karteikästen hängen, grüne, nicht von der üblichen Sorte, sondern größere, für die Aufbewahrung von Manuskripten und Recherchematerial geeignet. Zeitungsartikel sind darin gesammelt, Dokumente aus der Regierungstätigkeit, es gibt eine Personenkartei von Raymond Aron bis Carl Zuckmayer. Die Lieblingsthemen – die deutsche Frage, die europäische Neuordnung, DDR, Ostpolitik, Sozialismus – umfassen mehrere Kästen. Meine Geschwister haben recht, was soll man damit noch machen? Entsorgen. Ein schönes Wort: Weg mit den Sorgen. Wird ja auch langsam Zeit. Und während ich das noch denke, stehe ich auf, trete an das Regal und ziehe einen der Kästen heraus. Er ist unbeschriftet, ich öffne ihn – und finde, womit ich nie im Leben gerechnet hatte.

Einige Stunden später saß ich im Gasthaus Kybfelsen vor einem deftigen badischen Vesper und einem Schoppen Wein. »Dass Sie einmal wieder reinschauen!«, hatte die Wirtin mich begrüßt, ich wäre ihr am liebsten um den Hals gefallen dafür. Nach dem ersten grünen Kasten hatte ich noch zwei weitere herausgezogen und dann hatte ich sogleich versucht zu zählen. Es mussten um die 60 Tagebücher sein. Mein Vater hatte fast jeden Tag Tagebuch geführt und es waren nicht nur die letzten Jahre, die ich hier fand, sie gingen vielmehr bis in den Krieg zurück. Nein, ich zog nicht das Schicksalsjahr, 1978, als Erstes raus und auch nicht die Kriegstagebücher. Ich suchte das Jahr 1951. Eitelkeit? Mir schlug das Herz bis in die Ohren und es wurde mir so heiß wie lange nicht mehr. Was wollte ich denn wissen? Dass er es aufgeschrieben hatte? Aufgeschrieben, dass es mich gab?

Ich fand die Stelle auf Anhieb, hatte aber Schwierigkeiten, seine Schrift zu entziffern. Dann erkannte ich die Worte vor mir. Da hatte er es festgehalten, wie die Hebamme ihm das kleine Bündel Mensch entgegengestreckt und die Augen seines ersten Kindes, seiner Tochter, ihn zum ersten Mal angeblickt hatten. Ein Augenblick des Glücks!

Ein Bündel Mensch….

Und plötzlich konnte ich weinen, alle nicht geweinten Tränen, sie brachen aus mir heraus, in meinem leeren, toten Elternhaus. Es dauerte lange, bis ich mich wieder fassen konnte. Ich hatte auf dem Teppich gehockt und auf dem Dielenparkett sah ich jetzt die Spuren im Staub, die ich gemacht hatte. Deshalb war ich also gekommen. So erleichternd das Weinen gewesen war, so schwer war es mir jetzt um das Herz. »Entsorgen« ging nicht.

Ich habe schon früh innerhalb meiner Familie eine bestimmte Rolle übernommen. Ich habe sie mir nicht ausgesucht, sie ist mir zugefallen, vielleicht auch zugedacht worden? Jedenfalls geschah es eher intuitiv. Ich fühlte eine Art Verantwortung, die ich für unsere Familie zu tragen hatte, als Älteste von uns Geschwistern und dann auch als enge Vertraute meines Vaters. Erst viel später ist mir klar geworden, was diese Rolle für mich, für mein eigenes Leben bedeutet. All die Jahre habe ich sie nie ganz ablegen können, vielleicht auch nicht ablegen wollen. Gewiss, ich habe meinen eigenen Weg gesucht, mir mein Leben aufgebaut, eine Karriere, eine eigene Familie. Ich bin unabhängig geworden, selbstständig, erfolgreich, wie ich es immer sein wollte. Doch die Bindung an das Familienthema war schwer zu lösen, manchmal erwische ich mich noch heute dabei, dass ich geradezu reflexhaft reagiere auf das Thema oder den »Fall« Filbinger. Es war nicht das erste Mal, als ich im Gasthaus Kybfelsen saß, dass ich daran dachte, ein Buch zu schreiben. Und heute kann ich sagen, dass das Schreiben mir die eigentliche Aufgabe, man könnte auch sagen meinen Auftrag, der hinter dieser Rolle steckte, erst wirklich bewusst gemacht hat. Schritt für Schritt. Es ist dies die Rolle einer »Aussprecherin«: Eine, die den Dingen ins Auge schaut, sie anspricht, ausspricht, und die Aussprache auch ganz bewusst sucht. Es mag sich pathetisch anhören, aber heute glaube ich, dass das der erste Schritt zur Heilung ist, meine Erdung.

Damals, freilich, war ich aufgewühlt, Brot und Wurstsalat blieben fast unangetastet und auch vom Wein trank ich nur ein paar

Schlucke, was die mitleidvollen Blicke der Wirtin erregte: »Sollen wir es Ihnen einpacken?« Ich zögerte einen Moment und nickte dann. Und dann fuhr ich heim zu meiner eigenen Familie, auf dem Rücksitz drei grüne Kisten, das war der Anfang.

2 |

Eigentlich begann alles ganz normal. Eine kinderreiche katholische Familie, die in einem Vorort von Freiburg wohnte. Das Haus war gerade gebaut worden, die Zimmer waren klein für heutige Verhältnisse, Bett und Tisch passten rein, ein Schrank, ein Bücherregal, selbstverständlich mussten wir Geschwister uns später ein Zimmer teilen. Nicht nur weil das Geld knapp war, was zweifelsfrei der Fall war. Aber es galt, Bescheidenheit zu üben. Sparsamkeit war eine Tugend und vor allem zählten Leistung und harte Arbeit. Das brachte einen weiter im Leben. »Ihr wisst gar nicht, wie gut es euch geht«, wiederholte unsere Mutter unzählige Male bei Tisch, insbesondere, wenn es die von mir so gehasste Brotsuppe gab. Ein Gemisch aus Wasser und Brotresten, das sowohl eklig roch als auch eklig aussah. Und selbstverständlich musste der Teller leer gegessen werden, es gibt wohl keinen aus der Fünfzigerjahre-Generation, dem diese Rituale erspart geblieben sind. Dass Gerichte wie Arme Ritter und eben jene Brotsuppe heute auf Speisekarten in Sternerestaurants erscheinen, mutet mich seltsam an, wobei die mit Milch und Ei getränkten altbackenen Brotscheiben, die in der Pfanne ausgebraten und dann mit Zimt und Zucker bestreut wurden, tatsächlich in meiner Kindheit zu meinen Lieblingsspeisen zählten. Auch Dampfnudeln mit Butterbröseln und Pflaumenkompott – in der Erinnerung sind es Festtagsspeisen.

Ich habe mich oft bei meiner Mutter beschwert, nicht eingesehen, warum wir ständig verzichten sollten. Mein sehnlichster

Wunsch war es, ein eigenes Fahrrad zu besitzen, so eines wie meine Freundin Nicola von nebenan besaß. Der Wunsch wurde nicht erfüllt. »Dafür hast du viele Geschwister«, konterte sie, »und die Nick, die ist eben alleine.«

Als ich mich später in den USA unter anfangs recht harten Bedingungen als alleinerziehende Mutter durchkämpfen musste, hat mir die anerzogene Fähigkeit, mich extrem einschränken zu können, sehr genützt, mehr als das, sie hat mich durchhalten und überleben lassen. Dass es allerdings eine Über-Lebensfähigkeit ist, keine Lebensfähigkeit, das weiß ich heute erst. Es dauert, bis man den Unterschied erkennt.

Mutter stammte von einem großen Gut in Oberschlesien, ja, es hieß sogar Schloss, »Schloss Ruda«. Ihr Vater war Bergwerksdirektor. Die Gemeinde, in der sie aufwuchs, lebte von der Arbeit im Bergwerk. Mutter war von Kind an einen großbürgerlichen Stil gewohnt. Es gab für jede Art von Tätigkeit Bedienstete, die Räume waren, wenn auch dem Zeitgeist entsprechend möbliert, so doch alle groß und weitläufig. Es gab Stallungen und Wachhunde, und nicht nur das, für den Schutz der Familie sorgten ein Tag- und ein Nachtwächter. Dass dieser Schutz löchrig war, muss sie allerdings gemerkt haben. Ihre Tante Fanny, die Schwester meiner Großmutter, hatte einen Juden geheiratet. Dieser war Generalbevollmächtigter für das Flicksche Vermögen in Oberschlesien gewesen, ein hellsichtiger, intelligenter Mann, der sofort zu Beginn 1933 in die Schweiz emigrierte. Die Familie war also informiert und wie die Welt außerhalb des Gutes aussah, hatte Mutter in Jena erfahren, wo sie in den 1940er Jahren studierte. Doch am schlimmsten hat sie den Krieg, wie viele andere Deutsche, erst erlebt, als er zu Ende ging und die Flucht vor den Russen begann. Sich auf das Nötigste zu reduzieren – ein Trauma, das sie ihr Leben lang nicht mehr loswurde. Als sei sie immer noch auf der Flucht, achtete sie stets darauf, alles, was wir besaßen, zusammenzuhalten.

Vater war das Kind einfacher Leute, darauf war er stolz. Sein Motto lautete: »Mehr sein als scheinen«. Das Paar war perfekt. Aber glücklich?

Was für eine Frage! »Tempo! Tempo! Aufschließen!«, rief Vater auf den sonntäglichen Wanderungen. Morgens nach der Kirche ging es mit Rucksack und Bergstiefeln in die Weinberge rund um den Kaiserstuhl, ins Elsass oder ins Markgräflerland. Er erzählte uns von den Römern, die hier durchgezogen waren und überall, wo sie heiße Quellen gefunden, Thermen errichtet hatten, von der österreichischen Prinzessin Marie Antoinette, die auf ihrem Weg nach Paris durch unsere Heimat gefahren war, von den Dichtern und Denkern, die hier gelebt hatten. Nur wenn wir ein Tier sahen oder eine seltene Pflanze entdeckten, konnte sein Redefluss unterbrochen werden. Dann hieß es betrachten, genau betrachten, und dann setzte der Vortrag wieder ein, in diesem Fall ein Exkurs in Botanik oder Vogelkunde. Meistens hörten wir aufmerksam zu, manchmal versuchten wir, hinter seinem Rücken Blödsinn zu machen, uns zu verstecken, Grimassen zu ziehen, und während meine jüngste Schwester bei der Mutter bleiben durfte oder früher umdrehen und in ein Gasthaus einkehren, musste ich, die Älteste, immer ganz vorne mitmarschieren. Ja nicht zurückbleiben, keine Blumen pflücken, bloß nicht trödeln, auch nicht, wenn man schon Blasen an den Füßen hatte. Leben war Disziplin. Allerdings, manchmal nahm er sich ganz unvermittelt Zeit, nahm ein Stück Holz, setzte sich auf einen Baumstumpf am Waldrand und fing zu schnitzen an. Flöten, die tatsächlich Töne abgaben, wenn man reinblies. Heute stelle ich mir vor, wie er still vor sich hinsah dabei, denn Schnitzen ist doch eine stille Tätigkeit. Ich stelle mir sein Gesicht vor: Wie sieht er aus, wenn er einfach nur schaut, ohne Absicht, ohne Zwang, ohne jene straffe Zielgerichtetheit, ohne jene Fassung, die er immer wahrte? Das Gesicht eines Menschen, der in sich ruht, sein Antlitz, würde der französische Philosoph Emmanuel Levinas sagen. Im Antlitz des Anderen erkennt man das Du. Ich muss es mir tatsächlich vorstellen. Es ist ein Gesicht, das ich nicht kenne.

Sehr genau erinnere ich mich an den Tag, an dem mein Bruder zur Welt kam, der lang und heiß ersehnte Stammhalter. Es war im Juli 1956 und endlich war er nun da. Martha, unsere Kinderfrau aus Oberschlesien, betrat morgens das Kinderzimmer, das meine Schwester Bärbel und ich uns damals teilten. Eine frisch gestärkte weiße Schürze hatte sie angezogen, das graue Haar streng zurückgekämmt und im Nacken hochgesteckt, und wie an Weihnachten, wenn sie Stunden in der Küche damit verbrachte, den »Karpfen blau« zuzubereiten, glühten ihre Wangen dunkelrot.

»Es ist ein Brüderchen. Gleich kommt der Papi hoch, dann gratuliert ihr ihm zu seinem Sohn und gebt ihm eine rote Rose!« Martha drückte uns eine langstielige Rose in die Hand, die wir fest umklammerten, und dann warteten wir ehrfürchtig in unseren Gitterbetten, bis er hereinkam.

Mein Vater war von großer Gestalt. Ich fühlte mich schüchtern und scheu in seiner Gegenwart. Und natürlich war es ein besonderer Anlass gewesen, jener Tag, an dem der Stammhalter auf die Welt kam. Aber wenn Vater kam, war es immer ein besonderer Anlass, er war und blieb ein Mensch für besondere Momente, für Wochenenden, Ausflüge, Ferien. Erst später kamen die gemeinsamen Reisen hinzu und die nächtelangen Gespräche. Und doch wirkt es heute so befremdlich auf mich, dass er auch an jenem Morgen seinen dunklen Anzug trug mit weißem Hemd und Krawatte. Nie habe ich ihn anders gekleidet erlebt – außer im Urlaub und kurz vor seinem Tod, 93-jährig, alt und schwach.

Während der Tauffeier meines Bruders, so erinnere ich mich, öffnete sich auf einmal die Tür zur Kapelle einen winzigen Spalt. Eine blasse, schmale Gestalt in einem hellblauen Morgenmantel schaute herein. Es dauerte, bis ich sie erkannte. Es war meine Mutter, die für einen kurzen Moment der Tauffeier beiwohnen wollte. Leise zog sie sogleich die Tür wieder hinter sich zu. Ich habe dieses Bild immer vor Augen behalten, es hatte etwas so Trauriges und auch etwas so Fremdes. Und das war Mutter für mich, fremd. Manchmal lachte sie laut und manchmal war sie tief verzweifelt. Auch wenn ich der Astrologie nicht viel Bedeutung beimesse, meine Mutter war Zwilling. Sie hatte mindestens zwei Seelen in ihrer Brust, ich glaube, es waren mehr. Die Umschwünge zwischen warmherziger Zuwendung und abweisender Kälte waren nie vorauszusagen, sie kamen plötzlich und sie waren extrem. Natürlich war sie mit später fünf Kindern und als Ehefrau eines Politikers vielen Aufgaben ausgesetzt, aber das war nicht alles. Es gab da auch noch etwas, über das man nicht sprach, »mehr sein als scheinen« strengte eben an.

Wenn sie sich aber um einen Menschen sorgte, dann war es mein Vater. Sie war unentwegt auf sein Wohl bedacht und ich nehme an, dass er unter anderem durch ihre Fürsorge so alt werden konnte. Eine Fürsorge, die auch recht schwierige Seiten hatte, die Szenen im Krankenhaus vor seinem Tod, als sie ihn regelrecht belagerte, nicht von seiner Seite wich, einfach mit einzog, die Ärzte zum Teil unbotmäßig beschimpfte. Manchmal kam sie mir eher wie eine Ertrinkende vor, eine, die im Begriff war, alles, wirklich alles zu verlieren. Aber ging es dabei noch um meinen Vater, oder ging es nicht viel mehr um sie?

Als Kind hatte ich Martha. Sie war mir von allen Dienstmädchen, die Mutter über die Jahre beschäftigte, die liebste. Und sie war eine, die blieb. 20 Jahre lang hielt sie uns die Treue. Ihr Zimmer lag im zweiten Stock des Hauses. Wenn ich nachts schlecht träumte, durfte ich zu ihr ins Zimmer kommen und sie wecken.

»Geh wieder schlafen, Susi, leg dich auf die andere Seite. Es ist alles gut.« Das Fenster stand meist offen bei ihr und wenn der

Mond schien, sah ich ihren langen silbernen Haarzopf, der tagsüber in eine kreisrunde Schnecke am Hinterkopf gedreht war. Er war so lang, dass er sich über das Kopfkissen bis auf den Boden hinunterschlängelte. Martha war wie eine Großmutter für mich. Wenn es Streit gab, tröstete sie mich, und an Weihnachten backte sie schlesischen Mohnstrudel mit Rosinen oder Linzer Torte und ich war auserwählt, um vom Teig zu schlecken.

War ich krank – ich litt als Kind häufig unter einer heftigen Bronchitis, einem Husten, der so unendlich viel Kraft kosten konnte –, so kam Martha mit einem alten Pfännchen voll heißem Öl, alten weißen Leinenlappen, die sie aus ausrangierten Laken zurechtgeschnitten hatte, und machte heiße Umschläge. Ich hasste diese Prozedur, aber sie ließ nicht ab, bevor sie nicht das Läppchen – so heiß wie möglich – um meinen Hals gelegt und mit einem alten Wollstrumpf umwickelt hatte. Die ganze Nacht über musste ich diese nach Öl stinkende Packung um den Hals tragen. Am nächsten Tag hörte sich der Husten nicht mehr ganz so schlimm an und saß auch tatsächlich nicht mehr so fest, und Martha zeigte sich strahlend, denn wieder einmal hatte der »Ölwickel«, ihr Geheimrezept, geholfen.

Mit Martha verbrachten wir auch die Sommerferien, im »Hutzehäuschen« auf dem Feldberg, während unsere Eltern ins Tessin nach Cademario fuhren, zur Kur, wie Mutter sagte. Das Hutzehäuschen war eine alte Holzhütte. Sie bestand aus einem Wohnraum mit Kochnische und zwei schmalen Zimmern mit Etagenbetten für mich und meine Geschwister. Im Hutzehäuschen waren wir frei, keine Befehle, kein »Marsch! Marsch! Aufschließen!« Kein Kopfnüsse verteilender Vater. Stattdessen der Wald, Blaubeeren suchen, Räuber und Gendarm spielen, Versteck und Hüpfekästchen, draußen bei gutem, drinnen bei schlechtem Wetter. Spielen, singen, von Martha bekocht werden und vorgelesen bekommen. Es wimmelte von Mäusen, gegen die wir einen Großangriff nach dem anderen starteten. Nachts wurden Fallen aufgestellt und am Morgen nahm Martha einen Eimer mit Wasser und sammelte die gefangenen Tierchen ein. Auf der Holzwand neben dem Eingang hatten wir eine Chronik jenes Rituals verfasst. Jeder Mäusetod wurde dichterisch verarbeitet: *Heute dicker Mäusevater, / gefangen ohne schwarzen Kater, / er musste endlich mal ersaufen, / es schrumpft, so hoffen wir, der ganze Haufen.*

Als ich sieben war, veränderte sich vieles in unserem Leben. Ich war wieder einmal krank, als Mutter kam und mir die große Neuigkeit erzählte. Sie hatte mir ein Eigelb mit Zucker in einer Tasse geschlagen und war damit an mein Bett getreten, als sie mir von dem Anruf erzählte. »Iss!«, sagte sie, »du musst jetzt ganz schnell wieder gesund werden. Vater ist in ein wichtiges Amt berufen worden. Staatsrat! In Stuttgart. Iss!«, wiederholte sie und sie lächelte dabei. Als habe meine Gesundung mit seinem Amt zu tun.

Mit neun Jahren erlebte ich dann zum ersten Mal Wahlkampf. Ich erlebte ihn nicht, ich machte ihn. Wir machten ihn. Alle, die ganze Familie.

»Ich will haben, dass ihr euch anständig betragt. Habt ihr gehört?«, lautete Vaters Anweisung. »Die Leute beobachten uns jetzt!« Es war das Jahr 1960 und er hatte sich als Landtagskandidat für die CDU in Baden-Württemberg aufstellen lassen.

»Achtung! Achtung! Eine wichtige Durchsage!«, tönte eine laute Männerstimme durch die Straßen der Freiburger Innenstadt. »Eine wichtige Durchsage an alle Bürger unserer Stadt. Achtung, Achtung: Wählen Sie am Sonntag den Mann Ihres Vertrauens! Geben Sie Ihre Stimme dem Kandidaten der CDU! Wählen Sie Dr. Hans Filbinger!« Dann schepperte Musik aus dem Lautsprecher und die Ansage wurde wiederholt. Wir fuhren in einem weißen Bus durch einen Stadtteil nach dem anderen, meine Geschwister und ich, Wahlhelfer und unser Vater. Zwischendurch hielt der Bus auf Marktplätzen oder an Straßenecken, wo sich viele Menschen aufhielten. Manchmal hatten sie sich schon zuvor dort versammelt. Meine Geschwister und ich stiegen aus, wir winkten und verteilten unsere CDU-Fähnchen, schwarz-gelb, in den Farben von Baden-Württemberg, Broschüren über den Wahlkandidaten, CDU-Propaganda, Luftballons ... Vater schüttelte derweil Hände, beantwortete Fragen, gab Autogramme, hielt kurze Reden und stieg wieder gemeinsam mit uns ein bis zur nächsten Station.

Am nächsten Tag war »Canvassing« mit unserer Mutter in den Häusersiedlungen im Freiburger Westen dran. Diese Art Wahlkampf hatte ich eigentlich – so meinte ich – erst in meinen Jahren in den USA erlebt, und für die USA ist diese Art Wahlkampf auch typisch. Die Wahrheit aber ist, dass sie bei uns schon vor Jahrzehnten ebenso stattfand. Ansehen und Familie waren fast genauso wichtig wie der Kandidat oder sogar damals schon wichtiger? Luftballons zu verteilen hatte uns Kindern natürlich Spaß gemacht, direkt zu den Leuten in die Siedlungen zu gehen, »Klinke zu putzen«, dagegen nicht. Die Menschen, die in den Siedlungen lebten, waren nur schwer zu überzeugen, das hatten sogar wir Kinder schon verstanden. Das waren alles Arbeiter, die »Roten« oder »Sozis«, wie Mutter sie auch nannte. Viele Treppen rauf und runter mussten wir laufen. Klingeln bei wildfremden Menschen, in der Hoffnung, dass sie aufmachten. Oft mussten wir sehr lange vor den Türen warten. Würden sie dieses Mal zuhören, wenn Mutter zu reden beginnt, oder würden sie gleich wieder abweisend sagen: »Nein danke, wir sind von der anderen Partei!«? Das fühlte sich immer so unangenehm im Bauch an. Und am liebsten wäre ich gleich schnell zur nächsten Wohnungstür gegangen. Vielleicht wären die freundlicher zu uns, die oben, im nächsten Stock. Wir sollten stillstehen, das fiel besonders schwer, ich zog die Zehen in den Schuhen an, spielte mit den Fingern am

Rock herum, das Prozedere war immer dasselbe, ich rechts, Bärbel links, Mutter in der Mitte drückte die Klingel. In den Fluren war es meist sehr still, es roch oft intensiv nach gekochtem Essen, aber es war kalter Geruch, ich machte Übungen, nicht zu riechen, durch den Mund zu atmen. »Pscht, benehmt euch, wenn jemand aufmacht! Susi, nimm deinen Rock herunter!«

Beim Abendessen mussten wir dann alles genauestens erzählen, Vater wollte jedes Detail erfahren. Wie viel wir geschafft hatten, ganz genau, wie viele aufgemacht hatten und wie viele nicht, was die Leute gesagt hatten, wie viele für uns waren und wie viele gegen uns.

Ein paar Nächte vor dem Wahlsonntag beklebten Wahlhelfer sämtliche Litfaßsäulen der Stadt mit Plakaten. Vaters Gesicht klebte überall. Jedes freie Stück Mauer oder Häuserwand hatten sie mit seinem Kopf tapeziert. Wir konnten nicht mehr durch die Stadt gehen, ohne unseren Vater zu sehen und ohne dass er uns ansah. Nach einigen Tagen trug er einen Schnauzbart auf der Oberlippe, die Augen waren ausgestochen und einen Hut hatte man ihm aufgemalt.

Es begann das, was nie mehr enden sollte. Wir lebten in und mit der Öffentlichkeit. Später dann auch gegen die Öffentlichkeit, aber das war noch nicht dran. Jetzt ging es erst einmal bergauf, auch wenn sich Mutter über die »Sozen« ärgerte. Die Wahl wurde ein Erfolg für Vater und die CDU und kurz darauf ernannte ihn Kurt Georg Kiesinger zum Innenminister in seinem Stuttgarter Kabinett.

Von nun an sahen wir Vater in den Abendnachrichten im Fernsehen, auf Tribünen oder an einem Rednerpult. Während der Woche war er in Stuttgart, am Wochenende kam er heim. Herr Schwitzler, der Fahrer aus Stuttgart, stellte die vielen schwarzen Aktenkoffer in unseren Flur und sagte: »Dann bis Montag, Herr Minister.«

Wir mussten leise sein, wenn Vater arbeitete. Jeden Sonntagmorgen gingen wir mit ihm und Mutter in den Gottesdienst. »Wir sitzen alle in einer Bank und wir gehen alle gemeinsam zur Kommunion nach vorne«, lautete die Anweisung. Danach musste ich mit Hausaufgaben bei ihm im Arbeitszimmer antreten. Einmal hatte ich eine schlechte Note in Erdkunde nach Hause gebracht. Ich musste mich neben ihn vor einen aufgeschlagenen Atlas stellen. Er zeigte auf Städte und Flüsse und ich musste augenblicklich sagen, wie sie heißen. Mit erhobener Faust am Hinterkopf wartete er auf meine Antwort. Wenn sie nicht gleich kam oder falsch war, erntete ich eine Kopfnuss. Diese Art von Prüfung konnte lange dauern und erst der Gong zum Mittagessen erlöste mich.

Nach dem Essen brachen wir zum Wandern in den Schwarzwald auf. »Vorwärts, marsch, marsch! Tempo! Tempo! Aufschließen!«

Montagmorgen kam Herr Schwitzler und holte Vater und die schwarzen Aktenkoffer wieder ab.

Meinen ersten Zusammenstoß mit der Presse hatte ich, als ich zwölf Jahre alt war. Er fand mitten im Wald statt, auf dem Schauinsland, dem Freiburger Hausberg, auf dem ich schon als kleines Kind die ersten Rutschabenteuer auf Skiern unternommen hatte.

Die Sache begann an einem Sonntagmorgen, auf den wir uns alle schon seit langem gefreut hatten, beim Frühstück im Haldenhof, einem 100 Jahre alten Bauerngasthof. Gemütlich, urig, mollig warm, ein Haus, dessen Dach auf einer Seite fast bis hinunter auf die Erde reichte. Jedes Jahr im Januar startete von hier aus der Skimarathon. Schirmherr war dieses Mal der Innenminister von Baden-Württemberg.

Vater und Mutter saßen auf der Holzbank unter einem Hirschgeweih, meine Geschwister und ich auf den alten Holzstühlen mit Wölbungen für die Pobacken und Herzen in der Rückenlehne.

Plötzlich kam ein Mann in Polizeiuniform an unseren Tisch, nahm die Kappe vom Kopf, verbeugte sich und bat darum, kurz mit Vater zu sprechen. Allein, wie er betonte. Vater quetschte sich zwischen Tisch und Bank hervor. Der Polizist flüsterte Vater etwas ins Ohr, dann redeten die beiden eine Weile miteinander. Ich schaute hinüber und versuchte mir einen Reim auf diese Konversation zu machen. Vaters Miene war ernst. Worum es ging, konnte man nicht erkennen. Nach einer Weile wurden die beiden lauter, dann war das Gespräch zu Ende. »Also gut, so machen wir es!« Vater nickte zur Bekräftigung.

Der Polizist tippte mit der Hand noch einmal an seine Dienstkappe, eine Geste zwischen Gruß und Verlegenheit, kam zurück an unseren Tisch, entschuldigte sich bei Mutter für die Störung und ging.

»Was ist los?«, fragten wir Vater aufgeregt, als er sich wieder zu uns auf die Bank setzte, und alle Augen waren auf Vaters Miene gerichtet.

»Eine Morddrohung.« Tatsächlich hatte der Polizist von der Gefahr eines Attentates auf Vater berichtet. Die Sache sei sehr ernst zu nehmen, hatte er gesagt und meinen Vater gebeten, den Marathon abzusagen. Für Sicherheit sei nur schwer zu garantieren, mitten im Wald. Aber auch im Freien auf der Piste sei es für die Polizisten zu schwierig. Als würde er lediglich schlechtes Wetter verkünden, so gab Vater das Gespräch wieder. Mir schnürte es die Kehle zu, an Weiteressen war nicht zu denken.

Absagen! Natürlich absagen. Vater musste sofort mit uns nach Hause fahren. Aber weit gefehlt. Vater sagte nicht ab. Mit fester Stimme erklärte er uns – ich traute meinen Ohren nicht –, dass der Skilauf wie geplant stattfinden werde.

»Alles Angsthasen, diese Polizisten!«, entrüstete er sich. Und dann widmete er sich wieder seinem Frühstück und löffelte seinen obligatorischen Quark.

»Das kannst du uns nicht antun, bitte!«, flehte ich. »Du bist doch unser Vater! Bitte, Papi, lass uns heimfahren! Schnell!«

»Wenn ich hier einknicke, mache ich mich auf Dauer erpressbar«, kam die Antwort zwischen den mit weißer Masse gehäuften Löffeln hervor. »Kommt nicht in Frage!« Er schüttelte den Kopf. »Esst weiter. Gleich geht es los. Ihr braucht keine Angst zu haben!«, das war alles, was er uns mit auf den Weg gab.

Ich zog meinen Anorak und die Mütze an und holte die Skier aus dem Keller. Am liebsten wäre ich wieder rauf in mein Zimmer gelaufen und hätte mich dort unter der Bettdecke verkrochen, woran sollte ich eigentlich gleich noch teilnehmen? Zusehen, wie Vater erschossen wird? Viel lieber wäre ich bei Mutter geblieben. Sie würde im Hotel auf uns warten.

Aber wir anderen, wir mussten mit. Jetzt erst recht! Das übliche »Flagge zeigen« der Familie war geboten. Geschlossen auftreten. Keine Extrawürste! Wo habe ich meine Angst hingepackt? Mir ist es heute unbegreiflich.

Der Weg führte durch den Wald, links und rechts gesäumt von mächtigen Schwarzwaldtannen, deren Zweige vom Schneepolster schwer auf dem Waldboden streiften. Ab und zu knatterte ein Hubschrauber über ihre Kronen hinweg. An einer großen Wegkreuzung sah ich plötzlich eine Gruppe Menschen, die eindeutig nicht zu den Skifahrern gehörten. Sie warteten auf frisch gefällten, übereinandergestapelten Baumstämmen, sie waren fast alle schwarz gekleidet. Es waren Fotografen. Mit gezückten Fotoapparaten standen sie da, drehten an ihren Objektiven, mir aber schoss nur ein Gedanke durch den Kopf: Das Attentat, hier würde es passieren.

Und meine ganze kindliche Angst, die ich seit dem Frühstück am Morgen aufgestaut hatte, die Sprachlosigkeit, dass wir allesamt so taten, als sei alles ganz normal, dieses erdrückende Gehorchenmüssen, all das packte mich und entlud sich gleichzeitig: Ich scherte aus, zog mir die Skier von den Schuhen und rannte auf diese Meute los, ja, eine Meute, zum ersten Mal dachte ich das. Ich wedelte mit den Händen vor ihren Linsen hin und her und brüllte sie an: »Verschwinden Sie, lassen Sie uns in Ruhe! Hauen Sie ab, sofort!«

Ich war mir ganz sicher, wenn es diesen Attentäter gab, dann konnte er sich hier am besten verstecken und womöglich war er sogar unter diesen Menschen hier. Bewirkt hatte ich natürlich das Gegenteil, aber wenigstens war die Luft raus. Ich atmete auf, ich hatte Vater verteidigt. Ich stand in einem Blitzlichtgewitter, hörte helles, grelles Lachen und sah in befremdete Gesichter. Schon als ich mich nach meiner Familie umdrehte, wurde mir klar, dass ich mich blamiert hatte. Ich ging zurück, schnallte die Skier wieder an, noch tagelang musste ich den Spott der Familie aushalten. Zu meinem Glück stand am nächsten Tag nichts von meinem wilden Protest mitten im Wald in der Zeitung. Von dem geplanten Attentat war ebenso wenig zu lesen.

Heute fällt mir die kindliche Naivität, mit der ich einerseits Vater und uns schützen wollte und zum anderen glaubte, das öffentliche Interesse einfach wegwischen zu können, ganz besonders auf. Ich weiß nicht warum, aber ich dachte schon sehr früh, dass es meine Aufgabe sei, Vater zu beschützen, einzuschreiten, wenn es zu viel wurde. Nicht alles einfach geschehen zu lassen. Ich hatte eine Rolle in dieser Familie übernommen. Was das wirklich bedeutete, bekam ich erst viele Jahre später zu spüren, und natürlich bis heute. Bis jetzt. Ich winke – glaube ich – immer noch mit den Händen.

3 |

Ich weiß noch, dass sich eine bleierne Müdigkeit auf mich legte, als ich zu Hause ankam. Ich schaffte es gerade noch, die grünen Kisten in den Keller zu tragen, in mein Büro, um sie dann doch wieder nach oben zu schleppen, in das kleine Arbeitszimmer mit Blick in den Garten. Wohin damit? Ich wollte auf keinen Fall, dass sie irgendjemand vor mir ansah, auch mein Mann und meine Kinder nicht. Aber natürlich kam meine Tochter genau in diesem Moment nach Hause und fragte: »Opa?«

Ich nickte. »Was hast du, Mama? Du siehst müde aus.« – »Ich hab gar nichts«, sagte ich, »nur die Fahrt …« Aber Kinder kann man nicht belügen. Zwar war meine Tochter zu diesem Zeitpunkt schon ein Teenager und kein Kind mehr, aber wenn ich wirklich traurig oder bedrückt war, dann merkte sie das. Und sie merkte auch, wenn es keinen Sinn hatte weiter zu fragen. »Was hast du gemacht?«, fragte ich und tauchte in ihr jugendliches Leben ein. Sie erzählte von ihren Freunden, von der Schule, vom geplanten Auslandsaufenthalt, und ich wünschte ihr so sehr, dass sie ein freies unbelastetes Leben würde führen können in dieser Wolke aus Leichtigkeit, die sie so oft um sich trug. Und während ich das dachte, wurde es schwer in mir und immer schwerer.

Wann fängt es an? Wann nimmt man uns die Leichtigkeit, diese Einfachheit und Klarheit, die Kinder haben? Es ist nicht das viel zitierte Vertrauen, was ich meine; Vertrauen zu haben bedeutet Misstrauen zu kennen. Das interessiert Kinder doch noch gar nicht. Für sie ist das Leben einfach. Einfach, nicht schwer. Erinnern, dass ich ein solches Kind gewesen bin, kann ich mich durchaus noch. Nur spüren, spüren kann ich es nicht mehr.

Aber da ist diese Situation, als ich mit etwa fünf Jahren an der dicken weißen Eisenstange über Mutters Krankenbett turne. Die Stange war dort angebracht worden, damit sie sich sanft lagern und aufrichten konnte. Mutter war wieder schwanger und hatte sich einen Riss in der Symphyse zugezogen, weshalb sie wochenlang stillliegen musste, um die Schwangerschaft nicht zu gefährden. Und ich – klein und frech – turnte über ihrem dicken Bauch, aus dem später mein Bruder kommen sollte. Ich weiß nicht, ob sie es erlaubt hatte, wahrscheinlich nicht, aber das war eh egal, sie konnte sich nicht wehren.

Nein, ich war kein grübelndes, introvertiertes Wesen, wie man es meinem Sternzeichen, dem Skorpion, so gerne nachsagt. In mir war von Anfang an etwas Aufbegehrendes, ja oft Widerborstiges, Wildes. Die Tatsache, dass unmittelbar hinter unserem Haus der Wald anfing, mag mich in meiner Abenteuerlust noch gefördert haben. Die Natur, das Unterholz, die Bäume, die Tiere, das alles schmeckte nach Freiheit. Da halfen auch Vaters gelegentliche drakonische Strafen nichts, er kannte noch den Rohrstock. Und wir lernten ihn auch kennen, insbesondere mein Bruder. Seltsam, wenn er Schläge bekam, das schmerzte mich manchmal mehr als meine eigenen Strafen. Wenn ich gekonnt hätte, hätte ich dem Bruder die Strafen abgenommen. Viel schlimmer als zu Hause erwischte es mich allerdings in der Schule. Meinen damaligen Mathematiklehrer werde ich wohl nie vergessen. War ich einmal nicht aufmerksam, dann wurde ich schon an die Tafel gerufen. Er befahl mir, die Hände auszustrecken, die Innenflächen nach oben, und dann gab es »Tatzen« mit dem Rohrstock. Und wehe, man zuckte, was fast immer geschah. Dann gab es die doppelte Menge Tatzen. Rot geschwollene Striemen waren das Ergebnis und tagelange Schmerzen. Ich schämte mich jedes Mal und versuchte, die Hände zu verstecken.

War es das? Kam da die Angst, die Schwere ins Spiel?

Disziplin, Ordnung, Zielstrebigkeit, das waren Vaters Werte, so war er groß geworden, eine ebenso große Rolle spielte der Glaube. Und das hieß Frömmigkeit für ihn, Gebet und sonntäglicher Kirchgang, aber auch Rücksichtnahme auf den Nächsten. Als Katholik hatte er sich früh dem Bund Neudeutschland angeschlossen. Die Mannheimer Aufsteigerfamilie, aus der er stammte, hatte ihm diese Werte voller Stolz vermittelt. Sein Vater war ein einfacher Handwerker vom Land, der es zum Bankangestellten gebracht hatte. Bildung zählte und Anstand. »Mehr sein als scheinen«, Vaters immer wieder vorgebrachte Devise. Gehorsam, Folgsamkeit, trainiert am Berg, als Bub am Trifels angefangen und in den Alpen bei den Viertausendern aufgehört. »Nur mit kleinen und sicheren Schritten kommst du dort voran«, das war Vater. Aber Angst einflößen? Wir wehrten uns heftig, wenn er sonntags bereits um acht Uhr morgens fix und fertig in Wanderkluft in unsere Zimmer kam, um uns zu wecken. Wir riefen nach Mutter, verkrochen uns unter die Bettdecke, simulierten Bauchschmerzen oder Hustenanfälle und mussten dann doch runter zum Frühstück und uns fügen. Schlussendlich lockte er uns mit Schokolade und mit der Zeit, die uns angeblich davonlief, und mit dem Ziel, das wir dringend brauchten. Die Zeit müsse man nicht nur nutzen, sondern geradezu »auskaufen«, sagte er, und ein Ziel, ein Ziel muss man immer vor Augen haben, auch für die Freizeit, auch für den Sport. Immer, einfach immer. Und die Belohnung blieb nicht aus. Die Einkehr im Wirtshaus, ein Vesper, gemütliche Stimmung und die Heimfahrt, bei der gesungen wurde und alles, was man gerade erlebt hatte, bereits in Erzähltes verwandelt wurde.

Endlich kein Ziel mehr vor Augen hatte ich, als ich von der Grundschule in Günterstal auf das Goethe-Gymnasium in Freiburg wechselte, da war ich zehn. Jede Sekunde genoss ich, in der ich meine Freiheit hatte und diese Freiheit nutzte ich aus, ohne Rücksicht auf Verluste. Das begann bereits in der Straßenbahn, die mich hügelabwärts in die Stadt brachte. Stieg eine alte Nonne aus dem Kloster St. Lioba, das nicht weit von unserem Haus in der Riedbergstraße entfernt lag, ein und fand keinen Sitzplatz, dachte ich nicht im Geringsten daran, ihr meinen Platz anzubieten, obwohl ich natürlich genau so erzogen war, dass ich hätte sofort aufspringen müssen. Ich schaute stattdessen weg und ließ die alte Frau stehen. Schnell hatte ich raus, wie das am besten funktionierte, indem ich nämlich meinen schweren Schulranzen auf die Knie legte, ein Buch öffnete und so tat, als würde ich lesen oder Hausaufgaben machen. Die Beschwerde vom Kloster über das Benehmen der Tochter des Herrn Minister ließ nicht lange auf sich warten. Und dann schickten auch die Stadtwerke Freiburg eine Abmahnung an meine Eltern: Tochter Susanna sei mehrfach ohne gültigen Fahrausweis angetroffen worden. Zwanzig Mark Strafe müssten gezahlt werden. »Das Ansehen der Familie hat Schaden genommen«, schimpfte mein Vater, als er davon erfuhr. »Das wird Folgen haben.« Und dann kamen die ersten schlechten Noten, die ich allerdings nicht vorzeigte, und schließlich die blauen Briefe von der Schule …

Mit dreizehn hatte ich einen ersten Freund und fing an, in Diskotheken zu gehen. Wie gut, dass meine Tochter nichts davon wusste, als sie im selben Alter war, ich hätte sie wahrscheinlich angekettet, wenn ihr so etwas eingefallen wäre. Das Geld für die Monatskarte brauchte ich, um mir mit der Freundin Stoffe zu kaufen. Da wir kaum Taschengeld bekamen, manchmal gar keines, nähten wir uns unsere Röcke selbst. Blumenröcke: zwei gerade Bahnen, rechts und links zusammennähen, Gummizug oben rein und unten den Saum absteppen, fertig. Diese Röcke waren sehr bequem und praktisch, war man außer Sichtweite der Eltern, konnte man sie in der Taille mehrfach umkrempeln und hatte den kürzest vorstellbaren Minirock aller Zeiten. Mini war damals in, André Courrèges hatte den Weltraumlook kreiert und in Günterstal bei Freiburg folgten wir seinem Beispiel: glatte Haare, flache Schuhe, gerade Schnitte, kurzer Rock. Mit Minirock und Turnschuhen lungerten wir nachmittags auf dem Münsterplatz herum. »Da guckt ja der halbe Hintern raus«, beschwerten sich die Leute. Wen scherte das? Uns nicht und mich schon gar nicht. Wir waren die wilden »Trittbrettfahrer« der Stadt, im wahrsten Sinn des Wortes. Wir zogen bei den alten Straßenbahnen, die damals noch fuhren, die Türen während der Fahrt wieder auf, stellten uns aufs Trittbrett, baumelten an der Haltestange und johlten im Fahrtwind. Selbst als ich ein Gipsbein hatte, ließ ich mich von diesem Abenteuer nicht abhalten. Meine Freunde warnten: »Des isch zu g'fährlich, Susi, des kannscht doch net mache«, aber ich liebte es so sehr. Noch heute spüre ich den Fahrtwind im Gesicht und in den Haaren, höre das Quietschen der Schienen, wenn die Bahn in die Kurven ging: Freiheit, Freiheit und Lust.

Die Tanzstunde war das beste Instrument, um zu entkommen. Von einem Jungen war ich wie elektrisiert. Wie er aussah, weiß ich nicht mehr, aber dass er eine olivgrüne Jacke trug aus einer Art Overallstoff, das weiß ich noch genau. Wie rau war der Stoff, als ich meine Wange an seine Jacke schmiegte, hier begann das größte aller Abenteuer, spürte ich und ich war gewillt, ihm zu folgen. Nach der Tanzstunde besuchten wir diejenigen von uns, die schon damals in den 1960er Jahren freizügigere Eltern hatten, saßen im Garten in der Hollywoodschaukel eng beieinander, rauchten, dann gingen wir in die Disco oder in Kneipen. Mutter fragte mich, wo ich denn so spät noch herkäme? »Die Tanzstunde, es hat mal wieder so viel länger gedauert.« Bis sie einmal an der Haltestelle in der Stadt auf mich wartete. Im weißen Mercedes. Ich bemerkte sie erst, als ich spätabends in der letzten Bahn saß und sie im Wagen im Schritttempo nebenher fuhr. Die ganze Strecke von der Stadt bis nach Hause. Sie spähte in die Bahn rein, dorthin, wo ich saß. Es war mir so unsagbar peinlich, alle Strafen waren nichts dagegen, gegen die Mutter, die mich öffentlich observierte. Tat sie es aus Härte oder gar Bösartigkeit heraus oder war es ihre Art der Besorgnis, der Fürsorge, die schwer zu begreifen war für mich und meine Geschwister? Wie auch immer, die Eltern wurden meiner nicht mehr Herr. Vater war nicht da und Mutter war überfordert. Das Internat drohte, freilich auch, um Mutter zu entlasten. Es sollte nicht mehr lange auf sich warten lassen.

Einen ersten tiefen Riss bekam unser Verhältnis allerdings aus einem anderen Grund, doch es geschah zur selben Zeit. Wegen einer Mandeloperation musste ich eine Woche in der Hals-Nasen-Ohren-Klinik der Universität Freiburg verbringen. Damals schien es eine Schwemme von Mandeloperationen zu verbringen, fast jede meiner Freundinnen bekam die Mandeln herausgenommen. Es war wohl die Angst vor dem eventuellen Infektionsherd, vor den Folgen der Mandelentzündung, was die häufige Indikation bewirkte. Da ich schon als Kind oft an den Bronchien erkrankt war und man Angst vor einer Lungenentzündung hatte, hatte man auch bei mir zur Resektion geraten. Ich war froh, als ich wieder nach Hause durfte, der Hals schmerzte noch, im Krankenhaus war es langweilig gewesen, Fernsehen und großzügige Besuchszeiten, so etwas gab es damals noch nicht. Man sollte sich nicht viel bewegen, essen durfte man auch nicht alles, und ich sehnte mich nach meinem Zimmer, nach Besuch von Freundinnen und der heimischen Nestwärme. An einem Sonntagmorgen wurde ich entlassen. Mein Köfferchen hatte ich gepackt und saß nun wartend darauf, dass meine Eltern mich abholten, im zehnten Stock des Gebäudes. Es war zwölf Uhr mittags. Die Sonne schien und die Glocken des Münsters läuteten zum Angelusgebet. Es muss im

Monat November gewesen sein. An den Bäumen hingen nur noch vereinzelt braune Blätter und ich trug einen warmen Mantel.

Plötzlich hörte ich eine weinerliche Stimme von jemand, der sich auf dem Flur aufhalten musste. Die Tür des Wartezimmers war zwar geschlossen, aber laut und deutlich konnte ich Stimmen und Schluchzen hören. Eine Türkin, wie ich später erfuhr, stritt sich mit ihrem Mann. Immer lauter wurden sie, vor allem das Schluchzen und Jammern nahm zu. Ich stand auf, öffnete die Tür, um zu sehen, was dort vor sich ging, ob man helfen musste, irgendwie einschreiten, und in dem Moment sah ich die Frau auf den Balkon hinausrennen, sie kletterte auf das Gitter und mit einem Sprung, das eine Bein voraus, stürzte sie sich in die Tiefe. An das Gefühl, das ich in diesem Moment hatte, erinnere ich mich genau, es war nämlich gar kein Gefühl. Es war im wahren Wortsinn Fassungslosigkeit. Ich war fassungslos. Es war, als würde für einen Moment alles stillstehen, die Welt, mein Herz, die Zeit und einfach alles. Und in diesem Stillstand habe ich mich bewegt, denn ich bin ihr, auch daran erinnere ich mich exakt, augenblicklich hinterhergelaufen. Ein gellend lauter Schrei ertönte. Wie eine spitze Nadel durchbohrte er mein Trommelfell. Ich beugte mich über das Geländer, konnte aber unten nichts erkennen. Dann war es plötzlich still. Die Glocken des Freiburger Münsters hatten aufgehört zu läuten und ich sah, dass die Spaziergänger, die in den Grünanlagen des Krankenhauskomplexes unterwegs waren, stehen blieben. Ich glaube, dass die Wahrnehmung all dessen höchstens Sekunden gedauert haben mag, denn ich wandte mich augenblicklich um und rannte die vielen Treppen der zehn Stockwerke hinunter, zwei, drei Stufen auf einmal, so schnell, als ob ich das Leben dieser Frau noch würde retten können. Ja, als würde ich sie auffangen können. Stimmengewirr, Aufregung, Türenschlagen im Erdgeschoss. Vor einer großen Glastür, die in einen Innenhof der Klinik führte, knieten schon Ärzte und Schwestern auf dem Boden. Ich blieb wie gelähmt stehen, bis eine Bahre hereingefahren wurde, ein grünes Tuch bedeckte den darauf liegenden Körper. Schweigend liefen die Ärzte und Schwestern nebenher, ich schaute ihnen nach, sprachlos, regungslos, bis sie hinter einer Tür verschwanden. Dann sah ich wieder in den Innenhof, auf den grauen Steinplatten war ein großer dunkler Fleck.

Als meine Eltern endlich eintrafen, stürzte ich mich schon unten im Foyer auf sie und platzte heraus mit dem Schrecklichen, das ich erlebt hatte. Was sich dann ereignete, war allerdings schrecklicher.

Meine Mutter sah mich mit weit aufgerissenen Augen an, rang nach Luft, griff hinter sich, verlangte nach einem Stuhl, stöhnte laut auf und begann nach einem Arzt zu rufen.

»Ach, wie furchtbar, das ist ja entsetzlich! Hans, mein Korodin!« Sie griff haltsuchend nach dem Arm meines Vaters, wühlte in ihrer Handtasche nach ihren Kreislauftropfen, ein Arzt kam gelaufen und erkundigte sich, was vorgefallen sei. Schließlich brachte eine Stationsschwester die Herztropfen und eine Tasse Hühnerbrühe für Mutter zur Stärkung. Vater und ich standen wartend neben ihr. Nachdem Mutter sich endlich ein wenig beruhigt und die Suppe in sich hineingelöffelt hatte, verließen wir das Krankenhaus. Inzwischen war Besuchszeit. Mit Blumensträußen in den Händen strömten die Besucher herbei, Verwandte und Bekannte der Patienten. Es war früh am Nachmittag und die Sonne stand tiefer am Himmel, als wir zum Parkplatz gingen.

Auf der Fahrt von der Hals-Nasen-Ohren-Klinik nach Hause, ich saß rechts hinten auf dem Rücksitz, das weiß ich noch wie heute, erteilte mir Vater eine Rüge und gab mir zu verstehen, dass man die Mutter nicht so erschrecken dürfe.

»Das hättest du deiner Mutter nicht antun dürfen! Mit so etwas platzt man nicht einfach heraus, das behält man erst einmal für sich.«

Ich schwieg. Ich brachte keinen Ton heraus. Und Tränen, Weinen, daran war schon gar nicht zu denken. Ein trockenes, kaltes Nach-innen-Gehen. Sich verschließen, sich und das, was man erlebt hatte. Auch meinen Geschwistern erzählte ich nichts.

In den Nächten allerdings, in den Nächten durchlief ich das Erlebte immer wieder. Es sollte Wochen dauern, bis meine Albträume allmählich nachließen. Immer war da dieses Bein, dieses vorgestoßene Bein der Frau auf dem Balkon, das so widersinnig in die Luft ragte, und der Schrei, dieser unwahrscheinlich helle gellende Schrei. Und dann ging es nicht weiter, das Bild blieb stehen und dann saß ich im Auto und hörte wieder und wieder diesen Satz: Das hättest du Mutter nicht antun dürfen.

Mutters Angewohnheit, Krankheiten vorzutäuschen und sich derart in diese hineinzusteigern, dass sie tatsächlich Fieber bekam, hatte ich schon von klein auf miterlebt. Zunächst waren wir von der Echtheit ihrer jeweiligen Leiden überzeugt, je älter wir jedoch wurden, umso mehr kamen wir ihr auf die Schliche, glaubten ihr nicht und machten uns lustig über ihr »Theater«.

»Was kann man denn da nehmen?«, war ihr geflügeltes Wort, das sie schon bei geringsten Anzeichen von Unwohlsein aussprach. Zwar verlangte Mutter jederzeit nach Medikamenten, nahm aber nie, was ihr vom Arzt verschrieben wurde. »Was ist das? Zeig her! Das brauch ich nicht«, erklärte sie kategorisch, auch wenn das Rezept Linderung versprach. Zeitlebens war Mutter ihr eigener Arzt gewesen.

Wenn ich heute auf ihr Bild schaue, das in Silber gerahmt auf dem Flügel im Wohnzimmer steht, dann rückt all das Schwierige, Ungereimte an meiner Mutter in den Hintergrund.

Beim Familientreffen an Pfingsten haben wir Töchter uns zu einer Wanderung im Münstertal getroffen und gemeinsam an Mutters letzte Tage erinnert. Ihr Todestag war der Anlass, wir machten einen Besuch am Grab und an unserem Elternhaus, wie immer in den vergangenen vier Jahren seit ihrem Tod.

»So zahm isch se worde«, wunderte sich Schwester Witburga, die kleine Nonne aus dem Kloster, die Sterbende in Günterstal begleitet, als sie am Abend vor ihrem Tod kam, um mit Mutter zu beten. »Ganz liab und zahm isch se jetz, aber erscht in de letschte Woch', gelt? S'war nit immer so? Aber de Muttertag, den schafft sie nimmer.« Die kleine Nonne sollte recht behalten.

Über das braune Fläschchen am Bett, das wir regelmäßig nachfüllten, haben wir geschwiegen. »Zum Schlafen« stand vorsichtshalber darauf geschrieben, damit Schwester Witburga keinen Verdacht schöpfte.

Wir müssten noch Geduld haben, hatte Dr. Tecklenborg gesagt. Tagelang hatte sie nichts mehr zu sich genommen außer ein paar Löffel Suppe. Nur von den eigenen Reserven gezehrt, eine lange Zeit. Und dann saßen alle wieder beisammen. Wie bei Vaters Tod hatte sich die Großfamilie um ihr Bett versammelt. »Die sind alle von mir«, hatte sie gesagt und in die große Runde geblickt. Eins, zwei, drei … alle Kinder, Enkel und Urenkel gezählt. Enkelin Ingeborg spielte ihr zuliebe das *Ave Maria* von Schubert auf der Geige und ihr Lieblingsstück, *Jesus bleibet meine Freude* von Bach.

Beerdigt haben wir sie neben unserem Vater auf dem Friedhof in Günterstal. Im Anschluss gab es ein Abschiedsfest in der Riedbergstraße. Zum letzten Mal wurden Gäste in unser Haus eingeladen und wie zu Mutters guten Zeiten das Tafelsilber und die Kristallvasen hervorgeholt, Reden gehalten, Anekdoten erzählt, und bis in die Dämmerung des Juniabends haben die Nachbarn, Freunde und Bekannten beisammengesessen.

Geboren wurde meine Mutter 1921 im tiefsten Kohlerevier Oberschlesiens, wo sie mit Eltern und den Schwestern, Marianne und Hannelore, ihre Jugend verbrachte. Gut situiert, sehr gut situiert. Von dem ganzen Wohlstand des Bergwerkdirektors blieben später bei der Flucht vor den Russen nur noch ein paar Ölbilder, die hatte mein Großvater mit dem Messer aus den Rahmen geschnitten und eingerollt mitgenommen. Als eine der wenigen jungen Frauen ihrer Generation hatte Mutter studiert und dann auch noch ein von Männern dominiertes Fach gewählt: Nationalökonomie. 1945, als der Krieg zu Ende ging, schaffte sie es gerade noch, ihr Examen als Diplom-Volkswirtin zu machen. Eigentlich hätte ich sie für all das ja bewundern müssen, eine emanzipierte junge Frau. Doch davon habe ich immer nur Facetten erlebt, später, als sie die ganzen Ehrenämter übernahm, in der Zeit, als Vater Ministerpräsident wurde oder sie ihren Hobbys nachging, dem Malen und dem Gesang. Wirklich frei entfaltet wirkte sie eine Zeit lang, als Vater im Amt war, aber das änderte sich. Als Kind denkt man nicht nach, was es denn genau ist, das die Mutter so sehr überfordert, aber heute sind wir Geschwister uns einig, dass es die Arbeit mit uns fünf Kindern war, die Karriere meines Vaters, sein starker Charakter – der ihre fand daneben nicht ausreichend Durchsetzungskraft. Sie hatte beide Seiten, Verzagtheit, aber auch immense Kraft, die hatte sie schon unmittelbar nach dem Krieg bewiesen.

Nach der Flucht aus dem Osten war die Familie nach Süddeutschland gezogen und hatte auf dem »Rote Bur-Hof« im Glottertal bei Freiburg gelebt. Weil ihre Mutter krank war, führte sie den Haushalt. Auf Hamsterfahrten zu den umliegenden Bauern tauschte sie Anzüge gegen Mehl und Schuhe gegen Butter, um die Familie satt zu bekommen. Es war die Zeit der »Stunde Null«, von der sie immer erzählte. Wie man da zusammengerückt sei und von einer Matthäuspassion oder einem Bachkonzert gezehrt habe.

Später ging sie ihrem Beruf nach und bekam eine Stelle im badischen Wirtschaftsministerium, im Referat Marshall-Plan. Sie katalogisierte die Industrie Südbadens beziehungsweise das, was davon noch übrig war, half bei der Verteilung von Geldern und schrieb Berichte für die Amerikaner.

Den Rechtsanwalt Hans Filbinger habe sie aus »dienstlichem Anlass« kennengelernt, wie sie immer sagte. Immer wieder sei sie ihm dann begegnet, im Freiburger Bachchor oder bei gemeinsamen Theaterbesuchen. Im Dezember 1950 fand schließlich die Hochzeit statt. Die beiden bildeten von Anfang an ein Team, sie waren mehr als nur ein Ehepaar. Und auch wenn man in der damaligen Öffentlichkeit der First Lady von Baden-Württemberg Fragen stellte wie: »Was kochen Sie Ihrem Gatten am Sonntag?«, so war das nicht das Wesentliche dieser Ehe. Mutters Antwort in der *Schwäbischen Zeitung*: »Mein Mann mag am liebsten Nudeln und Apfelstrudel«, hatte übrigens zu empörten Protesten der Schlesier geführt: »Sie sind aus Schlesien, das ist Verrat, kochen Sie schlesisch!« Ihr Anteil an politischen Auseinandersetzungen und auch an Entscheidungen, die Vater traf, war weitaus höher, auch wenn sie später immer öfter mich vorschickte. Aber was sie gefühlt hat, bei all dem – ich weiß es nicht. Sie hat versucht, nicht zu fühlen, das weiß ich, jedenfalls nicht die Spannungen. Gab es Probleme, verschwand sie im Schlafzimmer und ließ sich Kaffee und Tee von uns Kindern, bevorzugt von mir, an das Bett bringen. Oder sie wurde krank. Hatten andere Probleme und waren tatsächlich krank, dann konnte sie gereizt und abweisend reagieren.

Nicht vergessen kann ich den Vorfall, der sich eines Tages bei einem Zahnarztbesuch zugetragen hatte. Ich war bereits im Studium und kam nach Hause, um wegen starker Zahnschmerzen den Arzt aufzusuchen. Während der Behandlung fiel ich in Ohnmacht und zur großen Beunruhigung des Arztes dauerte es viel zu lange, bis ich wieder bei Bewusstsein war. Zitternd erwachte ich und fand mich auf dem kalten Boden neben dem Behandlungsstuhl liegend, so schwach, dass ich mich nicht rühren konnte. Nicht einmal den Kopf konnte ich heben. Nur einen Wunsch hatte ich: Meine Mutter sollte bei mir sein. Es war einer jener Momente meines jungen Erwachsenseins, in dem ich mich noch einmal nach Mutters Fürsorge sehnte. Ich bat den Zahnarzt, sie anzurufen, damit sie mich abhole. Doch Mutter kam nicht.

»Also, Frau Filbinger, sind Sie sicher? Ihrer Tochter geht es gar nicht gut! Können Sie nicht …?« Der Doktor redete eine Weile auf sie ein und gab schließlich auf. »Ich verstehe, ich werde es ihr ausrichten.« Er legte auf, drehte sich zu mir und teilte mir mit, ich solle mit dem Taxi kommen, meine Mutter habe jetzt keine Zeit. Kurz und knapp. Beim Abendessen fragte Vater, warum ich so bleich aussehe. »Theater! Nichts als Theater!«, entrüstete sich Mutter, blickte auf ihren Teller und wechselte das Thema.

Vielleicht war sie auch zu viel allein. »Kommt ihr noch auf die Bettkante nachher, es gibt eine Überraschung!«, lockte sie uns manchmal abends nach dem Essen in ihr Schlafzimmer. Es war nach Vaters Ernennung zum Innenminister. Die Woche über war er in Stuttgart zu Kabinettssitzungen und im Ministerium. Meistens kehrte er erst spät am Freitagabend zurück. Für Mutter war es nicht leicht, allein mit vier und später fünf Kindern zu sein.

Über Geheimes wollte Mutter dann mit uns reden, Geheimnisse von uns erfahren. Was sie sonst ablehnte, das wollte sie dann hören: von meinem ersten Schwarm und von der letzten Tanzstunde. Wenn sie ganz besonders gut gelaunt war, durften wir Witze erzählen, aber anständig mussten sie sein. Und Taschengeld gab es, wenn wir Glück hatten. Es lohnte sich also, diese kostbare Stunde mit ihr zu teilen. Manchmal rief dann sogar Vater aus Stuttgart noch an, bevor er ins Marienhospital zum Schlafen fuhr. Damals hatte der Herr Minister noch keine eigene Wohnung, er schlief im Krankenhaus! Mutters Laune war dann besonders gut, wenn er sich meldete.

Meistens stand eine Pralinenschachtel von Lindt oder Sprüngli geöffnet auf der Bettdecke und der Schokoladenduft verbreitete sich. Mutter hatte die schlechte Angewohnheit, sich eine Praline herauszunehmen, anzubeißen, und wenn es nicht ihr geliebtes Marzipan war, legte sie die andere Hälfte zurück in die Schachtel und griff nach der nächsten. Dass wir uns jedes Mal darüber empörten und es eklig fanden, die angebissenen Pralinen zu essen, störte sie nicht im Geringsten. Sie blieb bei ihrer Gepflogenheit.

Und noch etwas fällt mir ein, wieder hat es mit Krankheit und Im-Bett-Liegen zu tun. Ich war krank gewesen und durfte bei Mutter im Elternschlafzimmer liegen. Es war früh am Morgen. Sie hatte sich angezogen und saß vor dem Spiegel. Im Radio spielte Musik.

Warum die Texte der Lieder immer von der Liebe handeln, fragte ich sie. Immer dasselbe Thema, immer drehen sie sich um die Liebe. Warum?

Mutter war dabei sich das Haar zu toupieren. Strähne für Strähne raute sie das Haar auf, sprühte etwas Spray hinein und ließ es trocknen. Das Fenster stand weit offen, die Morgensonne schien herein.

»Weil sie das Größte ist. Das Schönste auf der Welt, was die Menschen haben«, antwortete sie. Und dann zitierte sie die Stelle aus dem 1. Korintherbrief, Kapitel 13, aus dem der Trauspruch meiner Eltern ausgewählt war. »Wenn ich mit Menschen- und mit Engelzungen redete und hätte der Liebe nicht, so wäre ich ein tönendes Erz, oder eine klingende Schelle.« Sie sagte diese wunderbaren Sätze und sah sich selbst im Spiegel an dabei, dann mich, wie ich hinter ihr im Bett saß, und ich sah sie, unsere Blicke trafen sich im Spiegel, sie toupierte die Haare weiter: »Und wenn ich weissagen könnte und wüsste alle Geheimnisse und alle Erkenntnis und hätte allen Glauben, also, dass ich Berge versetzte, und hätte der Liebe nicht, so wäre ich nichts.«

So war sie, zwei Seelen in einer Brust: die liebevolle, sanfte und die überraschend abweisende. Mutter konnte beides sein. Bewundert habe ich meine Mutter vor allem für ihr Äußeres, ihren guten Geschmack, was die Garderobe betraf. Wie sie sich zurechtmachte. Wenn sie als Göttin Hera verkleidet mit Vater als Hermes, dem Götterboten, auf den Ball ging. Den »Grande Ballo« nannte sie das. Zur Fasnet bei der Günterstaler Bohrer-Zunft, einer der zahlreichen örtlichen Fastnachtsvereine.

Ähnlichkeit mit der Queen habe sie manchmal gehabt, sagten die Freunde, die sie bei offiziellen Anlässen in großer Robe auftreten sahen. Im eleganten Kostüm mit Hut, weißen Handschuhen und die schwarze Lacktasche eng am Körper haltend. Wenn sie auf dem roten Teppich stand und englisch oder französisch parlierte. Als die britische Königin auf ihrem ersten Staatsbesuch nach Deutschland kam und in Stuttgart Station machte, um das Pferdegestüt Marbach zu besuchen und das Schiller-Nationalmuseum. Als General de Gaulle in Ludwigsburg seine berühmte Rede an die Jugend hielt – erst kürzlich fand die Gedenkfeier zum 50. Jahrestag dieses Besuches statt. In der ersten Reihe diesmal Angela Merkel neben François Hollande. Damals im Jahr 1962 saßen Mutter und Vater in der ersten Reihe.

Spätabends nach einem Neujahrsempfang, der im Marmorsaal des Neuen Schlosses von Stuttgart stattfand, als sie nach Hause kam, streckte sie mir ihre rechte Hand entgegen. Dick geschwollen und blau angelaufen sah sie aus. Ich erschrak. »Was hast du gemacht?«

»Vom Händedrücken. Siebenhundert Hände in zwei Stunden!« Sie setzte sich auf einen Stuhl, zog sich die hohen Pumps von den Füßen und erzählte vom Defilee, vom Händedrücken der Leute, die in einer langen Schlange anstanden, bis sie auf dem roten Teppich bei ihr angekommen waren. Vom einfachen Handwerker bis zum Daimler-Benz-Vorstand sei alles dabei gewesen. Und die alte Bäuerin aus Gutach im Schwarzwald mit Bollenhut. Goldig sei die gewesen. Aber die Hand vom Weihbischof Moser sei am schlimmsten gewesen. Sie hätte vor Schmerz schreien können, so fest gedrückt und hin und her geschwenkt habe er ihr die Rechte und nicht mehr losgelassen und Gottes Segen fürs Neue Jahr gewünscht!

Egal aus welcher Perspektive ich auf meine Mutter schaue, ob aus der heutigen oder dem Versuch, das Erleben meiner Kindheit wachzurufen, eines steht fest: Ich war von Anfang an eine Vater-Tochter. Er war es, der mich prägte, und nicht die Mutter. Er war es, auch wenn er in der Folgezeit, in der ich nicht zuletzt aufgrund meines schwierigen Verhaltens als Erste der vier von uns fünf Kindern, die nicht daheim zur Schule gingen, ins Internat gebracht wurde, nur durch seine Abwesenheit für mich präsent war. Und was die Frauenrolle anging, da suchte ich mir ganz andere Vorbilder, doch zunächst einmal kam das Exil.

4 |

Am 1. Dezember 1966 wurde Kurt Georg Kiesinger neuer Bundeskanzler in Bonn. Das, was man sich vorher nicht hatte vorstellen können, war zustande gekommen: die große Koalition aus CDU/CSU und SPD. Am 16. Dezember wurde mein Vater in der Folge dieses Ereignisses neuer Ministerpräsident von Baden-Württemberg. Was für ein Jahr!

Schaue ich heute in den Nachschlagewerken nach, bin ich erschrocken über mich. Zu Anfang des Jahres hatte Deutschland erklärt, die USA im Krieg in Vietnam zu unterstützen. Es hatte die ersten großen Proteste gegeben, auch bereits gegen die Notstandsgesetze, die diskutiert wurden. Es wurde kein Friedensnobelpreis vergeben, lese ich, es gab die Starfighter-Affäre um Ludwig Erhard, 26 dieser Kampfflugzeuge waren im Vorjahr abgestürzt und 15 Piloten ums Leben gekommen, Mao Zedong rief zur Kulturrevolution auf, in Berlin kamen die Kriegsverbrecher Albert Speer und Baldur von Schirach aus der Haft frei – unglaubliche Ereignisse, ich aber erinnere mich nur daran, dass ich Ende diesen Jahres endgültig ins Internat musste.

Solange hatte ich mich gewehrt. Jetzt gab es kein Pardon mehr für mich. Meine schlechten Schulnoten, die vielen Beschwerden, all die vielen Freiheiten, die ich mir genommen hatte, mein ganzes Auftreten und Benehmen. Jetzt war Schluss.

Ich war fünfzehn Jahre alt, ein Alter, in dem der Freundeskreis besonders wichtig ist, doch das alles zählte nicht. Als könnte ich noch irgendetwas diskutieren, erklärte ich, dass ich nur unter einer Bedingung einwilligen würde: Die Zeit sollte auf ein Jahr begrenzt sein. Ein Jahr zur Besserung gewissermaßen. Die Eltern nickten und es folgten drei volle Jahre, bis zum Abitur. Drei Jahre, in denen ich – bis auf die Ferien – alle drei Monate einmal nach Hause fahren durfte, für genau einen Tag, von Samstag auf Sonntag.

Die Heimschule Wald, ein altes Kloster der Benediktinerinnen zur heiligen Lioba, lag im Allgäu, einige Autostunden von meinem geliebten Freiburg entfernt. Man hätte meinen können, dass ich auf der Fahrt dorthin weiter nichts tat, als an meine zurückgelassenen Freunde zu denken, an unsere Treffen, an unsere Musik. Heute würden die Kinder mit dem iPod auf dem Rücksitz lungern und eintauchen in das, was vermeintlich nur ihnen gehört, ihre Musik. Damals ging das noch nicht, da hatte man die Stones – ich war eingefleischter Stones-Fan – im Kopf. Es war aber nicht so. Das Einzige, was mich fesselte, war die Landschaft. Ich fand sie derart hässlich, alles war hier flach, flach und grau, kein Schnee lag hier, ich vermisste sofort, und so sollte es die nächsten drei Jahre auch bleiben, den Wald, das Tannengrün, die Laubbäume, die Hügel, meinen Schwarzwald.

Vater erzählte schmunzelnd, dass das Allgäu dort beginne, »wo die Kühe schöner und die Mädchen wüster werden«. So jedenfalls habe der zuständige Bundestagsabgeordnete aus Saulgau seinen Bezirk in einer Sitzung des Landtages über die Verwaltungsreform, eines von Vaters politischen Vorhaben in den 1960er Jahren, charakterisiert. Zum »wüster werden« fuhr man mich ja nun allerdings nicht dorthin.

Die Schule war inmitten der Einsamkeit erbaut worden, ursprünglich von Zisterzienserinnen, dann vom Orden des heiligen Benedikt übernommen worden. »Bete und arbeite!« Davon beeinflusst, von Geboten und Verboten, war die Zeit, die ich dort verbrachte. Noch heute wirbt das Internat damit, dass nicht aller Wohnkomfort geboten werden kann, aber dafür ein Gespür für das Echte und das Beständige vermittelt wird. Beständig waren damals für mich nur zwei Dinge, die sich, wie bei jungen Menschen üblich, widersprachen: der Wunsch nach Freiheit und die Sehnsucht nach zu Hause.

Obwohl schon damals der Adel dort gern seine Töchter zur Erziehung abgab und man also mit recht begüterten Menschen vertraut war, war meine Ankunft an einem kalten Sonntagnachmittag im Januar 1967 eine Sensation. In Begleitung beider Eltern fuhr der schwarze Mercedes mit Chauffeur vor. Neugierig drängten sich die Internatsschülerinnen hinter den Fenstern, als die Limousine in den Innenhof der ehemaligen Klosteranlage einbog. Sympathien bei den Mitschülerinnen sollte mir das nicht einbringen. Im Gegenteil. Ich war »die Tochter vom Filbinger«. Und damit war ich zunächst einmal abgestempelt.

Die Oberin, Sr. Sophia OSB, eine russische Prinzessin von Kotschoubey-Beauharnais, begrüßte uns an der Pforte. Sie sprach mit starkem russischem Akzent und roch intensiv nach Knoblauch. Schon bald sollte ich erfahren, dass Sr. Sophia jeden Tag eine komplette rohe Knoblauchzehe verspeiste, im festen Glauben, dass man auf diese Weise hundert Jahre alt werden würde. Was dies über ihren Glauben an Gott aussagte, wagte ich damals nicht zu fragen, es beschäftigte mich aber.

Für die Führung des Herrn Ministerpräsidenten mussten die Schlaf- und Klassenräume an jenem Tag besonders aufgeräumt sein. Alle Schülerinnen waren ausnahmslos von dem hohen Besuch informiert worden und standen nun aufgereiht, artig knicksend in ihrer Schuluniform vor uns: dunkelblaue Blazer, knielange graue Röcke und hellblaue Blusen mit langen Ärmeln. Und meine erste Lektion lautete, dass die Schuluniform immer getragen werden musste. Selbst der Ausbruch der Eiszeit würde keine Pullover rechtfertigen, und umgedreht, hohe sommerliche Temperaturen waren kein Freipass für ärmellose Blusen. Sie entblößten zu viel Haut! Farben dürften nur außerhalb des Internates getragen werden, wenn wir Besuch bekamen und mit ihm ausgehen durften.

Schwester Sophia führte uns durch das ganze Kloster, viele Gänge entlang, redete angeregt mit Vater, und dann kamen wir endlich in meinem Schlafraum an, den ich mit sechs anderen Mädchen zu teilen hatte. Seite an Seite standen die Betten, nur durch weiße, dünne Leinenvorhänge voneinander getrennt. Ein Großteil der Schülerinnen in der Heimschule Wald waren Töchter aus deutschen Adelsfamilien, die – wenn sie nicht im Internat waren – auf Schlössern und Burgen lebten. Sie trugen Perlenketten und einen Siegelring am kleinen Finger mit dem eingravierten Familienwappen. Befreundet waren sie nur mit ebenfalls Adeligen aus der Klasse, einer »mit Tritt«, wenn vor dem klangvollen Nachnamen ein »von« geschrieben stand. Und: Sie sprachen hochdeutsch!

Wenn ich sie mit meinem badischen Dialekt anredete: »Hasch du au so s'Heimweh wie i?«, kugelten sie sich vor Lachen und gaben mir großzügig Unterricht in richtigem Deutsch: »Sag doch mal ›hast du‹ und ›bist du‹.« Es sollte nicht lange dauern, bis ich meine badischen Sprachverwirrungen endgültig abgelegt hatte.

Der Abschied von meinen Eltern an jenem Sonntagnachmittag hinterließ ein wehes Gefühl in meinem Magen, das schmerzte und mir fremd war. Jedes Mal, wenn ich nach einem Wochenende oder den Ferien nach »Wald« zurückkehrte, sollte ich es wieder spüren. Es hielt tagelang an. Süßigkeiten oder ein Anruf von meiner Mutter oder ein Päckchen mit Kuchen und frischer Wäsche halfen ein wenig darüber hinweg.

Vater rief mich nie an in dieser Zeit, auch nicht, nachdem das Jahr herum war, auf das ich mich eingelassen hatte und das gegen meinen Willen um zwei weitere verlängert wurde. Erst zu meiner

Abiturfeier, drei Jahre später, erschien er noch einmal in Kloster Wald.

Sein Aufstieg in der Politik nahm seinen Lauf und führte ihn von einem Höhepunkt zum andern. Das Filbinger-Barometer stand damals gut. Auch seine höchsten Berggipfel in Fels und Firn bestieg er in dieser Zeit. Den Piz Palü, einen Viertausender in den Schweizer Alpen, den Piz Badile im Bergell und das Matterhorn.

Für mich hingegen verengte sich der Blickwinkel. Während draußen das stattfand, was man heute die Studentenbewegung nennt, die Achtundsechziger, Flower Power, verwendete ich meine Energie hauptsächlich darauf, den dunklen Klostermauern zu entkommen, um wenigstens ein bisschen von dieser aufgewühlten Ära mitzukriegen.

Mit der härtesten Zeit im Internat sollte ich ziemlich bald nach meinem Einzug konfrontiert werden. Es waren die Exerzitien, die während der Fastenzeit in der Karwoche abgehalten wurden. Und sie fanden genau dort statt, wo zuvor in der Fastnacht die Nonnen mit uns gefeiert hatten, im sogenannten Jenner. In diesem Saal fanden alle wichtigen Ereignisse statt. Und nun drei volle Tage lang Schweigen. Es war unerträglich. Aber wie es so ist mit Verboten, sie spornen zum Übertreten an. Und darin war ich ja geübt. Gleichzeitig war dies eine Chance, mir meinen Platz unter den anderen zu erobern: mitmachen, wenn es um Verbotenes ging, und ziemlich schnell auch nicht nur mitmachen, sondern vormachen, wie man es tat. Rückblickend sind die Streiche harmlos, Rückzug auf die Toilette – dorthin kamen die Nonnen in der Regel nicht und wir konnten wenigstens ein paar Minuten tratschen –, stille Post oder Botschaften per Zettel verschicken. Wir schrieben Witze drauf, um die anderen zum Lachen zu bringen, und sahen dann dabei zu, wie sie sich selbiges verkneifen mussten, wie sie rot wurden, die Luft anhielten, ihnen Tränen in die Augen traten.

Ziemlich schnell fand ich heraus, was das Allerbeste war: einfach abhauen. Ins »Lamm«, das wir dann sogar Stammkneipe nannten, sie lag versteckt genug, nicht einsehbar vom Kloster aus. Mit Tina, meiner einzigen richtigen Freundin, die ich im Internat fand, hatte ich mir dort sogar Privilegien erobert. Weil wir hier in den drei Jahren unserer Internatszeit immer unsere Zigaretten kauften, ließ uns die Wirtin in einen Raum hinter der Gaststube, in dem wir machen konnten, was wir wollten. Reden, rauchen, Stones hören und, mit dieser Leidenschaft war ich eher allein, französische Chansons, Jacques Dutronc *Et moi, et moi, et moi.* Mein Lied. Und auf dem Klo konnte man sich in Ruhe schminken.

Dass Männer von Natur aus schlecht sind, brachte uns Sr. Sophia bei, die wir nur kurz die »Soff« nannten. Männer verlangten immer nur das Eine und das sei gefährlich, behaupteten die Nonnen, selbstverständlich war jede Art von Begegnung mit männlichen Wesen im Kloster untersagt. Außer unserem Mathematiklehrer, den wir den »King« nannten, und dem irischen Pater, dessen sommersprossige Wangen sich beim Anblick weiblicher Wesen dunkelrot färbten, gab es keine Männer im Kloster. Akute Gefahr drohte von der Kaserne, die sich unweit des Klosters befand, vor allem zur Zeit der Manöver im Herbst. »Kinder! Ab in die Betten, die Soldaten kommen!«, verkündete die Soff. »Schließt die Fensterläden.« Übertroffen wurden diese Anweisungen nur noch im sogenannten Geschichtsunterricht, in dem Sr. Sophia, stets in einer extrem gekrümmten Haltung vor uns sitzend, uns auf das Leben als Frau vorbereitete. »Kinder, verschränkt die Beine nicht, ihr zerquetscht sonst die Eierstöcke.«

Meine erste richtige Romanze trug den Namen Tobi. Ich hatte ihn in den Weihnachtsferien beim Skifahren kennengelernt, und es war mir fortan unmöglich, ihn nicht regelmäßig zu sehen. Ich musste also einen Plan aushecken und der war erfolgreich.

Sonntagsmorgens während des Gottesdienstes wurde er umgesetzt. Außer mir traute sich das keine. Alle Nonnen hatten vorne im Chor Platz genommen. Auch die Pforte blieb unbesetzt. Ich hatte mich in eine der hintersten Bänke gesetzt. Meine Freundin Tina war von mir »eingeweiht« worden. Bis zur Lesung wartete ich ab, dann schlich ich auf Zehenspitzen aus der Kirche, rannte den Gang entlang bis zur Pforte, das Herz pochte mir bis zum Hals. Die Straße war menschenleer. Im ersten Waldstück nach dem Ortsende hatten wir uns verabredet. Dritte Reihe der Tannenbäume rechts würde er stehen und auf mich warten. Die Äste knacksten unter meinen Schritten. Dann sah ich ihn, lachend, hinter einem dicken Baumstamm.

Die rote Ente, mit der er aus Freiburg hergefahren war, stand in der Nähe geparkt.

»Lass uns weg von hier, schnell, bevor die Messe zu Ende ist!«

Wir fuhren an den Bodensee und jeder Moment, jede Sekunde war kostbar und schön. Als ich abends ins Kloster zurückkehrte, mein Kopftuch tief ins Gesicht gezogen, schlich ich geduckt an der Pforte vorbei. Zu meinem Glück war Schwester Gottharda in die Lektüre ihres Breviers vertieft und ich frohlockte, als ich meinen Zimmergenossinnen von meinem Abenteuer berichtete.

»Dass du es nur weißt: Die Tina liest alle deine Liebesbriefe, ich hab sie erwischt!«, verriet mir später eine meiner Schwestern, als auch sie ins Internat gekommen war. Es tat unserer Freundschaft keinen Abbruch. Mehrere Male schlich ich mich noch erfolgreich davon, immer blieb es unbemerkt, bis die Sache zu Ende ging. Kurze Zeit später traf ich Tito, meine erste, wirklich große Liebe.

Gab es keine Gelegenheit, dem Kloster zu entkommen, konzentrierten wir, meine Mitschülerinnen und ich, unsere geballte Fantasie darauf, Streiche auszuhecken und Verbotenes zu tun. Einmal in der Woche erschien die neue Ausgabe von *Jasmin*, einer Zeitschrift, deren Mittelteil zugeklebt war, weil er sexuelle Aufklärung enthielt, die für Minderjährige nicht geeignet war. Kaum war die neue Ausgabe von *Jasmin* beim Kiosk im Dorf eingetroffen, stürzten wir uns auf sie, schlitzten den Mittelteil auf, er war aus rauem dunkelgrünem Papier, und lasen mit Taschenlampen unter der Bettdecke alles über Cunnilingus und Fellatio und andere seltsame Sexualpraktiken. Der Inhalt jener grünen Seiten schockierte mich, ich war zwar neugierig und aufsässig, aber auch unwissend, naiv und jung. Übertroffen wurde mein Befremden bei dieser Lektüre nur von den nächtlichen Eskapaden zweier Mitbewohnerinnen, die lesbisch waren oder es wurden, was mich nicht selten am Schlafen hinderte.

Wenn Schritte auf dem knarrenden Holzboden zu hören waren, weil die Nachtschwester ihren letzten Kontrollgang machte, flog *Jasmin* mit Karacho unter die Matratze, die Lichter wurden ausgeknipst und alle sechs begannen wir – wie auf Kommando – tief und laut zu atmen, sobald die Schwester die Tür aufmachte.

Als die Zeit bis zum Schlafen mir einmal lang wurde, beschloss ich, mich in eine tote Ordensschwester zu verwandeln. Mithilfe eines dunklen Tuches bastelte ich mir einen Schleier, der schmale weiße Rand aus einem großen Taschentuch verdeckte den Haaransatz, das Gesicht bestrich ich mit einer dicken Schicht Zahnpasta. Mithilfe zweier Mitschülerinnen wurde ich in meinem Bett aufgebahrt, die Hände gefaltet und mit einem Rosenkranz geschmückt.

»Beeilt euch, gleich kommt die Nachtschwester, schnell, macht Fotos«, drängte ich. Ein gruseliger Anblick im Licht einer Kerze, die wir verbotenerweise angezündet hatten. Wie Klageweiber hockten meine Zimmergenossinnen am Boden und knipsten die »Tote« auf ihrer letzten Ruhestätte. Das Herumzeigen der Aufnahmen jedoch musste unter allen Umständen verhindert werden, es hätte den glatten Rausschmiss für mich bedeutet. Kurz zuvor hatte die Internatsleitung zwei Mädels gefeuert, die sich gegenseitig nackt in der Badewanne fotografiert hatten.

Vor kurzem, bei einem Treffen unseres Abiturjahrgangs, zeigten mir ehemalige Schulfreundinnen Fotos. »Du warst die Wildeste«, lachten sie. Im Wald, auf ihren Händen getragen, halte ich ein riesiges Stück Pflaumenkuchen hoch, in dem eine brennende Zigarette steckt. Wir rauchten, kifften, tranken. Immer im Wald. Und nachts, nach der Kontrolle durch die Nachtschwester, in einem Geheimgang unter dem Dachstuhl, in dem wir unser Lager aufgeschlagen hatten. Auf leere Weinflaschen hatten wir brennende Kerzen gesteckt, hielt man die Zigaretten unmittelbar über die Flamme, dann roch man so gut wie nichts. Ich hatte diese Bilder und das gesamte Szenario vergessen.

Mein Vater zeigte für derlei Späße seiner Kinder kein Verständnis.

5 |

Das Jahr 2008 war ein Jahr der Verlassenheit für mich. Schau ich mein eigenes Tagebuch durch, dann ist allem das Thema des Todes und des Verlorenseins unterlegt. Und gleichzeitig hat sich etwas in mir immer mehr Raum verschafft, all das, was mit diesem Buch hier zu tun hat, es wuchs heran. Eine Art stille Schwangerschaft. Wenn das stimmt, so würde das bedeuten, dass der Entschluss, ein Buch zu schreiben, ein Entschluss für das Leben war. Nach Vaters Tod am 1. April 2007 hatte die Last, einerseits Verantwortung übernehmen zu müssen, verbunden mit der Ahnung, dass es mit dem Ausräumen des Hauses und der Bibliothek nicht zu Ende sein würde, und andererseits der Wunsch, endlich, endlich von allem frei sein zu wollen, immer stärker auf mich eingewirkt. Ich wusste, dass meine Ehe darunter litt, ich wusste, dass meine Kinder darunter litten. Anfang des Jahres hatte ich eine Art Gedicht »Über das Leiden« in mein Tagebuch notiert. »Die Seele blutet nach innen«, schreibe ich dort, » … Vergangenheit wird lebendig, Krisen über Krisen, Fragen und Zweifel über die Zukunft, dann wieder Hoffnungsschimmer, Licht und Dunkel. Schwarz ist die Nacht, lang durchwacht. Heute fehlen die Worte, wie große Brocken bleiben sie im Hals stecken. Vergeben, vergessen, verdrängen. Nein: Aushalten! Nein! Tief ist der Schmerz, das Herz blutet, es fließt viel Blut, das nicht gestillt werden kann. Nach innen fließt das Blut, wohin sonst, wann hört das auf, wann lässt das nach, wann ist endlich Frieden, im Tod vielleicht, in der Ewigkeit.«

Geschrieben hatte ich diese Zeilen im Oberengadin, wohin ich noch einmal mit Mutter gefahren war. Hier in dieser Landschaft hatte Nietzsche seinen Zarathustra geschrieben, den Gedanken der ewigen Wiederkunft formuliert, gefunden im Augenblick, im Moment des Gewahrseins: »Ganz See, ganz Mittag, ganz Zeit ohne Ziel. Da plötzlich, Freundin! wurde Eins zu Zwei – Und Zarathustra ging an mir vorbei …« Erinnerungen an die unzähligen Male, die wir hier gewandert sind, wurden wach und natürlich an Vater, der uns nicht diese Zeilen aufsagen ließ, sondern regelmäßig vor dem Nietzsche-Stein mit den eingravierten Versen fragte: »Und? Wer kann es?«

»O Mensch! Gib acht! / Was spricht die tiefe Mitternacht?« Der Anfang fiel uns allen natürlich leicht, aber schon nach den ersten beiden Versen kamen wir ins Holpern. »Ich schlief, ich schlief –, / Aus tiefem Traum bin ich erwacht: – /…« – »Und weiter, weiter?«, lachte Vater dann. »Die Welt ist tief, / Und tiefer als der Tag gedacht.« Das war sein Part und dann wussten wir alle wieder weiter: »Tief ist ihr Weh –, / Lust – tiefer noch als Herzeleid: / Weh spricht: Vergeh! / Doch alle Lust will Ewigkeit –, / – will tiefe, tiefe Ewigkeit.«

Bis heute ist der Spaziergang zu diesem Stein eines meiner Rituale auf dem Weg in unser Haus. Doch dorthin, ins hintere Fextal, wollte Mutter nach Vaters Tod nicht wieder. Der Ort war mit zu vielen Erinnerungen für sie belastet. Auf das Hotel Margna, allerdings, in Sils Baselgia, wo seinerzeit sogar Thomas Mann seinen Urlaub verbracht hatte, darauf hatte sie sich von Anfang an gefreut. Ich ahnte vielleicht schon, dass es die letzten gemeinsamen Tage mit ihr werden würden. Das Kontrollierende an Mutter hatte sich gelegt und obwohl sie die Zügel immer noch fest in der Hand hielt, gab es ruhige Stunden. Die Schlittenfahrt mit der 87-Jährigen in das Tal hinein, still, schweigend durch die Erhabenheit und Größe der Bergwelt zu fahren, die sich ihr weiß schillerndes Kleid angelegt hatte, ich werde immer dankbar dafür sein. Ich war Mutter nah wie kaum je in meinem Leben.

Da mich der Gedanke an ein Buch seit ein paar Monaten bereits beschäftigte, hatte ich ihr erklärt, dass ich vormittags schreiben müsse und nachmittags und abends dann ausschließlich für sie da sein würde. Es hatte wohl mit diesem Vorhaben zu tun, dass ich zu der Zeit Kleist las: *Über die allmähliche Verfertigung der Gedanken beim Reden.*

»Es liegt ein besonderer Quell der Begeisterung für denjenigen, der spricht, in einem menschlichen Antlitz, das ihm gegenübersteht ...« Ich schrieb Zitate in mein Tagebuch und notierte, dass mich beim Schreiben immer wieder eine ungeheure Müdigkeit überfiel, »... insbesondere beim Schreiben über meine Jugend im Internat. Das ewige eingesperrte Leben, diktiert von Verboten und Regeln, dem meine eigene Entwicklung zum Opfer fiel, meine Talente, meine Begabungen, meine Leidenschaft für das Theater ...«

Dieselbe Müdigkeit sollte mich überfallen, als ich Monate später mit Vaters Tagebüchern auf dem Sofa in meinem Haus saß. Das Gefühl, etwas Ungeheures in Händen zu halten, etwas, dem ich nicht gewachsen war – zumindest noch nicht. Das Ungeheure, das waren die Gefühle, das war das, was nie ausgesprochen wurde in unserer Familie.

Meiner Tochter hatte ich zu der Zeit viel aus Edmonde Charles-Roux' Coco-Chanel-Biografie vorgelesen. Sie liebte es, trotz ihres jugendlichen Alters, vorgelesen zu bekommen. Auch hier das Motiv des Verlassenwerdens: Coco, uneheliches Kind, die nach dem frühen Tod der Mutter in ein katholisch geführtes Waisenhaus kommt, wo sie den Beruf der Näherin erlernt. Wir diskutierten darüber, was Menschen aus sich machen können, wo die Kraft herkommt. Mit meinem Mann hatte ich den Film *There will be blood* gesehen. Beide USA-Erfahrene, hatte der Film uns aufgewühlt, am meisten aber, wie es dem Sohn des gierigen Ölmagnaten erging, der alleingelassen wurde, als er nicht mehr richtig funktionierte, als er den Wünschen und Vorstellungen des Vaters nicht mehr entsprach. Und dann noch die Szene aus Julia Francks *Mittagsfrau*, in der ein kleiner Junge einfach am Bahnhof zurückgelassen wird. Immer liegt es an den Umständen, am Zeitgeschehen, woran die Protagonisten leiden. Die Umstände, die sie prägen oder behindern. Aber die Umstände, werden sie nicht von Menschen gemacht, sind wir nicht alle immer beteiligt an allem?

»Schreiben Sie am besten alles fiktiv, schreiben Sie einen Roman, keine Biografie«, riet mir ein Autor und Schreibgruppenleiter. Warum eigentlich? Zwei Jahre später, als ich immer genauer recherchierte, hörte ich von Manfred Rommel einen ähnlichen Satz, er lautete: »Jetzt besser nicht«.

Als Mutter starb, beschäftigte mich Stefan Zweigs Biografie von Marie Antoinette, jener Prinzessin und späteren Königin, von der Vater früher auf unseren Wanderungen immer gesagt hatte: »Hier ist sie durchgekommen, auf ihrer Fahrt nach Frankreich.«

»Die Bedeutung des mittleren Charakters« ist der Untertitel von Zweigs Biografie. Der mittlere Charakter, das ist der, der eigentlich überfordert ist mit den Aufgaben, die die Zeitläufte ihm stellen. Und der dennoch handeln muss. Der hohe Charakter folgt einfach seinem Ruf, der mittlere, der muss mühsam wachsen und gerne macht er es nicht. Vollbringt er sie, wird er seiner Aufgabe gerecht, dann ist er, der mittlere Charakter, der größere von beiden.

War ich, bin ich ein »mittlerer Charakter«? Würde ich meine Aufgabe vollbringen?

Die Tagebücher jedenfalls habe ich damals weggepackt, nicht in den Keller, sondern erst einmal in die Garage, dort sollten sie noch ein paar Monate ruhen, bis ich dann Stück um Stück mir alles angeschaut habe. Stück um Stück einen Vater fand, der anders war als der, der mir in der Jugend alles verboten hatte. Der nicht an mich geglaubt, mich nicht gestärkt hatte, so wie ich es gebraucht hätte damals. Und dessen engste Vertraute ich doch später werden sollte. Was waren die Gründe gewesen? Wollte er mir Härte und Ausdauer vermitteln, weil man es – seiner Erfahrung nach – ohne diese beiden Eigenschaften im Leben nicht weit bringen kann?

6 |

Es waren Ferien gewesen. Ich war daheim und langweilte mich, denn meine früheren Freunde waren in den Ferien natürlich allesamt verreist. Vater hatte hohen Besuch angekündigt, ein Graf Douglas mit Frau und Sohn kämen zum Tee. Aus vornehmem Hause, altem schwedischen Adelsgeschlecht, von einem Schloss Langenstein am Bodensee. Hoher Besuch, das war nichts Ungewöhnliches, ich überlegte eine Weile, doch da es keine Ablenkungen gab, beschloss ich mich zu der Runde hinzuzugesellen.

Von der ersten Sekunde an war es entschieden. Ein Blick auf diesen jungen Mann, der meiner damaligen Vorstellungswelt von Draufgängertum und Freiheit keineswegs entsprach und dennoch so äußerst attraktiv war, und ich wusste es: Der ist es.

»Douglas, Christoph Douglas«, stellte er sich vor und gab mir die Hand. »Ach, in Wald bist du, wie nett! Eine Kusine von mir ist auch dort. Es ist nicht weit weg von Langenstein, wo ich wohne.«

Er trug ein braunes Tweedjackett und Hosen aus braunem Cord, passend zu den Augen. Braune Augen, darunter ein fein geschwungener Mund. Ich kann mich nicht erinnern, dass ich ein einziges Wort herausbrachte, er aber erzählte von sich und zwar so, dass er durchaus zu dieser hier anwesenden Familie gehörte, aber andererseits auch wieder nicht. Nein, sagte er, auf die Jagd ginge er nicht. Als Einziger in der ganzen Familie, denn auf Tiere könne er nicht schießen. Sein Hobby sei das Lesen und das Sammeln von Antiquitäten. Und Gedichte, die sammle er auch, allerdings im Kopf, er lerne sie auswendig. Jeden Tag ein Gedicht. Er lächelte, wir hörten unseren Eltern zu, wie sie sich austauschten, wir tranken Tee, wir sahen uns an. Etwas sehr Scheues wurde wach in mir, etwas Scheues und zugleich sehr Großes. Das nennt man wohl Liebe, darüber galoppierte mein Herz hinweg, als wollte es mich zum Platzen bringen. Es kann durchaus sein, dass ich es schon damals wusste, dass eine Tür für mich aufgegangen war, die Tür zu etwas Neuem, »Zukunft« stand darauf.

Beim Verabschieden drehte er sich noch einmal um: »Komm uns doch mal besuchen in Langenstein.«

Zu meiner großen Überraschung rief er tatsächlich im Internat an, es war nicht lange nach unserer ersten Begegnung. Anders als bei meinen vorigen Eskapaden fragte ich dieses Mal um Erlaubnis, ob ich mit dem Grafen Douglas ausgehen dürfe. Und Schwester Adalberta, die wir »Adel« nannten, erteilte sie mir. An einem Sonntagnachmittag holte mich Tito, wie ihn seine Freunde nannten und wie ich es fortan auch tat, in einem grünen VW-Käfer ab und brachte mich nach Schloss Langenstein zum Tee mit seiner Familie. Und auch hier gab es etwas, das über die Jahre hinweg gleich bleiben sollte: Man empfing mich mit offenen Armen. Eine solch offene Herzlichkeit überwältigte mich. In dieser Familie fühlte ich mich einfach nur wohl, von Anfang an. Nach dem Tee führte mich Tito durch das Schloss, das aus dem 12. Jahrhundert stammte. Dies sollte ein Ritual werden. Immer wenn ich in der Folge zu Besuch kam, entführte er mich auf einen Gang durch die Gemächer, blieb vor Bildern und vor Möbelstücken stehen und hielt mir Vorträge. Richtig konzentrieren konnte ich mich nicht auf die vielen Jahreszahlen und die vielen Schlachten, die hier erzählt wurden, aber das ließ ich mir nicht anmerken. Ich genoss seine Liebe zu seinem Zuhause, sein Wissen, seine Lust, es mitzuteilen.

Nach diesem ersten Treffen bei ihm bekam ich einen Brief ins Internat geschickt. Er hatte mit schwarzer Tinte auf dünnem Luftpostpapier geschrieben. Wie schön es sei, dass wir uns wieder begegnet sind, … wann wir uns wieder sehen würden … Ich nehme an, dass ich diesen Brief nicht mehr habe, weil er sich in seine Bestandteile aufgelöst hat. Bis zu meinem Abitur verwahrte ich ihn an einem geheimen Ort und las ihn so oft, dass das dünne Seidenpapier fast durchgescheuert war. Einem Gedicht kam dieser Brief gleich, so erschien es mir, und längst kannte ich ihn auswendig, hütete ihn jedoch wie eine Reliquie, denn außer der Erinnerung an unsere wenigen Treffen während der folgenden Monate und das, was ich in meiner Fantasie hinzugefügt hatte, war es alles, was ich von ihm besaß. Ein Foto hatte ich noch nicht von ihm. Wenn ich, wie es selten der Fall war, endlich einmal alleine in unserem Schlafraum war, holte ich ihn hervor und las ihn erneut, in der Hoffnung, etwas Neues, Geheimnisvolles zu entziffern, etwas heiß Ersehntes über seine Gefühle mir gegenüber. »Dein Tito« hatte darunter gestanden.

Endgültig zusammen kamen wir erst auf dem Waldfest im Sommer. Ich hatte gerade mein Abitur bestanden und Tito feierte seinen 22. Geburtstag mit Freunden auf einer Hütte mitten in einem Wald, der zum Besitz von Langenstein gehörte. Seinen Vetter Ewald aus Konstanz lernte ich bei dieser Gelegenheit kennen und seinen besten Freund Pit, der aus München gekommen war. Es wurde viel Wein getrunken. Immer wieder kreuzten sich unsere Blicke. Einmal, als er mir Wein nachschenkte, legte er die Hand dabei auf meine rechte Schulter. Und irgendwann, zu vorgerückter Stunde, nahm er mich an der Hand: »Komm, lass uns ein paar Schritte rausgehen.«

Die Äste knacksten unter unseren Schritten, die Stimmen aus der Hütte waren kaum noch zu hören. An einer kleinen Lichtung, die vom Mond beschienen war, blieb er stehen und zog mich sanft an sich. Die Zeit stand still. Es geschah nichts und alles, das Gras und die Farnsträucher waren unsere Zeugen, ein kreisrunder

Tanzplatz der Liebe. »Komm«, flüsterte er mir irgendwann ins Ohr, »nun lass uns zurück zur Hütte gehen.«

Wer liebt, sieht alles anders, als er es bisher gesehen hat. Von nun an war Tito der Mittelpunkt meines Lebens, meiner Gedanken, Gefühle, meines Seins, meiner Existenz. Von nun an gehörten wir zusammen. Die gemeinsame Nacht im Wald, das gemeinsame Verharren bis zum Morgengrauen waren mächtiger als Worte, unsterblich, stärker als jeder Treueschwur. Wie von unsichtbarer Hand geführt, steuerten wir in die gleiche Richtung.

Wenige Monate später, im Herbst 1970, begann ich mein Studium in Freiburg. Auch der sehr seltsame Unterricht der »Soff« hatte nichts an meinem Interesse geändert. Ich wählte, wie Tito, Geschichte als Hauptfach, Politikwissenschaft im Nebenfach. Die Studentenbude jedoch mietete ich nur als Alibi. Dass wir in Wirklichkeit zusammen im Seitenflügel eines Barockschlösschens wohnten, das einer Tante von Tito gehörte, durften meine Eltern nicht erfahren. In Ebnet, einem Vorort von Freiburg, lag es, inmitten eines Parks mit alten Kastanienbäumen. Wie sehr liebte ich die Zeit ihrer Blüte, wie ein rosa Flammenmeer leuchteten die Baumkronen jedes Jahr im Frühling.

Trennungen hielten wir fortan kaum aus. Meine Eltern hatten sich zu der Zeit bereits für den festen Wohnsitz in Stuttgart entschieden, was sie lange hinausgezögert hatten. Wenn ich zu seltenen Besuchen mit dem Zug zu ihnen fuhr, brachte Tito mich zum Bahnhof. Lange hielt er dann meine durch das offene Fenster ausgestreckte Hand fest. Fuhr der Zug an, hielt er mich noch immer fest, rannte mit, bis der Zug so schnell war, dass er mich loslassen musste. »Heute Abend rufe ich dich an«, rief er, warf mir Handküsse zu und winkte so lange, bis ich ihn nicht mehr sehen konnte. Dann tat es weh in der Magengegend und beim Mittagessen mit den Eltern brachte ich keinen Bissen hinunter. Erst wenn er mich anrief abends, ließ der Druck ein wenig nach.

Eines Tages musste Tito eine schwierige Lateinprüfung ablegen, vor der er großen Respekt hatte und sehr aufgeregt war. Lange hatte er sich darauf vorbereitet und ich hatte ihm geholfen, die Vokabeln zu lernen und Grammatik zu pauken. Am Morgen vor der Prüfung versprach ich, den ganzen Vormittag nur an ihn zu denken und ihm Kraft zu spenden. Das beruhigte ihn.

Um elf Uhr an diesem Morgen, erinnere ich, wurde mir die Zeit lang und ich beschloss, Ebnet zu verlassen und in die Stadt zu fahren, um bei Tchibo einen Kaffee zu trinken. Ich kaufte mir eine Tasse Kaffee, suchte einen freien Tisch und begann die Zeitung zu lesen.

»Ist hier noch frei?«, fragte ein Mann. Als ich nickte, stellte er seine Tasse ab.

»Stammen Sie aus der Gegend, darf ich fragen, was Sie machen? Ich möchte nicht stören, aber …« Ich legte die *Badische Zeitung* beiseite und obwohl ich mich an den Inhalt des Gesprächs heute nicht mehr erinnere, weiß ich noch genau, dass ich mich so gut mit dem Fremden unterhalten hatte, dass ich die Prüfung für eine Weile vergaß. Die Zeit verging, als ich auf die Uhr blickte, war es bereits zwölf. Ich musste schleunigst zurück, Tito wollte unmittelbar nach der Prüfung anrufen. Hastig verabschiedete ich mich und eilte zur Straßenbahn. In Ebnet angekommen, läutete das Telefon. Es war Tante Edith, wie ich Titos Mutter zu der Zeit schon nannte. Ob er schon zurück sei von der Prüfung. Ich solle ihn trösten, wenn es nicht gut gelaufen sei, es gäbe viel Schlimmeres als eine nicht bestandene Lateinprüfung.

Als Tito schließlich zurückkam, berichtete er: Die ersten zwei Stunden sei es gut gelaufen. Danach konnte er sich nicht mehr konzentrieren. »Und was hast du gemacht?«, wollte er wissen. »In der dritten Stunde, was hast du da gemacht?«

Ich erschrak, bekam augenblicklich ein schlechtes Gewissen, aber über den Mann bei Tchibo habe ich geschwiegen.

Wie zwei Schmetterlinge in einem Kokon bis zum Entschlüpfen aus der Insektenpuppenhülle, geschützt vor der Außenwelt, verbrachten wir die Jahre. Im Frühjahr reisten wir nach Italien. Tito zeigte mir die Villen von Andrea Palladio, führte mich stundenlang durch die Museen, Paläste und Kathedralen. Den Sommer verbrachten wir im schottischen Hochland bei den Verwandten der Douglasschen Großfamilie.

Kalte Herbst- und Wintertage nutzten wir für spontane Reisen nach Paris, wenn es das Vorlesungsprogramm erlaubte. Dann tauchten wir ein in die Pariser Kunst- und Antiquitätenszene. Er kaufte alte Möbel, Spiegel, Gemälde, untersuchte sie genau auf Herkunft, erkannte sofort später hinzugefügte Teile und handelte, wenn er zum Kauf entschlossen war, so lange, bis der Preis stimmte.

»Spätes Achtzehntes, dieser Biedermeierstuhl, aber die Lehne, die ist später erneuert worden, zu teuer, da müssen Sie etwas am Preis machen …« Jeder Besuch bei einem Trödel- oder Antiquitätenladen, an keinem konnte er vorbeigehen, verlief ähnlich.

An einem Wochenende auf Schloss Langenstein ereignete sich dann das Unabwendbare: Der Kokon platzte. Ein Anruf meines Vaters. Ludwig Douglas, Titos Vater, nahm ihn entgegen. Wir saßen gerade gemütlich beisammen im Salon.

»Ach Hans, ja das ist aber schön, dass du anrufst … ja, deine Tochter, die ist hier bei uns, wir freuen uns immer, wenn sie da ist. Ja natürlich, Hans. Willst du mit ihr sprechen? Nein. Gut, das werde ich ausrichten. Bis bald und Handkuss an deine Inge!«

Nach Hause kommen am nächsten Wochenende! Etwas ungeduldig, drängend habe er geklungen. Streng, etwas Dringendes?

Was sollte ich sagen? Ich lächelte verlegen und zog achselzuckend die Schultern hoch.

Am folgenden Wochenende fuhr ich nach Stuttgart. Beim Familienspaziergang am Sonntagnachmittag verlangsamte Vater das

Tempo: »Bleib du mal bei mir und lass die anderen vorgehen. Wir müssen etwas miteinander besprechen.« Meine Schwester hatte mich vorgewarnt: »Du, pass auf, sag ich dir! Die wissen alles. Eine Bekannte aus Badenweiler hat gepetzt!« Es hatte sich also herumgesprochen. Um diese Beziehung mit Tito ging es, fuhr Vater fort, es gefalle ihm gar nicht, was sich da entwickelt habe. Ich sei nicht zu erreichen, käme kaum noch nach Haus … und dann kam es: Ob ich da eine sexuelle Beziehung hätte, eine Bettgeschichte etwa? Das sei nicht in seinem Sinne und auch nicht der Stil unserer Familie. Und ich gehöre ja wohl in diese Familie und in keine andere.

Ich verneinte, kleinlaut, den Kopf Richtung Waldboden gesenkt. Es war mir peinlich, über Intimes mit meinem Vater zu reden.

»In einer wilden Ehe lebst du, du, du …« Er fing an, mit dem Spazierstock herumzufuchteln und dann sprach er es aus, für mich bis heute das Schlimmste, was ein Vater zu einer Tochter sagen kann: »Das muss aufhören, so schnell wie möglich. Was glaubst du denn, was die Leute sagen?« Nur eine sofortige Trennung könne ein solches Vergehen wiedergutmachen, wetterte er, »sofort, hörst du?«

Vaters Worte trafen mich wie Donnerschläge. Beschämt und klein fühlte ich mich, beklommen und befangen. Schweigen trat zwischen uns. Tschak, tschak, tschak machte der Spazierstock bei jedem Schritt wie zur Bekräftigung. Und mit jedem Schritt tat sich die Kluft zwischen uns weiter auf.

Aber die Italienreise, die würde ich noch mit ihm machen, beschloss ich insgeheim. Und weil ich kein Geld hatte, aber schön sein wollte, unbedingt, jetzt erst recht, nähte ich mir meine langen Kleider selbst, batikte die Stoffe selbst, eine dieser Widerstandsfahnen ging bei der Gelegenheit sogar in Flammen auf, ich hatte zu viel Wachs verbraucht, Feuer in meiner Studentenhütte, Wut und Verzweiflung im Herzen.

Zum letzten Mal fuhren wir über das Ötztal in den Süden. Es war Vorfrühling. Sonnenstrahlen verkündeten das Ende des Winters, der Kälte und das Wiedererwachen der Natur. Auf dem Marktplatz von Meran blühten schon die Oleanderbüsche. Vicenza, Modena, Padua und Florenz besuchten wir und die Villen von Andrea Palladio.

Tito hatte sofort gespürt, dass etwas nicht stimmte zwischen uns. Seit dem Machtwort meines Vaters war ich verändert, fremdelte ihm gegenüber und grübelte. Trennen konnte uns Vater so leicht nicht, aber der Kokon war geplatzt. Und auch wenn ich mich wehrte, etwas war zwischen uns getreten.

Als wir zurückkehrten, teilte mir mein Vater mit, dass er mich nach Heidelberg schicken würde für ein Volontariat bei der *Rhein-Neckar-Zeitung*. Er habe mit dem Chefredakteur gesprochen und ein dreimonatiges Praktikum in der Lokalredaktion vereinbart. Ich willigte ein, obwohl ich weder Interesse noch Ahnung hatte. Alles ging sehr schnell. Ich hatte zugestimmt, besser gesagt, gehorcht. Also bezog ich ein kleines Zimmer, in Untermiete bei einer Familie im Neckartal und absolvierte diese Ausbildung, schrieb Artikelchen über Lokalpolitik, runde Geburtstage, Kindergarteneinweihungen und Sportfeste.

Wohl gefühlt habe ich mich nur dann, wenn ich auf dem Bahnhof stand, am Freitagnachmittag, um nach Freiburg zu fahren und weiterhin nach Ebnet. Oder wenn Tito mich in der Redaktion abholte und wir zu einer Tante in die Pfalz fuhren, bei der wir Unterschlupf fanden. Trotz des väterlichen Verdiktes.

7 |

Natürlich hatte auch meine Mutter im Hintergrund gearbeitet. Sie hatte nie aufgehört, meinen Lebenswandel zu beobachten und wenn nötig ein wenig nachzuhelfen, um an Informationen heranzukommen. Titos Mutter Edith hatte zu uns gehalten und uns nicht verraten, als Mutter ein um das andere Mal anrief und sich beklagte über ihre Tochter, die seit Wochen, ja Monaten nicht zu erreichen sei. Und wenn Mutter sich empörte, dass ich in meiner Studentenbude nie zu erreichen sei, redete ich mich wie zu Teenagerzeiten raus: »Du weißt doch, dass ich immer mit Ohropax in den Ohren arbeite, da höre ich das Telefon nicht.«

Daheim lauschte ich an der Schlafzimmertür und habe es mitbekommen, wie sie auf Vater einredete: »Unsere Tochter will heiraten, ich spüre das, ich wette drauf, wir müssen etwas tun, Hans! Hans, hörst du mir überhaupt zu? Wir müssen das verhindern!«

Schließlich kam ihr das Schicksal zuhilfe, vielmehr bog Mutter das Schicksal so zurecht, dass es ihr half. Als sogenannte Landesmutter hatte sie die Ehre, einen der ersten Jumbojets zu taufen und zwar auf den Namen Baden-Württemberg. Anstatt des obligaten Blumenstraußes bekam sie einen Freiflug in dem neuen Wundervogel geschenkt zu einer Destination ihrer Wahl im Fernen Osten. Der Aufenthalt dürfe zwischen drei Wochen und drei Monaten dauern.

Die Auserkorene, an die dieses Privileg weitergereicht wurde, war ich. Sie schenkte mir diesen Freiflug. Meine mich ständig kontrollierende Mutter hatte eine wundersame Wandlung vollzogen, sie war zur großzügigen Spenderin mutiert und gleichzeitig zur eifrigen Beraterin, wie ich dieses Geschenk am besten für mich verwenden konnte. Und ich, ich habe sie damals keineswegs durchschaut, es hieß ja nur für drei Wochen, und ich stand im Mittelpunkt des Familieninteresses und zwar seit langem einmal im positiven Sinn. Wie hätte ich Verdacht schöpfen sollen, wie hätte ich nein sagen können. Tito hatte ich hoch und heilig versprochen, nach den drei Wochen zurückzukehren und dann stand auch schon das Ziel fest: Tokio. So weit entfernt wie nur irgend möglich sollte es sein. Unterkunft zunächst beim deutschen Botschafter, Wilhelm Grewe, alles Weitere später.

Anfang November 1971 ging die Reise los. Meine erste große Auslandsreise, allein. Das Tor nach Asien sollte für mich aufgehen, heute weiß ich, wie bedeutsam diese Erfahrung für mich werden sollte. Damals? Wollte ich weg? Die Freiheit hatte ich das erste Mal zu spüren bekommen, als ich – sogar noch vor der Zeit auf dem Internat – für ein paar Wochen zu einem Schüleraustausch nach Marseille geschickt worden war. Es war nicht diese unglaublich gastfreundliche Arbeiterfamilie, zu der ich kam, nicht das fantastische Essen und nicht die französische Sprache, die ich so sehr liebte und liebe, und es war auch nicht diese unglaubliche Stadt, nicht der Hafen und nicht das Meer. Es war der Bahnhof gewesen, der Bahnhof von Marseille, der Wind, der dort pfiff, die Stimmung, allein unter Reisenden, in der Fremde zu sein. Die lange Zugfahrt, das erste Französisch, damals hatte ich Blut geleckt, mein Gefühl der Verlorenheit hatte einen Ort bekommen, an dem ich für immer zu Hause sein konnte: unterwegs. Bis heute sollte es so bleiben. Angst hatte ich nie, wohin es auch ging, aber allein sollte ich sehr oft sein.

Die Reise nach Japan, nun im Jahr 1971, sie war ein erster großer Höhepunkt. Ich war elektrisiert. Von Frankfurt aus startete das Luftungeheuer nach Narita über die sogenannte Südroute, mit Zwischenlandung in Neu-Delhi, Karatschi und Hongkong.

Und wo kam ich an? In den Räumen der Botschaftsresidenz, nüchtern, sachlich grau und kein bisschen japanisch. »Kommen Sie doch hinauf, ich zeige Ihnen Ihr Zimmer«, sagte Frau Grewe. Der Botschafter, gehbehindert, humpelte vor mir her und schleppte meine schweren Koffer. Mit ihnen und ihren beiden Kindern, zehn und zwölf Jahre alt, verbrachte ich die ersten Wochen meines Japanaufenthaltes: Kein Bad im Ofuro oder Schlafen auf Futons, kein Essen im Fersensitz mit Stäbchen in der Hand und schon gar kein Sushi, das ja – gar nicht so japanisch – sehr wahrscheinlich in China oder Vietnam erfunden wurde. Nein, ich aß hinter den Mauern eines deutschen Gebäudes Leberwurst und Vollkornbrot und trank Kräutertee zum Abendessen. Enttäuschter als ich konnte kein Mensch sein. Hinaus, in die Stadt, allein, nein, auf keinen Fall. »Die Straßen haben doch keine Namensschilder in lateinischer Schrift«, warnte Frau Grewe, und Englisch verstünden die Japaner auch nicht. Nur in Begleitung, ordnete Frau Grewe an, und im Übrigen: »Am Sonntag machen wir einen Ausflug nach Kamakura, eine Touristenattraktion. Da gibt es Tempel, japanische Gärten und Teehäuser zu besichtigen.«

Zum Glück dauerte es nicht lange und ich lernte Heinrich kennen. Botschafter Grewe hatte ein Gespräch mit dem Gesandten vorgeschlagen, der mir helfen könne, eine Tätigkeit oder ein Gastsemester vermittelt zu bekommen, zumindest einen Sprachkurs in Hiragana oder Katagana. Sehr zu empfehlen, meinte Frau Grewe, sei ein Kurs in Ikebana, der japanischen Blumensteckkunst. Den habe sie auch besucht. Wenn sie geahnt hätte, wie wenig mich diese Kunst interessierte und wie sehr der Rest dieser fremden Kultur …

Ich weiß noch, dass ich außergewöhnlich lange im Vorzimmer warten musste, bis der Gesandte endlich selbst die Tür zu seinem Arbeitszimmer öffnete und mich hereinbat. Was er für mich tun könne, erkundigte er sich und erzählte dann sogleich von seinen zwanzig Jahren als Diplomat in Asien. Dass er sowohl Mandarin als auch Japanisch fließend sprechen konnte, ging aus diesen Erzählungen hervor, und dass er Frauen mochte, merkte ich daran, wie er mich fixierte. Ich fand ihn sofort sympathisch, war sehr verlegen, nestelte an den Knöpfen meiner Jacke herum und musste immer wieder in diese Augen sehen, die gelb waren, tatsächlich gelb.

»Warum bleiben Sie nicht gleich in Tokio?«

Ich schaute auf, mein Blick streifte die hölzerne Buddhastatue, die auf seinem Schreibtisch stand, eine solch schöne Figur hatte ich noch nicht gesehen. Verrückt, dachte ich, er ist bestimmt fünfzig oder älter, hat Frau und Familie und ich könnte seine Tochter sein. Aber irgendetwas war da, Anziehung, Bewunderung?

»In drei Monaten können Sie doch etwas aus der Sache machen, eine einmalige Chance für Sie. Jeder würde sich die Finger nach einer solchen Gelegenheit lecken und Sie verschenken diese Chance womöglich mit einer vorzeitigen Rückkehr nach Deutschland? Das kann ich mir nicht vorstellen«, entrüstete er sich.

Warum drängte er so, wunderte ich mich, zuckte die Achseln und dachte an mein Versprechen Tito gegenüber, protestierte aber zugleich nicht, als er zum Telefonhörer griff und die Nummer der amerikanischen Jesuitenuniversität Tokio, die Jouchi Daigaku, wählte. Er kenne dort den Dekan persönlich, erklärte er. Vorlesungen in englischer Sprache von fünf Uhr nachmittags bis abends um zehn Uhr würden dort angeboten. Das wäre doch perfekt, oder? Vorlesungen über amerikanische Geschichte und Politik, meine Studienfächer, na also.

»Denken Sie darüber nach«, sagte er zu mir, als er aufgelegt hatte. Am nächsten Tag lud er mich zum Mittagessen ein. Es gäbe eine frohe Botschaft, meinte er geheimnisvoll am Telefon. Welche das war, konnte ich mir denken. Der Dekan der Jouchi Daigaku hatte zugesagt und stimmte einem dreimonatigen Gaststudium zu. Eine große Ausnahme, es war sonst nicht üblich, Gaststudenten zuzulassen. Ob ich annehmen wolle? Es würden keine Studiengebühren anfallen. Ich müsse allerdings schnell entscheiden, denn das Semester habe schon angefangen.

Ohne viel Bedenkzeit und ohne Tito zu fragen, willigte ich ein. Und endlich erlebte ich Tokio, bekam ein Zimmer zur Untermiete bei einem Ehepaar, sie Schweizerin, ihr Mann Japaner, meinen Alltag bewältigte ich fortan allein. Ich fuhr täglich zwei Stunden mit der U-Bahn zu den Vorlesungen und wieder zurück, wagte mich in das Gewühl der Millionenstadt, ging allein über die Straßen, schlenderte durch die Parks, besuchte die vielen Schreine und Tempelchen, verlief mich unzählige Male auf der Suche nach den richtigen Ein- und Ausgängen in der U-Bahn, traf tatsächlich auf die von Frau Grewe vorhergesagten kichernden Japaner, die sich die Hand vor den Mund hielten, wenn ich sie nach dem Weg oder einem Restaurant fragte. Ich erlebte die berüchtigten Oshiya körperlich, die Drücker, die die Menschenmenge in die U-Bahnen hineinstopften, bis kein Blatt mehr zwischen die Körper passte. Nur leises Stöhnen war zu hören und das Weinen von Kindern, die auf die Rücken ihrer Mütter geschnallt waren. Fast neun Millionen Einwohner hatte die Stadt damals bereits und ich war mittendrin.

Abends lud mich Heinrich des Öfteren zum Essen ein. »Was ist mit deiner Frau?«, bohrte ich nach. »Was macht sie heute Abend, warum begleitet sie dich nicht?« Wir waren längst beim Du angekommen. »Du nimmst ihr nichts weg«, entgegnete er in einem fast barschen Ton, sodass ich nicht wagte, weiter zu fragen.

Eines Tages fragte er, ob er mich am Samstagabend ins Kabuki-Theater einladen dürfe. Es sei sehr beeindruckend, dauere gewöhnlich drei Stunden, aber wir würden früher gehen können, an einen ganz besonderen Ort. Besondere Orte hätte ich doch gerne, nicht wahr? Gelbe Augen ... Dennoch, auf mein erstes Kabuki-Theater freute ich mich wie ein Kind. Es wurde *Tausend Kirschbäume – Yoshitsune* gespielt, ein Klassiker unter den Kabuki-Stücken.

Von Kind an lernen die Kabuki-Schauspieler ihre Rollen und Posen kennen, ihre Bewegungen, die Art sich zu schminken und die aufwändigen Kostüme. Auf hölzernen breiten Planken, die sich wie Autobahnen durch das Publikum schlängelten, schoben sich die schrill in hohen Tönen kreischenden Schauspieler durch die Zuschauermenge. »Hannamichi nennt man diesen Laufsteg«, flüsterte mir Heinrich zu und das heißt Blumenweg, und dann erklärte er mir, um was es gerade ging. Mir war es fast egal, ich war gebannt von den fremden Lauten, den Maskeraden, den ungewöhnlichen Bewegungen.

»Wohin gehen wir denn?«, fragte ich, als Heinrich sich erhob, weil er meinte, dass wir nun genug gesehen hätten. »Zum Abendessen?« Er antwortete nicht, lächelte mich nur an und geleitete mich zum Wagen. Dem Chauffeur hatte er frei gegeben, Heinrich fuhr den Mercedes selbst, über eine Stunde durch die dunklen, nun fast menschenleeren Straßen. Schließlich bogen wir in eine Einfahrt ein und hielten vor einem Hotel mit blau geschwungenem Dach.

Wir traten in den mit Tatami ausgelegten Vorraum, eine kleine, äußerst zierliche Japanerin im Kimono erschien und bedeutete uns mit heftigem Nicken, die rechte Hand einladend ausgestreckt, ihr zu folgen. Und mich überkam dieses merkwürdige Gefühl, einem Vorgang beizuwohnen, der Heinrich sehr vertraut war. Man kannte ihn dort gut, so schien es mir.

Wir gelangten zuerst in eine Suite, wo es angenehm duftete und man Wasser plätschern hörte, und schließlich in einen leeren, nur mit Matten ausgelegten Raum, einzig in der Mitte stand ein niedriger roter Lacktisch. Nach einem weiteren kurzen Dialog mit Heinrich ließ uns die Japanerin allein und ich wollte weg, nichts wie weg.

Ob ich es mir nicht bequemer machen wolle? Heinrich zeigte auf meinen dicken braunen Wildlederrock, der mir fast bis an die Knöchel reichte. Maxi war damals Mode, es war mein bestes Stück, extra für den Theaterabend ausgewählt. Ich schüttelte den Kopf, war froh über meinen Panzer und setzte mich steif wie ein Stock auf den Boden, verschränkte die Beine, verschränkte die Arme und harrte der Dinge, die da kommen sollten.

Nein, ich war nicht fähig, alles abzuwehren, ich ließ ein paar Umarmungen über mich ergehen, das Abtasten meines Körpers, ein paar Küsse, ich weiß es heute nicht mehr. Aber das Bild, wie die kleine Japanerin wieder eintrat und Heinrich ihr stumm Geld in die Hand drückte, das ist mir im Gedächtnis geblieben. Auf dem Rückweg schwiegen wir. Es regnete noch immer in Strömen, die Lichter Tokios funkelten zwischen den Scheibenwischern. Und ich weiß noch, wie ich, in der Wohnung meines Gastelternpaares angekommen, die Zimmertür hinter mir schloss, mich mit dem Rücken gegen sie lehnte und tief durchatmete. So war das also mit den gelben Augen, so war das, dachte ich und war unendlich froh, wieder allein zu sein.

Ich machte Scheine in amerikanischer Geschichte an der Jouchi Daigaku, vergrub mich in Hans Vahlefelds gerade erschienenem Japanbuch *100 Millionen Außenseiter* und fühlte mich als Teil dieser speziellen Gemeinde, als Außenseiter. Den Rest der Zeit streifte ich mit der Malerin Traute Koebel durch alte Tempelanlagen. Traute kannte ich schon von zu Hause, ihr Mann Tonio hatte einen Ruf an die Musikhochschule nach Nagoya erhalten. Traute nutzte die Zeit für ihre Studien: Affen und Menschen. Gemeinsam besuchten wir Tempel und Paläste, zoologische Gärten, denn immer wieder ging es ihr um die Affen. Wir übernachteten in einfachen ungeheizten Pensionen, schliefen auf Futons, tranken Unmengen grünen Tees und lachten. Wir lachten unentwegt, imitierten die Japaner, und von da an waren und blieben wir »Affenschwestern«. Nach drei Monaten trat ich den Rückflug an.

8 |

Bei meiner Rückkehr aus Japan erwartete mich zu Hause eine Überraschung: Tito machte mir einen Heiratsantrag. Kaum hatte ich die Koffer ausgepackt, der muffige Geruch von mitgebrachten Kimonos, Yukatas und Rollbildern aus Reispapier lag noch in der Luft, als ich zu ihm fuhr, nach Schloss Ebnet, in seine Wohnung. Und kaum hatten wir uns umarmt und geküsst, als die Frage, auf die ich tatsächlich seit unserem Kennenlernen insgeheim gewartet hatte, ausgesprochen wurde. »Willst du …?«

Falscher Moment, falsche Zeit, falsches Leben. Die drei Monate, für die ich mich bei Tito nie entschuldigt hatte, die er ohne zu murren hingenommen hatte, die Sache mit Heinrich, das Verbot des Vaters, das alles hatte seine Wirkung getan.

»Du brauchst jetzt nicht ja oder nein zu sagen«, beruhigte er mich und dann erzählte er mir von einem Gespräch, das er bei einer Bahnfahrt belauscht hatte. Ja, die Leute würden schon reden, sagte er, von der Filbinger-Tochter, die mit einem Grafen zusammen wäre, einem gewissen Douglas. Versprochen seien sie einander. Ja, ja, die Leute wüssten es schon.

»Du schwindelst«, ich küsste ihn. Er zuckte mit den Schultern, grinste in sich hinein und kramte in seinen Hosentaschen. Wie immer trug er seine braune Cordhose, an den Knien war sie schon abgewetzt, und dazu einen passenden Kittel, wie er seine Jacketts und Tweedjacken nannte.

Es kam ein kleines Päckchen zum Vorschein, so groß wie ein

Nadelkissen, mit einer kleinen Verbeugung, viel dezenter als die japanischen – ich musste lachen, als ich meinen Vergleich wahrnahm –, legte er mir die Überraschung in den Schoß. Auf einem dunkelblauen Samtkissen blitzte und funkelte ein Ring. »Eine Sonderanfertigung«, verneigte sich Tito erneut, »nach altem Muster aus der Empirezeit.« Seine Lieblingsepoche der Kunstgeschichte. In Weißgold gefasste Rubine und Smaragdsplitter hatte er für mich ausgesucht und den Ring bei einem Juwelier daheim am Bodensee anfertigen lassen. Er passte wie angegossen.

»Wie ist das möglich?«

»Ich hab Maß genommen«, lächelte er. »Heimlich, als du geschlafen hast. Es war kurz vor Tokio.«

Lange habe ich diesen Ring getragen, später sorgfältig aufbewahrt und mit nach Amerika genommen. Heute liegt er in einer alten Schmuckschatulle in meinem Schlafzimmer. Kurz nach unserem Wiedersehen nahm ich Abschied von Ebnet, im Frühjahr noch, bevor die Kastanien im Schlosshof wieder rosa Blüten trugen.

Mir war nicht nur Ebnet, mir war auch Freiburg zu klein, zu eng geworden, und vielleicht war es auch immer mehr mein Name, von dem ich Abstand nehmen wollte.

»Filbinger kommt« – an der Uni hing ein großes Transparent, Flugblätter wurden verteilt, für die Studentenschaft war der konservative Landesvater per se ein Feindbild.

Ich beschloss, nach München zu gehen und am Geschwister-Scholl-Institut für Politische Wissenschaften der Ludwig-Maximilians-Universität weiterzustudieren. Kurt Sontheimer wurde mein Professor, bei dem ich im Sommer 1976 mein Examen machen sollte.

In meiner Wohnung in der Sophie-Stehle-Straße in Nymphenburg, wo ich zur Untermiete wohnte, läutete ab und zu das Telefon und Tito rief an. Einmal sagte er: »Du, ich soll dir etwas ausrichten, von meinen Eltern: Du sollst wissen, dass sie immer für dich da sein werden, egal, was zwischen uns ist oder nicht. Immer willkommen.«

Dieses Versprechen hat mich tief berührt, ich habe es nie vergessen und nie in Anspruch genommen. Wir haben nie »Schluss gemacht«, wie man heute sagt. Es ging einfach alles in etwas Neues, Anderes über. Vor einigen Jahren trafen wir uns einmal in Frankfurt, Tito lud mich in sein Haus ein, seine Frau war nicht da, wir tranken gemeinsam Tee und tauschten Erinnerungen aus. Auch an meine Japanreise und die Umstände davor und danach. »Und dann gab es diesen Gesandten«, sagte er plötzlich und schaute mich fragend an. »Ja, aber da war nichts, rein gar nichts«, antwortete ich.

1999 starb Titos Mutter, doch erst vor kurzem erreichte mich ein Brief von ihm.

»Liebe Susi,« schrieb er, »jetzt erst ordne ich Mutters Bücher und finde dieses Foto von dir – ein Kuss und liebe Grüße, dein Tito«.

Ich muss schon in den USA gelebt haben, allein mit meinem Sohn, als ich auf einem Urlaub zu Hause einmal mit meinen Eltern allein beim nachmittäglichen Teetrinken saß.

Wir redeten über Tito und die alten Zeiten und irgendetwas ließ es mich dann sagen: »Das war bedingungslose Liebe.« Mutter sah weg und Vater entschuldigte sich, ja, er entschuldigte sich. Er hätte sich nicht einmischen sollen, jedenfalls nicht so entschieden.

Viele Jahre später erfuhr ich dann, dass Vater die Familie Douglas bereits sehr genau aus der unmittelbaren Nachkriegszeit kannte, als er sie als Anwalt vertreten hatte. Erstaunlicherweise blieb Vater mit Tito auch zeitlebens befreundet. Und ebenfalls bin ich sicher, dass Mutter von ihrem tiefsten Wesen her die Heirat ihrer Tochter in eine Adelsfamilie begrüßt hätte. Was war es also gewesen, dass sie sich beide uns, nein mir, derart in den Weg gestellt hatten? Ich glaube heute, dass es bei meinem bodenständigen Vater vor allem aus Sorge heraus geschah, Sorge um mich, dass dies nicht das richtige Umfeld, nicht mein Weg zum Glück sein würde.

In einem Porträt über Tito zitierte die *FAZ* vor einiger Zeit sein Lebensmotto: »Eigensinn bewahren, sich nichts gefallen lassen und den Zeitgeist ignorieren, solange es geht.«

Den Zeitgeist ignorieren …?

Als ich meiner Tochter einmal die Geschichte mit dem Kaffeetrinken bei Tchibo erzählte, meine Schuldgefühle, die ich hatte, weil ich nicht an meinen Geliebten gedacht hatte und er dies auch punktgenau spürte, diese tiefe, enge Verbindung, die wir hatten, schaute sie mich traurig an: wie ich eine solch große Liebe nur hätte aufgeben können. »Ihr wart seelenverwandt«, sagte sie, aber ich spürte im selben Moment, dass ich genau davor zurückgeschreckt war. Eine solch enge Bindung, nein, das war nicht, was ich suchte, dafür war die Rebellin in mir zu groß, Geborgenheit, ja, aber Freiheit in gleichem Maß.

Hinzu kam, dass mich meine Studienfächer längst nicht mehr nur interessierten, weil sie auch Tito interessierten, und es war auch nicht die Vergangenheit, die für mich im Vordergrund stand, es war die Gegenwart und die jüngste Geschichte, »Legitimationsprobleme im demokratischen Staat«, »Das Bild des Widerstandes im Dritten Reich«, »Krisentheorien«, »Der Drei-Mächte-Pakt aus der Sicht Deutschlands«, »Der Beginn des Kalten Krieges«, das waren die Themen, in denen ich gut war, die Medienpolitik sollte für mein Examen hinzukommen.

Zwar suchte ich wieder aufregende Bekanntschaften, die auch nicht lange auf sich warten ließen, aber das lockere Studentenleben, für das München charakteristisch war, zog mich nicht so sehr an. Da war ja auch schon wieder Vater: »Mit 24 musst du mit dem Studium fertig sein«, hatte er angeordnet, »du heiratest ja doch.«

Und was das Geld anging, da wurde ich derart kurz gehalten, dass ich meine Kommilitonen oftmals beneidete, sie konnten tanzen und trinken gehen, sich schöne Kleidung kaufen. Ohne meine Jobs in den Semesterferien wäre ich kaum durchgekommen.

Aber das alles ließ mich nur noch mehr danach streben, meine Ziele umzusetzen, eine unabhängige Frau zu werden. Nicht Jura zu studieren, wie Vater es wollte, sondern Politikwissenschaft. Denn ich ahnte auch schon, dass ich dorthin wollte, wo die Männer waren, das war die Politik, die Wirtschaft, ja, und auch die Macht.

9 |

In München fand ich wieder eine jener Frauen, die für das Bild meines Selbst wichtig wurden. Rufina wohnte in der Wohnung nebenan, ein unabhängiges Wesen, eine, die mir zuhörte, mich begleitete und mir immerzu Mut machte: Mach nur, Mädchen, lass dich nicht beirren, du wirst deinen Weg schon gehen.

Ich brauchte sie, die anderen Bilder einer Frau, Vorbilder. Während meiner Schul- und ersten Studienzeit in Freiburg waren es die Malerin Traute Koebel gewesen und die Bildhauerin Trudel von Berg, Künstlerinnen, Ersatzmütter für mich. Meine Mutter war stets eifersüchtig gewesen, wenn ich ihr von beiden erzählte, von Traute und ihren Affen, ich hatte schon als junges Mädchen zu ihren Füßen gesessen und gelauscht, was sie alles zu sagen hatte. Es war tiefes spirituelles Wissen, das sie mit diesen Tieren verband. »Gehst du wieder zu deiner Affenschwester?«, fragte Mutter dann leicht schnippisch. Vater kannte Traute und ihren Mann aus der britischen Gefangenschaft, wo er die beiden getraut hatte. Auch Vater mochte Traute sehr und erst recht Trudel von Berg, die später seine Büste modellieren sollte. Frauen, die ihrer Berufung nachgingen, die dem Ruf der Kunst folgten, für mich eine Faszination. Ich las die Biografien von Alma Mahler-Werfel und Peggy Guggenheim und langsam prägte sich heraus, wie ich einmal leben wollte. Ein Lebensentwurf, in dem beides möglich sein sollte, sich zu verwirklichen im Beruf, sich wirklich zu entfalten, aber auch Familie zu haben, einen Mann und Kinder. Beides, ich wollte beides haben.

Meinen eigenen tief verborgenen Wunsch, einmal Schauspielerin zu werden, hatte ich meinen Eltern gegenüber nur ein einziges Mal offenbart. Es war bei einem Essen im Restaurant gewesen, in einem Moment, in dem sie mir ausnahmsweise einmal beide zuhörten. Sie hatten nicht protestiert dagegen, was mich wunderte, aber sie nahmen es nicht ernst. »Wenn du eine richtige Ausbildung gemacht hast, danach – warum nicht?«

Meine Lust, mich zu verkleiden, zu spielen, eine andere zu sein, versuchte ich dennoch auszuleben. So bei einer Karnevalsveranstaltung in Bad Cannstatt, zu der ich, aus Mangel an einem Kostüm, in den Unterhosen meines Vaters erschienen war, die ich über meine Jeans gezogen und an Hosenträgern um die Taille baumeln ließ. Marke Schiesser, fein gerippt, die Hosenbeine schlotterten in meinen Kniekehlen. Auf dem Kopf trug ich eine Zipfelmütze, so war ich zur CDU-Party gegangen. Das hatte dann am nächsten Tag in den *Stuttgarter Nachrichten* gestanden: »Susanna Filbinger in den Unterhosen ihres Vaters«. Aber das war Karneval gewesen, und Karneval, das war etwas, das meine Eltern liebten. Beide verkleideten sich leidenschaftlich gern und genossen ihre ganz großen Auftritte. Ich aber meinte Kunst, Kunst ernsthaft machen.

Als Werner Herzog für seinen Film *Nosferatu*, lange bevor er ihn dann endgültig drehen sollte, Amateurschauspieler suchte, die bereit waren, sich von ihm hypnotisieren zu lassen, war ich dabei. Mit einer Gruppe von circa zwanzig Bereitwilligen saß ich in einem Raum und ließ mich austesten. Herzog prüfte strengen Blickes, den rechten Arm heben, den linken Arm heben. Meine Arme folgten zwar, aber mein Kopf war zu klar, ich beobachtete immer noch. Hypnoseresistent. Ich kam nicht unter die Auserwählten.

Die Bohème von München zog mich an, eine Zeit lang folgte ein Verhältnis mit dem Aktionskünstler Karl-Egon Vester. Seine

Kunst bestand damals darin, dass er Unterwäsche in Blut tauchte, alles trocknen ließ, dann rahmte und ausstellte. Ich fand es widerwärtig und faszinierend in einem. Und nicht nur es, ihn auch.

In die Party- und Drogenszene folgte ich allerdings nicht, denn zeitgleich hatte ich das Lernen entdeckt und ich hatte mir vorgenommen, es zu schaffen, und zwar mit Bravour.

Beim Trampen – ich sparte, wo ich nur konnte – hatte ich eines Tages das Glück, dass ein dicker weißer Mercedes anhielt und mich ein Herr mit silbrigem Haar heranrief, um mich mitzunehmen. Wir unterhielten uns angeregt, die ganze Nymphenburger Allee entlang, welch wunderbares Gespräch, wie aufmerksam wurde ich befragt, es war klar, dass diese Unterhaltung fortgesetzt werden musste. Der ältere Herr – aus meiner jungen Sicht – entpuppte sich als Hans Abich, damals bereits Programmdirektor der ARD. Es amüsierte ihn köstlich, dass die Tochter des Ministerpräsidenten von Baden-Württemberg trampte, ja, trampen musste. Dank ihm konnte ich nebenbei ein Praktikum beim Bayerischen Rundfunk machen, mein Interesse an den Medien, den modernen Formen von Kunst, Film und Fernsehen zumindest ein wenig nachgehen, und dann kam auch noch der Job in den Semesterferien beim Südfunk Stuttgart als Mitarbeiterin bei der Fernsehsendung *Baden-Württemberg Aktuell*. Ich verdiente über 1000 Mark im Monat, das war viel Geld, ich genoss es, endlich konnte ich mir ein paar Wünsche erfüllen, und die Arbeit war die erste, die mir wirklich Spaß machte.

Der Leiter der Sendung, Arno Henseler, hatte sich bereit erklärt, mich einzustellen. Meine Mutter hatte die Sache eingefädelt, sie kannte Henseler und »konnte gut mit ihm«, wie sie sagte. Aber Henseler stellte eine Bedingung: Nur mit einem Decknamen könne ich dort arbeiten. Es seien alles linke Vögel in der Redaktion, die er nicht im Griff habe. Und auch für den Chefredakteur, Herrn Obermann, wäre es schwierig. Im Übrigen sei die Berichterstattung über Politisches und alles rund um den MP für mich tabu.

Gesagt getan: Ich war einverstanden und als Susanne Breuer, der Geburtsname meiner Mutter, trat ich an einem Montag um 12 Uhr zur Redaktionskonferenz an. Die tägliche Besprechung, an der jeder teilnahm, diente zur Information über Aktuelles, über das abends berichtet wurde. Zunächst war ich etwas schüchtern und zurückhaltend, wusste nicht, ob es mir gelänge, mein wahres Ich zu verleugnen, wenn ich zum Beispiel das Telefon abnehmen musste, oder in die Arbeit vertieft, mich nicht verraten und blamieren würde. Aber es gelang mir, mich schnell einzuarbeiten. Ich bekam Aufträge für kurze Nachrichten, Filme, die nicht länger als 40 oder höchstens 60 Sekunden sein durften – ich erinnere mich noch an die Einweihung einer neuen Orgel in einer Allgäuer Barockkirche. Tagsüber war ich mit einem Kamerateam unterwegs und abends saß ich im Schneideraum bis kurz vor der Sendung. Dass der »Fips«, wie er in der Redaktionskonferenz kurz genannt wurde, mein Vater war, ahnte keiner.

Mit meinen neuen Kollegen, jungen, langhaarigen Filmemachern – verschlafen und blass aussehend stolperten sie mittags in die Redaktion – verstand ich mich prima. Der lockere Ton gefiel mir, und alsbald verbrachte ich die Feierabende, wenn die Sendung gelaufen war, gemeinsam mit ihnen beim Türken in Degerloch oder in anderen Spelunken der Stuttgarter Altstadt, deren Inneres ich nie zuvor betreten hatte. Ich fühlte mich frei, zum ersten Mal im Leben inkognito, und ich hatte ein neues spannendes Metier für mich entdeckt: Nachrichtenfilme drehen, schneiden und texten.

Als ich mich, wie vereinbart, im folgenden Semester wieder bei Arno Henseler meldete, der hochzufrieden mit meiner Arbeit gewesen war und mich daher eingeladen hatte, wiederzukommen, klang seine Stimme ungewohnt schroff. Die Sache sei aufgeflogen.

»Wie bitte? Wie meinen Sie das? Verstehe ich nicht. Ich habe fest mit dem Geld gerechnet.« Irgendjemand habe herausgefunden, antwortete er, dass ich die Tochter sei. Vergeblich habe er versucht zu dementieren. Das könne gar nicht sein, denn die habe doch einen viel größeren Busen. Welch Argument! Mich schockierte es allerdings weniger als der Fakt, nicht weiter arbeiten zu können. Ich hatte mich so darauf gefreut, auf die Kollegen, auf die Aufträge, auf das Lernen. Ein zweites Mal? »Nee, das kriege ich beim Chef nicht durch. Probieren Sie es doch mal beim Bayerischen Rundfunk.« Ich war fassungslos. Nicht mal unter fremdem Namen hatte ich eine Chance, das tun und machen zu können, was ich wollte.

Also blieb ich in München und verbiss mich in die Vorbereitungen meiner Prüfungen und in meine Examensarbeit.

In der Stabi mietete ich mir eines der kleinen Promotionskabuffs, eine Art Zelle in Schreibtischbreite, die man abschließen konnte. Ich verordnete mir ein Pensum von 1000 Seiten Lesestoff täglich, ja, 1000 Seiten. Bis die Augen brannten, bis das Hirn brannte. Wenn ich schon nicht machen konnte, was ich wollte, dann richtete ich jetzt meine ganze Kraft, meine gesamte Energie auf das Studium, auf die Arbeit. Disziplin, äußerste Disziplin. Das konnte ich, das sollte ich immer können, welch wunderbares Mittel, weder Schmerz, Verzweiflung noch Sehnsucht aufkommen zu lassen. Man arbeitet einfach immerzu. Und damit immerzu auch wirklich klappte, half ich ein wenig nach, mit dem berühmten Vitamin B, das mir anstatt zu nutzen ständig im Weg stand. Allerdings nicht in der Form, in der ich es jetzt zu mir nahm. Ein befreundeter Arzt spritzte es mir, wochenlang. Er stellte keine Fragen, er war selbst drogenabhängig. Ohne die Mittel hätte ich das alles nicht geschafft. Während draußen das aufwühlende Studentenleben und -lieben sich abspielte, Miniröcke und Schlaghosen durch die Gegend getragen wurden, Rudi Dutschke und die

APO für Diskussionen sorgten, die Baader-Meinhof-Gruppe mit immer radikaler werdenden Methoden vorging, man über Fassbinder- und Polanski-Filme diskutierte, über den Abtreibungsparagrafen, Willy Brandt, Watergate, und *Waterloo* zur Tanzmusik wurde, vergrub ich mich in meinen Lernstoff.

10 |

Der Kontakt zu meinem Vater war spärlich in dieser Zeit, es waren die erfolgreichsten Jahre seiner Regierungszeit. Im Frühjahr 1972 hatte die CDU erstmalig die absolute Mehrheit in Baden-Württemberg gewonnen.

Nicht einmal am Sonntagabend, wie er es im Alter zu tun pflegte, gab es Zeit für ein Gespräch am Telefon. Damals schien ich ihn nicht zu vermissen; erst viel später wurde mir bewusst, wie sehr er mir gefehlt hatte in jenen Jahren, in denen die Weichen für mein Leben gestellt wurden. Dass er nie zum Telefonhörer griff und mich anrief im Internat oder während meines Studiums, und noch nicht einmal später, als der Personenschutz Bewachung anordnete, nach der Besetzung der deutschen Botschaft in Stockholm, und noch mehr: als er selbst auf der RAF-Liste stand, die Gefahr einer Entführung ganz real war und ich Tag und Nacht Angst um ihn hatte … das war schwer zu begreifen.

Über Angst haben wir nicht geredet. Überhaupt haben wir über Gefühle nicht geredet. Geschwiegen wurde über alles, was tief in mir war, gebebt hat, aufgewühlt hat – wie damals nach dem schrecklichen Selbstmord der Türkin in der Klinik in Freiburg.

Nur beim alljährlichen Bergwandern oder Bergsteigen im Sommer, wenn alle zusammen waren, dann kam es mir so vor, als ob doch alles in Ordnung sei bei uns in der Familie. So jedenfalls drückte es auch einmal meine jüngste Schwester Alexa aus, als sie die Hunderte von Fotos aus sechzig Jahren Familiengeschichte zu sortieren versuchte. Alles Bergsteigerfotos – Fels und Firn, Pickel und Seil, Bergstiefel und Rucksäcke … Nach zehnstündigen Wanderungen entstand allerdings bisweilen eine Lockerheit, die in Kissenschlachten münden konnte, oder wir schleuderten unsere Bergsocken auf Vaters Haupt, damit er endlich mit dem Schnarchen aufhörte. Davon gibt es freilich keine Fotografien. Im August 1972 schrieb Vater in seinem Tagebuch davon, wie glücklich er in den Schweizer Bergen war. Die Herausforderung am Berg, die Mühe des Aufstiegs und die Belohnung für das Erreichen des Gipfels haben ihn Zeit seines Lebens gefesselt. Er nennt sie beim Namen, den Palü und die Bernina und die vielen anderen Gipfel in Fels oder Firn, die ich aus meiner Kindheit kenne – zum Dach der Alpen werden sie gezählt, das weiß ich und daran erinnere ich mich noch heute. In diesem Sommer aber mischte sich, so erinnert er sich, in dieses Glücksgefühl auch die Befriedigung über die gewonnene Wahl im Frühjahr und die gewonnene Klage gegen den Spiegel – beides hohe Gipfel, die er als bezwungen betrachtet hatte.

Über mich und meine Geschwister finde ich auf all diesen Seiten nichts zu lesen. Stattdessen Redeskizzen, Regierungserklärungen und Gesprächsprotokolle. Parteitagsreden. Ein dickes rosa Ringbuch mit der Aufschrift »Jugend« …

Mit dem, was die Jugend in Deutschland damals umtrieb, beschäftigte er sich gründlich. Und immer wieder finde ich seitenweise Reflexionen von den Gefahren, denen sie ausgesetzt war, vor allem durch den Marxismus.

Er sorgt sich darum, welche Faszination der Marxismus gerade auf junge Menschen ausübte. Dabei müsse man doch der Jugend die Wirklichkeit zeigen, die Augen öffnen für die Folgen, die die Herrschaft des Marxismus habe: nicht mehr, sondern weniger Freiheit, nicht Marx, sondern Stalin. Wie kommt es nur, fragt er sich wieder und wieder in seinen Einträgen, dass junge Menschen sich in einem solchen Maße für sozialistische Utopien und so wenig für die Werte der Demokratie begeistern können.

Wie kam es, dass er seine eigenen Kinder nicht erwähnte?

Manchmal denke ich, dass er einsam war. Es gibt Erinnerungen an lange Autofahrten in die Schweiz, in unser Haus im Fextal, ich saß mit ihm allein im Wagen, Mutter war zu Hause in Stuttgart geblieben, und dann erzählte er mir von all den Vorgängen, die ihn bewegten, ob er Tempo 130 durchsetzen kann und was er von der Atomkraft hält und was von den Terroristen. Aber ich kam mir eher vor wie ein Spiegel, ein Etwas, das man kennt und in das man hineinspricht. Brauchte er das? Eine Ansprache? Wie allein ist man in einem solchen Amt? Erst als die Gefahr in jeder Hinsicht immer größer wurde und auch körperlicher, verschwand die trennende Wand zwischen uns, es sollte nicht mehr lange dauern.

11 |

Uran 20/21 an Uran 25/4: Objekt aufgenommen. Uran 20/21 nimmt Fahrt auf.

Ab 1975 standen wir unter Personenschutz. Im Februar des Jahres war Peter Lorenz, der Landesvorsitzende der Berliner CDU, entführt worden. Im April des Jahres wurde die deutsche Botschaft in Stockholm überfallen, entgegen dem Fall Lorenz gab die Bundesregierung den Forderungen der Terroristen diesmal nicht nach. Der Militärattaché Andreas von Mirbach wurde von den Terroristen von hinten mit fünf Schüssen in Kopf, Rücken, Becken und Beine niedergeschossen und dann den Kopf voran die Treppe heruntergestoßen. Erst nach einer Stunde durften ihn zwei bis auf die Unterhosen entkleidete Polizisten aus dem Konsulatsgebäude bergen, von Mirbach starb kurz darauf im Krankenhaus. Die Botschaft wurde gestürmt. In Stammheim wurde der Prozess gegen Ulrike Meinhof, Andreas Baader, Gudrun Ensslin und Jan-Carl Raspe in dem hierfür extra errichteten, sogenannten Mehrzweckbau eröffnet, sogar der Innenhof war mit Stahldraht überspannt, um etwaige Befreiungsversuche per Hubschrauber zu verunmöglichen.

»Wieso eigentlich Baden-Württemberg, wieso Stuttgart?«, habe ich den früheren Regierungssprecher meines Vaters, Gerhard Goll, einmal gefragt. »Weil es das Sicherste war«, hatte er geantwortet, »wir hatten die am besten strukturierte und ausgerüstete Polizei, das war bekannt, Baden-Württemberg und Bayern.«

In Bayern konnte ich mich im Jahr 1975 noch frei bewegen, fuhr ich nach Hause, musste ich den Personenschutz anfordern.

Ich fuhr selten nach Hause. Wenn, dann an Wochenenden, und natürlich erinnere ich mich an Diskussionen am Mittagstisch, wenn Vater den Sonntag mit uns einhalten konnte. Erst der Gang in die Kirche, in den Gottesdienst, dann das gemeinsame Essen.

Zeitzeugenschaft ist etwas sehr Merkwürdiges. Man nimmt sie nämlich erst wahr, wenn die Zeit, die man bezeugen kann und soll, vorbei ist. Durch unsere Familie verlief der Riss, der die damalige Gesellschaft spaltete, sehr real, in leibhaftiger Form sozusagen. Der Mann meiner Tante war RAF-Anwalt. Wir hatten also zwei Juristen in der Familie, Vater und ihn, die von zwei Seiten her in der damaligen politischen und gesellschaftlichen Situation agierten und reagierten. Für Vater war das immer wieder Stoff sich zu ereifern, aber nicht nur. Dass sein Schwager ein hoch intellektueller, äußerst begabter Mann war, wusste er. Vater nahm Argumente ernst und sah sich die »andere« Seite sehr genau an. Die rote Mappe mit der Aufschrift »Jugend«, eine der vielen, vielen, die er angelegt hatte, ist ein Dokument des Begreifenwollens, nicht des Verurteilens. Die Gründe suchte Vater im Nihilismus, im Materialismus, er suchte sie bei Adorno, Horkheimer und Marcuse, bei denen, deren Vorlesungen ich besuchte: Habermas und Luhmann, mit dessen Theorie sozialer Systeme ich mich intensiv beschäftigte.

Einer von Vaters damaligen Ratgebern war Prof. Wilhelm Hennis, ein ehemaliges SPD-Mitglied, der dann in die CDU eingetreten war. Hennis war mein Professor in Freiburg gewesen. Mit ihm diskutierte Vater immer wieder, es ging um das gelebte Leben. Das Verführerische am Marxismus sah Vater in der Theorie, denn dass diese begeistern konnte, hatte er gut verstanden. Ein geschlossenes System, schrieb er in seinen Tagebüchern; es bietet Schutz, Sicherheit, und auch vermeintlichen Sinn. Nur die Anwendung klappt nicht. Hennis, der sich intensiv mit dem Sozialwissenschaftler Max Weber beschäftigte, nannte das die Frage nach den »Lebensführungsmöglichkeiten des modernen Menschen unter den Bedingungen der modernen Welt«. Ein anderes Thema, das er mit ihm durchsprach: die Kernkraft. Hennis warnte vor dem Eingreifen des Menschen in die Ordnung der Natur, Vater reflektierte, sah die Beherrschbarkeit von Technik im Vordergrund. Viele, viele Jahre später, genauer gesagt, drei Jahre vor seinem Tod, sollte Vater sein Urteil über die Kernkraft widerrufen, sie zu forcieren sei ein Fehler gewesen.

Auch Ralf Dahrendorf gehörte zu seinen Gesprächspartnern, aber habe ich das damals gewusst? Nein. Weil meine Achtsamkeit, wie es sich für einen jungen Menschen gehört, auf mein eigenes Leben gerichtet war und auch, weil ich als junge Frau immer noch danach suchte, wer ich denn sein könnte in all diesem Geschehen. Gegenüber den Kindern befreundeter Familien war ich geradezu vorbildlich. Entsetzt erzählten die Eltern am Mittagstisch von den prominenten Sprösslingen, die sich in Kommunen zurückgezogen hatten, der freien Liebe frönten und dem Dauerdrogenkonsum erlegen waren. Diese Bewegungen und daneben der Terrorismus und das ganze breite Spektrum der sogenannten Außerparlamentarischen Opposition, das alles nicht zu vermengen, beziehungsweise zu durchschauen, was sich eigentlich auf was wie auswirkte – von heute aus gesehen mag es leichter erscheinen, aber damals zog ich mich zurück und versuchte auf meine Art zu begreifen. Im Gegensatz zu meinen Eltern, die mein Studium als Ausgangspunkt für den Beruf ansahen beziehungsweise immer noch glaubten, ich würde relativ schnell heiraten (hier bin ich mir allerdings nicht ganz sicher), sah ich mein Studium lediglich als eine Art Vorbereitung an. Auf was genau, das wusste ich noch nicht, aber dass man mit Politologie keinen Beruf ausüben konnte, war mir klar. Und eine universitäre Laufbahn, auch wenn es mir Prof. Sontheimer noch so sehr ans Herz legte, kam für mich nicht infrage. Da gab es das Reisen einerseits und andererseits die Ahnung, dass mir ein entscheidender Einblick noch fehlte.

Nach meiner Chinareise im Jahr 1977 sollte ich wissen, was es war. Jetzt aber studierte ich erst einmal alle marxistischen Schriften, die man als Basiswissen für eine Art Urteilsbildung brauchte: die Schriften von Marx und Engels, insbesondere das *Kapital*, Lenin, und die Schrift, die damals unter der Studentenschaft kursierte: die »Mao-Bibel«. Im Gegensatz zu dieser gekürzten Bonmot-Fassung arbeitete ich mich durch das gesamte Rote Buch des großen Vorsitzenden, um dann meine Seminararbeit über »Stalin und China«, ein Vergleich der Entwicklung beider kommunistischer Parteien zu schreiben. Eine Arbeit, die mir Spaß machte, die mich interessierte. Kaum war sie fertig gestellt und mit »gut« bewertet, hörte ich die Gerüchte: Das sei ja wohl kaum ernst zu nehmen, die Tochter vom Filbinger befasst sich mit dem Kommunismus, na ja, ob man das lesen muss, das könne man sich sparen, da wisse man ja schon, was drin steht … Und so weiter … Ich war tief getroffen und es waren auch diese Kommentare, die meinen Entschluss reifen ließen, meine Heimat eines Tages zu verlassen. Und es waren auch dieselben Kommentare, die mir zunehmend eine Außenseiterrolle zukommen ließen, ja sogar zuschrieben. Eine Rolle, die ich bis heute habe und auf die ich manchmal sogar stolz bin. Es ist nicht das Schlechteste, skeptisch zu sein, nicht alle Bewegungen und Moden gleich mitzumachen. Der Preis ist das Alleinsein. Nicht immer, aber oft ist dieser Preis zu hoch.

1976 schloss ich mein Studium ab mit meiner Magisterarbeit über die »Herausforderung der Medienpolitik durch die Einführung des Kabelfernsehens in der Bundesrepublik Deutschland«. Wohin ich wollte, wusste ich bereits, weg aus Deutschland. Also folgte ich dem Rat meiner Ersatzmutter Rufina, nach Brüssel zu gehen. Ich nahm eine Praktikantenstelle bei der EU an, in einem Stab der sich mit der Erweiterung der Europäischen Union befasste. So hatte es auch Trautes Sohn Gregor gemacht und der hatte geschwärmt vom internationalen Flair. Zum ersten Mal in meinem Leben traf ich mit Menschen aller Nationalitäten zusammen und genoss es. Ebenso wurde ich zum ersten Mal mit dem schlechten Bild der Deutschen im Ausland konfrontiert. Insbesondere mein französischer Kollege versäumte keinen Augenblick, in dem er mir nicht den Hitlerschnäuzer mit Ring- und Mittelfinger zeigte und »Hitler, Hitler« rief, wenn er mich sah. Ich schämte mich und fühlte mich unbehaglich, auch hier.

12 |

Im September 1976 verstarb der Große Vorsitzende der Kommunistischen Partei und Ministerpräsident der Volksrepublik China, Mao Zedong. Nicht lange danach wurde Hua Guofeng als Nachfolger gewählt. Er hatte die Machtkämpfe gegen die sogenannte Viererbande schließlich gewonnen: Maos Witwe, Jiang Qing sowie die Parteifunktionäre Wang Hongwen, Zhang Chunqiao und Yao Wenyuan.

Gemäß Maos »Drei-Welten-Theorie« hatte China seit Anfang der 1970er Jahre die Annäherung an Europa gesucht, speziell an die Bundesrepublik. Für Mao bestand die Welt aus drei Teilen: Die USA und die Sowjetunion bildeten die »Erste Welt«, sie stand für den Imperialismus. Die Entwicklungsländer Afrikas, Asiens und Lateinamerikas bildeten die »Dritte Welt«, die »Zweite Welt« lag dazwischen, dazu gehörten die Staaten Westeuropas. Dies war die Basis für die Außenpolitik Chinas, wie sie nach 1974 geführt wurde. Und so erklärt sich auch, warum der Feind, die UdSSR und die DDR, zu Maos Tod noch nicht einmal Kondolenzschreiben schicken durfte, während andere Staaten sogar Politiker zum Staatsbegräbnis entsenden konnten. In China hatte nicht nur der »Große Sprung nach vorn« rund 36 Millionen Menschen das Leben gekostet, viele waren einfach verhungert, das Land hatte auch gerade die verheerenden Folgen der »Kulturrevolution« durchlitten und sollte nun noch die angeordneten Säuberungen durch Hua durchstehen, aber jetzt musste es zunächst die Wirtschaft stärken. 1975 war Helmut Schmidt der erste Bundeskanzler gewesen, der China besuchte. Jetzt, nach Maos Tod, lud Hua Guofeng meinen Vater als ersten deutschen Politiker zu einem Staatsbesuch nach Peking ein. Margaret Thatcher folgte erst kurze Zeit später.

In einer dreißigköpfigen Delegation von Journalisten, Sinologen und Politikern reiste ich am 29. März 1977 zum ersten Mal nach Peking. Meiner Mutter erschien die Reise zu anstrengend und deshalb bat sie mich, an ihrer Stelle zu fahren. Die Aufgabe, meine Mutter zu vertreten, wuchs mir zu diesem Zeitpunkt immer häufiger zu. Allein wollte Vater nicht reisen, es musste eine Frau an seiner Seite sein, immer öfter war ich diese Frau. Eine Politikwissenschaft studierende Tochter, die konnte man ja auch durchaus vorzeigen. So kam ich zu meiner zweiten großen Asienreise.

Fast zwanzig Stunden dauerte der Flug mit einer Boeing 707 der Air France, der in Stuttgart begann und dann zunächst nach Paris und von dort aus über Athen und Karatschi ging. Gespannt presste ich meine Stirn gegen das Fenster, als der Pilot die Landung ankündigte und zum ersten Mal chinesisches Land zu sehen war. Durch die dicke Wolkendecke tauchte es auf. Je tiefer die Maschine hinabsank, desto deutlicher erkennbar eine rostbraune mit grünen Sprenkeln durchwirkte Ödnis, unzählige Siedlungen dazwischen, von Kanälen durchzogen, wir blickten auf das Schwemmgebiet des Gelben Flusses.

Und dann tauchte – wie durch einen grauen Schleier – die Silhouette von Peking vor mir auf.

Am Flughafen, der erste Eindruck, das erste Bild: die riesigen Transparente von Mao Zedong und Hua Guofeng, erst der zweite Blick fiel auf das Empfangskomitee. In einer langen Wagenkolonne wurden wir in unser Hotel gebracht, fuhren an unendlich vielen Papp- und Blechhütten entlang, eine an die andere gereiht. Es waren Notunterkünfte, denn zu allem Leid, das China in den letzten Jahren durchlebt hatte, war im Jahr zuvor auch noch ein heftiges Erdbeben hinzugekommen. Gefahr noch nicht vorüber, erklärte man uns lapidar. Unser Staunen war immens, ich konnte es auch in Vaters Gesicht ablesen, aber dann – im Hotel angekommen – weiß ich nur noch, dass das Erste, was ich tat, schlafen war, trotz aller Aufregung, an diesem fremden Ort zu sein, es überfiel mich eine bleierne Müdigkeit. Meine nächste Erinnerung an diese Reise, ich glaube, es war die eindrücklichste und zugleich befremdlichste in meinem ganzen Leben, ist das Aufwachen am frühen Morgen im Hotel. Verschlafen noch, die Augenlider geschwollen und verklebt, springe ich auf und ziehe die Vorhänge vor dem Fenster zur Seite. Ich sehe denselben grauen Schleier, den ich am Tag zuvor aus dem Flugzeug gesehen habe und der sich Luft nennt, und durch ihn hindurch Hunderte von Chinesen auf Fahrrädern an meinem Hotelfenster vorbeiradeln. Heute ein Topos, aber damals ein völlig unerwartetes und befremdendes Bild. Uniform war damals die Kleidung der Menschen, weiblich wie männlich trugen sie die blauen Einheitskittel, die Mao-Anzüge, die hier vor Ort freilich anders wirkten denn als Linkenschick in Schwabing. Die Frauen hatten ihr langes Haar zu Zöpfen geflochten, die bis zum Poansatz den Rücken hinunterbaumelten. Das Abschneiden der Haare als Symbol für persönliche Freiheit war streng verboten. Mit Stofftüchern, die fest auf dem Rücken zusammengebunden wurden, drückten sie ihre Brüste platt, damit sollte jeglicher Unterschied zum Mann nach außen hin unsichtbar gemacht werden.

Ich öffnete das Fenster, das, wie es mir vorkam, wahrscheinlich noch nie geöffnet worden war beziehungsweise dafür gar nicht vorgesehen war, und das Verblüffende geschah, Peking war geräuschlos, ich hörte so gut wie nichts. Gespenstisch leise vollzog sich das tägliche Transportphänomen in der Hauptstadt, die damals schon zwischen fünf und sechs Millionen Einwohner hatte.

Jeden Morgen radelten stille Menschenmassen – die wahren Helden seien die Massen, hatte Mao gesagt – über monumentale Straßen und Plätze zu ihren Arbeitsstätten. Wie in einem Traum kam ich mir vor, wie in einem Film, einem Schwarz-Weiß-Film der 1920er Jahre, in dem man nur ein paar Kittel blau eingefärbt hatte. Und sonst herrschte das große Grau. *Metropolis* fiel mir ein. Kein Lärm, kein Motorengeräusch, Stille lag über dieser riesigen, geheimnisvollen Stadt. Allerhöchstens die Ahnung eines leisen Glockenspiels, das von den Fahrradklingeln herrührte und bis hier oben hin zu mir drang. Dass sich im Laufe des Morgens der berüchtigte Lärm der Metropole einstellen sollte, dessen wurde ich noch belehrt. Jetzt aber, so früh, war es anders. Ich zog mich an und konnte dabei die Augen nicht von diesem Schauspiel lassen. Wenn es nach mir gegangen wäre, hätte ich stundenlang so stehen bleiben können, ich war in eine Art meditativen Zustand gefallen. Aber ich musste zu den anderen und begab mich also hinunter in den Frühstücksraum. Das 17-stöckige *Peking Hotel* glich einem Klotz ohne Farbe, ohne Licht und ohne Leben. Die Flure waren leer gefegt, keine Dekoration, kein Schmuck, kein Bild an den Wänden, nichts. Nur Hammer und Sichel auf rotem Grund in der Eingangshalle und im Restaurant. Und dazu der muffige Geruch nach Desinfektionsmittel. Er ähnelte dem in der DDR, wie ich bei meinen nächsten Reisen nach Ostberlin und Leipzig feststellte.

Blass war auch meine erste chinesische Mahlzeit, das Frühstück. Ein wässrig-weißer Joghurt und eine Schale Reis. Kein Brot oder Toast, wie ich es gewohnt war. Dazu eine dünne braune Flüssigkeit, die als Kaffee angeboten wurde. Grünen Tee – damals bei uns noch unbekannt – sollten wir dafür den ganzen Tag zu trinken bekommen.

Schlimmer kam es beim Mittagessen. Kaum hatten wir an den großen runden Tischen in einem Restaurant Platz genommen, servierten unsere Gastgeber. Auf riesigen Platten, in Wagenradgröße, waren undefinierbare braun-schwarze Speisen angerichtet, allesamt in Stücke geschnitten. Flink hantierte mein Nachbar zur Rechten, ein Vertreter des Militärs in olivgrüner Uniform, mit seinen Essstäbchen. Hundertjährige Eier – für Chinesen sind es Delikatessen –, Schlangenköpfe, Entenfüße und andere eher nach irgendwelchen Käfern aussehende Bissen kamen auf meinen Teller, so geschwind, dass ich keine Chance hatte, höflich abzulehnen. Es handelte sich sicher um die denkbar besten aller chinesischen Köstlichkeiten, aus Sicht der Chinesen, ich aber war zum ersten Mal in den Stand gesetzt, die verhasste Brotsuppe meiner Kindheit als eine Delikatesse anzusehen. Mir gegenüber saß Frau Wickert, die Frau des Botschafters. Ihr Blick sprach Bände. Ich verstand mich gut mit ihr und erhielt hilfreiche Tipps. Ich glaube, sie ekelte sich genauso wie ich vor den reptilen Köstlichkeiten und schob diese so elegant auf ihrem Teller hin und her, dass es den Eindruck erweckte, als äße sie tatsächlich davon. Ich beschloss, es ihr gleichzutun bis zur ersten Tischrede, einer mir willkommenen Unterbrechung. Mit einiger Überwindung schaffte ich es, ein Stück Fleisch, es stellte sich als gummiartiges Häppchen heraus, etwas umständlich, aber ohne Zwischenfall von zwei Stäbchenspitzen in meinen Mund zu befördern und so lange darauf herumzukauen, bis ich es schließlich in meine Serviette hineinspuckte, die ich wie zum Abtupfen der Lippen so grazil wie eben möglich vor meinen Mund drapiert hatte, ohne dass es von meinen Tischnachbarn bemerkt wurde. Nein, das konnte ich nicht hinunterschlucken, beschloss ich, und bis zum Ende der zweiwöchigen Reise entwickelte ich erstaunliche Kreativität im künstlichen Kauen und unauffälligen Verschwindenlassen der jeweils gereichten Speisen.

Eine ähnliche Technik empfahl uns Botschafter Wickert beim Trinken von Maotai, dem sechzigprozentigen Hirseschnaps, den man auf Geheiß der chinesischen Gastgeber auf Ex, »ganbei«, wie es auf Mandarin heißt, leeren musste. Und zwar nicht nur einmal, sondern mehrfach während einer Mahlzeit, sonst verletzte man die nationalen Gepflogenheiten und die Gastgeber waren verschnupft.

Anstatt das Glas an die Lippen zu führen und den Inhalt auszutrinken, kippte man denselben mit Schwung eng am rechten Ohr vorbei hinter den eigenen Rücken. Dabei kam es auf sehr präzises Zielen an, sonst traf die Flüssigkeit den Nachbarn, nicht den Boden. Das klappte gut, jedenfalls in den meisten Fällen. Und so praktizierte ich es mit Erfolg. Außer Reis konsumierte ich kaum etwas Essbares, und als ich die Heimreise antrat, zeigte die Waage drei Kilogramm weniger. Auf Vaters dunklen Anzügen waren von den Ganbei-Manövern lauter weiße Flecken entstanden, obwohl er sogar die meisten Gläser leer getrunken hatte.

Was fehlte im *Peking Hotel*, vor allem für die männliche Fraktion unserer Delegation, war die Hotelbar. Aber da behalf man sich, wie ich schon am Morgen nach unserer Ankunft erfuhr.

Hinter vorgehaltener Hand erzählte mir ein Journalist vom *Mannheimer Morgen*, was sich im Zimmer von Staatssekretär Gerhard Mayer-Vorfelder des Nachts zugetragen hatte. Er und Benno Bueble, der Pressechef der Landesregierung, hatten sich eine Flasche Whiskey besorgt und diese auf dem Zimmer ausgetrunken. Im Laufe der Nacht schlief Mayer-Vorfelder in der Badewanne ein. Dabei war ihm der Kopf zur Seite gesunken. Als er am Morgen im kalten Wasser erwachte, hatte er nicht nur einige Mühe, aus der Wanne auszusteigen, sondern auch, seinen Kopf den Tag über einigermaßen gerade zu halten. Aber erzählt hat er sie, seine Eskapade, und sie machte die Runde und amüsierte uns alle.

Am ersten Tag standen Besichtigungen auf dem Programm. Zunächst das Tor des Himmlischen Friedens, dann die Verbotene Stadt, als Krönung eine Fahrt mit kleiner Teezeremonie auf dem Dianchi-See und dann der Himmelstempel. Auf drei kreisrunden, übereinanderliegenden Terrassen hatte früher der Kaiser jedes Jahr zur Wintersonnenwende um den Erntesegen gebeten und Rechenschaft abgelegt über das vergangene Regierungsjahr. Prachtvoll bemalte goldene Drachen und phönixartige Vögel schmückten den Himmelsaltar als Symbole für das Ineinander und Verschmelzen von Himmel und Erde. Der Drache: Symbol des Glücks, der Vogel, Garuda heißt er, Himmelsvogel, wie ich später erfuhr: Sinnbild für den Zustand höchster Erleuchtung, der Ausdehnung des Bewusstseins ins All. Ein Bild aus dem Buddhismus. An der Stelle, die seit der Kaiserzeit als der Mittelpunkt der Erde bezeichnet wird und nach der man China das »Reich der Mitte« nennt, wollte ich natürlich genau einmal stehen und fotografiert werden und Vater ließ es sich nicht nehmen, das akustische Phänomen zu testen, das man im Rund des Vorhofes erleben kann. Er sprach engstens der Mauer zugewandt ein paar den Ort bewundernde Worte, die ich – fünfzig Meter entfernt – deutlich hören konnte, und das Erstaunliche war: Sie klangen, als kämen sie vom Himmel zu mir, »ohne Draht und ohne Membran, beste Verständigung, wie bei einem Telefongespräch – und abhörsicher«, kommentierte später die *Esslinger Zeitung*. Die mitgereisten Redakteure der Lokalzeitungen dokumentierten diese Reise detailgetreu. Durch die umherwimmelnden Kindergruppen – junge Pioniere mit ihren roten Halstüchern – verließen wir die Verbotene Stadt, vorbei an einer riesigen Baustelle, eine Art riesige Kongresshalle schien dort zu entstehen, es war aber das im Bau befindliche Mao-Mausoleum. Fotografieren verboten. Nachts, im Scheinwerferlicht, wurde hier weitergearbeitet. Gespenstisch, schnell, auffällig und riesig und streng bewacht, ein öffentlich errichtetes Geheimnis? Mao war entrückt und die Mao-Witwe Jiang Qing, sie war verhasst. Das alles sollten wir noch erfahren. Aber zunächst einmal ging es zur 196. Infanteriedivision in Jangtsun im Norden Pekings und hier lockerte sich die Stimmung unserer Reisegruppe. Das zeigte sich unter anderem daran, dass Mayer-Vorfelder es beinahe geschafft hätte, aus dem Kommandeur, der einen olivgrünen Kampfanzug und eine Schildmütze mit rotem Stern trug, einen Anhänger des VFB Stuttgart zu machen. Und als wir bei der Besichtigung an einem Schweinestall mit rosa Ferkeln vorbeigingen, erkundigte er sich, ob es auch schwarze Schweine gäbe, die CDU wählten. Die Landespolitik und der Erfolg bei der letzten Landtagswahl hatten ihn auch fern der Heimat beschäftigt.

Vater gefielen die lockeren Sprüche und lauten Lachsalven gar nicht. Er beschwerte sich bei mir. »Komm nach vorne zu mir, Susi. Ich will das nicht haben. Ich werde ihn zurechtweisen, später, wenn die Besichtigung zu Ende ist«, zischte er mir zu. Über den Vorfall in der Badewanne habe ich geschwiegen. Es reihte sich Besichtigung an Besichtigung, doch auf das, worauf Vater am meisten hoffte, mussten wir warten. Er hatte bereits mit dem stellvertretenden Ministerpräsidenten Li Hsien-nien gesprochen und mit Huang Hua, dem damaligen Außenminister, doch ein Treffen mit dem Mao-Nachfolger selbst war immer noch fraglich.

Bei einer Rückfahrt aus den Provinzen nach Peking verlief dann plötzlich alles anders als geplant. Zunächst kam mit geheimnisvoller Miene unser Übersetzer, ein kahlköpfiger Chinese namens Chue, auf uns zu und kündigte eine besonders wichtige Nachricht an. Dabei bliesen sich seine bleichen Backen auf wie Luftballons und die Augen wurden groß und rund vor Aufregung.

Es müsse eine Sitzplanänderung geben, erläuterte uns Botschafter Wickert. Auf der Fahrt, die ungefähr zwei Stunden dauerte, werde eine wichtige Person gemeinsam mit Botschafter Dr. Erwin Wickert im Fahrzeug meines Vaters mitfahren. Für mich war ebenfalls ein Platz reserviert. Wickert mahnte zur Geduld, das chinesische Protokoll habe einen langen Atem. Es ging, tatsächlich, endlich, um die Begegnung mit dem Weisen Vorsitzenden. Das war die Sprachregelung. Mao war der Große Vorsitzende gewesen, Zhou Enlai war der Geliebte gewesen, Hua war der Weise. Allerdings: Eine feste Zusage bedeutete die ganze Aufregung anscheinend immer noch nicht, stattdessen weiterhin Achselzucken und ernste Mienen. Man müsse Geduld haben. Viel Geduld.

Die weißen Spitzenvorhänge der Limousine vom Typ »Rote Fahne« waren – wie fast immer – zugezogen und es war untersagt, die Vorhänge beiseite zu schieben. Wir saßen in dem mit rotem Plüsch ausgeschlagenen handgefertigten Wagen und warteten. Endlich stieg die uns angekündigte wichtige Person zu, es war der Generalsekretär des »Institutes des chinesischen Volkes für auswärtige Angelegenheiten« und nachdem wir die Fahrt aufgenommen hatten und eine lange Schweigephase verstrichen war, überbrachte er die Nachricht. Sicher oder versprochen sei es zwar immer noch nicht, aber die Delegation werde gebeten, nach der Rückkehr ins Hotel zu gehen und sich auf den Zimmern aufzuhalten. Alles Weitere würde man dann erfahren.

Am 4. April, pünktlich um 4 Uhr, war es schließlich soweit. Der große Moment war gekommen. Die »Große Halle des Volkes« durchschreitend, gingen Hua Guofeng und Vater aufeinander zu. Der *Spiegel* schilderte die historische Begegnung so:

»Raschen Schrittes, ganz in Schwarz und flankiert von Tochter Susanna, ganz in Feuerrot, trat Filbinger bis in die Mitte der pompösen Halle und verharrte dort, bis der Weise Vorsitzende Hua Guofeng hervorgekommen und gleichfalls stehengeblieben war.«

Händedrücken, Gruppenbild, Lächeln.

Ob er sich denn wohl fühle, erkundigte sich der Weise Vorsitzende bei Vater und führte uns in einen Tagungsraum mit großen Plüschsesseln, wo er uns bat, Platz zu nehmen.

»Sehr gut, das Wetter ist wie zu Hause«, antwortete Vater.

Hua machte den Auftakt. Er schlug die Beine übereinander, eine ungewöhnliche Haltung für einen Politiker, es fiel nicht nur mir, sondern auch anwesenden Journalisten auf, und sprach eine Dreiviertelstunde lang ununterbrochen. Es folgte die Übersetzung ins Deutsche. Das Erdbeben und die vielen Opfer und Schäden erwähnte er, die revolutionäre Viererbande – den Schaden, den sie angerichtet habe, bis schließlich die Weltpolitik zur Sprache kam. Die Gefahr, die von der Sowjetunion ausgehe.

»Hüten Sie sich vor dem Polarbären!« Das gab er uns mit auf den Heimweg.

Ganz im Gegensatz zum *Spiegel* habe ich die Große Halle überhaupt nicht pompös in Erinnerung. Ich fand sie einfach nur groß und ja, ebenfalls grau. Die anwesenden Beamten und Uniformierten spuckten in weiße Emailleschüsseln, die wie Nachttöpfe aussahen und in den Ecken der Halle verteilt waren. Ich zuckte jedes Mal zusammen und musste mir das Lachen verkneifen, gespannt beobachtend, ob die gelben Schleimkügelchen ihr Ziel erreichten. Meine Konzentration auf die Redebeiträge wurde dadurch etwas geschmälert, aber nach dem Marathon von Gesprächen, den wir bereits absolviert hatten, wiederholten sich nicht nur die Themen, sondern auch deren Inhalte.

Wichtiges politisches Mitbringsel für meinen Vater waren die immer wieder bekundete Unterstützung für die deutsche Wiedervereinigung und die Garantie für Westberlin. Der Protest aus Moskau und Ostberlin ließ nicht lange auf sich warten. Die *Prawda* und das *Neue Deutschland* kritisierten das Gespräch später als »scharfmacherische Äußerungen gegen Frieden und Sicherheit auf dem europäischen Kontinent«.

Nach zwei Stunden erhob man sich. Der Marathon war beendet und ich war froh und dankbar, dass alles vorbei war, hatte ich doch nur stumm und artig, mit parallel zur Seite gelegten Beinen, wie es sich schickte, dabeigesessen. Nach vielen Verbeugungen verließen wir die Große Halle und fuhren zurück ins Hotel.

Das Treffen war der Höhepunkt der Reise gewesen und am folgenden Tag brachte die wichtigste Tageszeitung der Volksrepublik *Renmin Ribao* ein Foto von der Begegnung auf der ersten Seite. Vater hatte sich die Zeitung geschnappt, unter der Tür des Hotelzimmers hatte sie gelegen, noch bevor er rasiert und angekleidet war, so erzählte er es mir, und er schien dabei sehr zufrieden. Es war wie zu Hause, wo die Überschriften in der Morgenpresse als Erstes und noch im Schlafanzug gelesen werden mussten.

Ein Herzenswunsch Vaters ging nicht in Erfüllung: die Reise nach Tibet. Sie wurde nicht genehmigt. Stattdessen flogen wir am folgenden Tag in die Provinz Yunnan, in die Hauptstadt Kunming, die »Stadt des ewigen Frühlings« heißt sie in China und ist im Südwesten, nicht weit von der Grenze zu Tibet gelegen. Hier war seit vielen Jahren kein Westler mehr gewesen, wir waren eine echte Sensation. Auf der Fahrt vom Flughafen in die Stadt habe ich Tausende von Feldarbeitern gesehen, selbst Frauen, die ihre Kinder mit einem Tuch um den Rücken gebunden trugen, wateten bis zu den Knien in den Reisfeldern. Nicht einen einzigen Traktor konnte ich ausmachen, weder auf den Äckern noch auf dem Weg dorthin. Mir schien, dass ich hier die »wahren Helden« sah. Sie winkten uns zu, wenn wir vorbeikamen. Stiegen wir aus den Autos, dann liefen sie aufgeregt herbei, zu Hunderten drängelten sie sich am Wegrand, Frauen hielten ihre Kinder hoch, das alles war gespenstisch, denn zugleich waren sie völlig still. Es war untersagt, mit uns zu reden. Schauen durften sie, aber nicht reden. Und so standen diese Menschen stumm vor uns. War es möglich, wenigstens den Blickkontakt einmal länger aufrecht zu erhalten, dann meinte ich, ihre Traurigkeit, ihre Mutlosigkeit in den Blicken, ihren Gebärden, im ganzen Verhalten auszumachen.

Obwohl streng verboten, spähte ich immer wieder durch einen kleinen Schlitz des weißen Spitzenvorhangs, der die Sicht durch das Fenster der Limousine verbergen sollte. Unsere chinesischen Gastgeber hatten eine strikte Weisung vom Außenministerium, jegliche Kontakte mit der Bevölkerung zu verhindern. Einblicke in die Mühsal der Landbevölkerung, dörfliche Siedlungen mit primitiven Lehmhütten und die hart arbeitenden Frauen in den Reisfeldern, das alles sollten wir weder sehen noch fotografieren.

»Die Massen essen Bitterkeit« stand auf einer Wandzeitung. Die einzige Möglichkeit, eine Meinung zu äußern, bestand darin, sie an die Wand zu schreiben. Unser Übersetzer flüsterte uns zu, was dort zu lesen war.

Vater ließ auf dem Rückweg vom Steinwald, einer bizarren Karstlandschaft in der Nähe von Kunming, die wir besichtigt hatten, den Wagen immer wieder anhalten, weil er etwas ansehen wollte. Im Tross hinter uns nutzten die Fotografen diese Stopps, sprangen aus den Wagen und hielten ihre Linsen ungefragt auf die Menschen. Die Chinesen, die uns begleiteten, hatten den Eindruck, dass wir nur Bilder ihrer Rückständigkeit sammelten. Ich hatte den Eindruck, dass wir respektlos waren, hier war einmal wirklich alles fremd und da hielt man die Objektive drauf, egal ob gewünscht oder nicht. Auch Vater fotografierte, vor allem aber ging er immer wieder auf die Menschen zu und klatschte, er klatschte einfach, als Zeichen, dass er sich freute und sie ehren wollte. Und sie, sie antworteten, sie klatschten auch, sie brachen in Applaus aus. Einmal ließ er sogar Bonbons verteilen, eine imperialistische Geste, fanden die Funktionäre. Ihm machte das nichts und den Menschen auch nicht, und selbst der kritische *Spiegel* berichtete darüber später, ohne Partei nehmen zu können. Nein, sich wie ein Imperialist zu verhalten, das war natürlich nicht gut, aber den Funktionären mit all ihren Auflagen zu gehorchen, das ging eben auch zu weit.

Auch ich wollte jedes Mal, wenn unsere Wagenkolonne durch Dörfer fuhr, aussteigen, um durch die Straßen zu gehen, Kontakt mit den Menschen zu suchen. Aber offiziell gewährt wurde nur der Besuch eines Kaufhauses in Kunming, das extra für uns drei Stunden länger geöffnet blieb, die Straßen waren inzwischen menschenleer. Und dann durften wir ungehindert einkaufen, alles, was wir nur wollten, wir waren die einzigen Kunden in dem Kaufhaus. Ohne Halt leitete man uns danach durch die Stadt Kunming zurück zum Hotel, sehr zum Leidwesen der Journalisten und Fotografen, deren Ausbeute immer noch allzu mager war für die Berichte an ihre Redaktionen.

Natürlich wurde auch mehrfach nach der kulturellen Situation gefragt, konkret nach dem Verbleib der Künstler. Gab es sie noch nach den Säuberungen durch die Kulturrevolution?

Gab es noch oder wieder Konzerte? Die sogenannte Viererbande hatte immerhin die Doktrin vertreten, dass Musik nur in Verbindung mit Kampfaufgaben eine gesellschaftliche Funktion habe, andernfalls sei ihre Aufführung untersagt.

Keiner wagte es so direkt auszusprechen, aber das Anliegen wurde vorgetragen, nicht nur Tempel, Städte und Industrieanlagen zu besichtigen. So kam es wohl zu dem sehr besonderen Erlebnis in Shanghai, der Stadt, aus der die Mao-Witwe stammte und die gewissermaßen Machtzentrale der Viererbande gewesen war. Ja, es würde ein Konzert geben, klärte man uns vorab auf. Die auftretenden Künstler sollten seit Jahren zum ersten Mal wieder auf der Bühne stehen. Es war ein Flötist, der auf die Bühne kam und eine Sängerin der Shanghaier Oper, die ein Lied über Zhou Enlai sang, den beim Volk so beliebten früheren Premierminister der Volksrepublik. Es war noch nicht lange her und natürlich noch nicht verwunden, dass die Viererbande die Trauermärsche bei Zhou Enlais Tod hatte gewaltsam auflösen lassen. Viele Menschen hatten dabei das Leben verloren. Und nun sang diese Frau vor uns ein Lied über den geliebten Zhou, und während sie sang, bildeten sich Tränen in ihren Augenwinkeln, langsam rannen sie ihr anmutiges Gesicht hinab. Wir alle spürten, auch ohne den ganzen Hintergrund in diesem Moment zu kennen, dass hier etwas sehr Besonderes und Anrührendes vor sich ging.

Wie wir später erfuhren, wurden die beiden Künstler nach ihrem Auftritt wieder in die Verbannung geschickt.

Shanghai war Lichtblick und Höhepunkt der Reise für mich. »Sie werden froh sein«, hatte Frau Wickert versprochen, denn das Essen sei besser und die Zimmer seien geheizt. Es stimmte, und ich genoss schon bei der ersten Mahlzeit den französischen Einfluss auf die Küche: Es gab in Fett gebackenen Fisch, und im Vergleich zum bisherigen Speiseplan war auch der Rest des Essens zum ersten Mal einigermaßen genießbar. Ich erholte mich, das ständige Frieren und Reisessen hatte gottlob ein Ende. Und ich freute mich auf den angenehmen Teil, der nun vor uns lag. Hongkong und Singapur. Doch ich hatte mich zu früh gefreut.

Nach dem Abendessen stand ein Treffen mit den Journalisten auf dem Programm für Diskussion und Austausch über den bisherigen Reiseverlauf. Die Stimmung war gelöst und die Erlebnisse der Reise hatten tiefe Eindrücke hinterlassen. Aber irgendetwas stimmte nicht. Ich schaute zum Podium, ein Mikrofon stand bereit, zwei Chinesinnen schenkten grünen Tee ein. Plötzlich kam der Botschafter herein, seine Miene war ernst. Er beugte sich zu meinem Vater und flüsterte ihm etwas ins Ohr. Vaters Miene wurde auffallend finster. Ich wunderte mich, blieb aber sitzen und beschloss zu warten. Es dauerte.

Schließlich nahm der Botschafter Platz, und dann ergriff Vater das Wort:

»Meine Damen, meine Herren,

ich darf Sie begrüßen und heute Abend hier in Shanghai herzlich willkommen heißen. Groß sind die Eindrücke der bisherigen Stationen unserer Reise, und es war meine Anregung, heute Abend eine Zwischenbilanz zu halten, einen Rückblick auf die vergangenen Tage und Vorschau auf die letzte Reiseetappe.« Es folgte eine Pause, dann fuhr er fort:

»Aber soeben erreicht mich eine entsetzliche Nachricht aus Stuttgart.« Er machte wieder eine Pause und hielt kurz inne.

»Ich habe einen Anruf von Justizminister Traugott Bender erhalten. Ein Attentat wurde verübt.« Es war totenstill im Saal geworden.

»Heute Morgen, um 11 Uhr deutscher Zeit«, Vater sprach jetzt langsam, nach jedem Wort machte er eine Pause, »haben Terroristen Generalbundesanwalt Buback erschossen.«

Jeder im Raum hielt den Atem an. Keiner sagte ein Wort. Entsetzen in den Blicken.

»In Karlsruhe, auf offener Straße, erschossen zwei Schützen auf Motorrädern ihre Opfer. Ein Mercedes mit Chauffeur. Durch die Fensterscheibe wurde Buback tödlich getroffen!

Auch Herr Göbel, der Fahrer, wurde erschossen.

Ein Staatsbegräbnis findet am Donnerstag kommender Woche statt. Ich werde die Reise abbrechen und morgen nach Deutschland zurückkehren.«

Vater sah auf und in die Runde, dann trat er vom Mikrofon zurück und kam vom Podium herunter. Nur mühsam sammelte sich die Gruppe, man sah sich um, räusperte sich oder rieb sich das Gesicht mit den Händen, hilflose Gesten. Erst nach einigen Minuten fanden Einzelne die Sprache wieder und stellten Fragen nach den Einzelheiten des Tathergangs.

Bis tief in die Nacht saß die gesamte Gruppe dann beisammen und diskutierte. Es war, als wolle keiner gehen. Vater, daran erinnere ich mich noch genau, hielt einen langen Monolog über den Zustand der deutschen Gesellschaft und die Gefahren für die Demokratie, sein Thema. Er redete lange, er philosophierte gewissermaßen, ohne Unterbrechung, als könne das eine Antwort sein oder eine Abwehr: Wir reden noch. Schließlich gingen alle auf ihre Zimmer.

Ich solle dableiben und den letzten Abschnitt mitreisen, hatte er beschlossen. Ich half ihm, den Koffer zu packen, die Schuhe in die Hüllen, wie Mutter es gesagt hatte. Die Hemden richtig geknickt, die Bügelfalten der Hosen ordentlich zusammengelegt. Mit nach Hause wollte ich, nicht allein in der Gruppe weiterreisen. Aber ich folgte seiner Anordnung.

Ich weiß nicht, warum er es so haben wollte, vielleicht um den Zusammenhalt der Gruppe weiter zu gewährleisten oder um zu verhindern, dass die mitgereisten »Gattinnen« das Weite suchten. Vielleicht, damit ich ihm zu Hause erzählen konnte. Vielleicht einfach nur, um sich zu konzentrieren. Was nun begann, wurde eine harte Zeit. Aus der Rückblende heraus kann ich vielleicht sogar sagen, dass hier der Anfang vom Ende der Karriere meines Vaters war, die einen Höhepunkt in der Einladung nach Peking gefunden hatte.

Für mich begann damals auch etwas, nämlich die Einsicht in das, was ich in Zukunft tun wollte. China hatte mir klargemacht, dass ich Politik nur verstehen könne, wenn ich die Wirtschaft verstehen würde. Ich wollte mich in die Wirtschaftspolitik einarbeiten, und wo, das wusste ich auch schon, in London. Detlef Ramsau hatte mir zu diesem Schritt geraten, er war in meiner Praktikantengruppe bei der EU; es war wichtig, dass er nicht zu dem Umkreis meiner Familie gehörte, sondern jemand aus meiner Welt war, aus der von mir entdeckten und gewählten Welt. Die »London School of Economics«, das war es, dorthin wollte ich.

Und während Vater also zurückflog in den Dschungel von Angst und Terror, schaute ich mir weiterhin Asien an. Noch ein paar Jahre und ich würde wiederkommen mit einem Berater Ronald Reagans. Mao, der jetzt noch überall an den Wänden hing, würde ich dann auf dem Trödel finden, auf dem Wühltisch, neben Kopien von Markenartikeln, Sportschuhen und gefälschten Armbanduhren. Es war die Wirtschaft, die alles veränderte, der Markt, die Geldpolitik.

Zu Hause allerdings war es erst einmal der Terror, der alles veränderte.

13 |

Es ist der 10. Dezember 2008. In Düsseldorf hat die zweite Castingshow für Heidi Klums *Germany's next Topmodel* stattgefunden und eine Weihnachtsfeier für Filmhunde. Es ist kalt und klamm an diesem Tag, ich bin mit meinem Mann, seinem Bruder und der Schwägerin auf dem Weg nach Dortmund in die Westfalenhalle. Es ist mein Geschenk an ihn, ich habe ihm schon viele solche Geschenke gemacht, manchmal in einen Kalender eingetragen, ein Geschenk pro Monat. Ich werde viel Bier trinken an diesem Abend, das steht fest und ich werde glücklich sein, das nehme ich mir vor. Als Herausforderung empfinde ich es allerdings schon, durch die vielen bereits angetrunkenen Menschen hindurch sich einen Weg zu bahnen, und Ohrenstopfen hab ich auch mitgenommen. Und dann geht es los und diese riesige Halle, bis zum letzten Stehplatz ausverkauft, gerät in Wallung und wir auch mittendrin, tauchen ein in eine laute Stimmung aus Lust, Aufruhr und Widerstand. Ja, anders kann ich es nicht sagen, es hat etwas von Widerstand, etwas Anarchisches. Mein Mann ist begeistert, sein Bruder auch. Campino reißt sich das Hemd vom Leib, schmeißt sich mit Anlauf in die Menge, und die Musik dröhnt, alle schwingen mit, singen mit, grölen mit. »Leben ist tödlich«. Wir sind auf einem Konzert der Toten Hosen: *»Die Zeit tropft an uns vorbei / Bis wir fragen, was mal bleibt / Von den Spuren unserer Wege / Ausgebleicht und in Vergessenheit / Als hätte es uns nie gegeben. / Doch wir kriechen durch den Schlamm der frühen Tage / Und suchen unsere Vergangenheit ...«*

Die Texte gefallen mir, die Musik nicht unbedingt. Und was mich einschüchtert, das sind die vielen Totenköpfe, überall, diese merkwürdige Mode, sich mit dem Vanitassymbol zu schmücken, und dann ist da ja auch noch der RAF-Stern, einfach so. Ein Symbol geworden, man nimmt es, man verbindet etwas damit, was genau? Diffus, diffuser Widerstand, das Gefühl, auf der richtigen Seite zu sein, zu den richtigen Menschen zu gehören? Die Buchhandlungen sind in diesem Jahr übergequollen mit Büchern über Achtundsechziger und die Folgen, vierzig Jahre ist das prominente Jahr nun her. Die Beurteilungen ändern sich, sie werden differenzierter, Vor- und Nachteile, Hintergründe und Folgen, aus dem historischen Abstand heraus lässt sich manches genauer betrachten. Ein Prozess, der anhalten wird. Geschichte ist ja nichts anderes als Fortschreibung und Variation von Geschichten, von Erlebtem. Die Symbole allerdings, sie verselbstständigen sich, das, wofür sie stehen, kann oftmals nicht genau benannt werden. Und doch sind sie wirkmächtig. Woher sie kommen, wird vergessen, ein Hinterfragen findet hier auch nicht mehr statt. Im Gegenteil, wer Symbole hinterfragt, muss mit ziemlichem Widerstand rechnen. Hier geht es nämlich nicht um Fakten, hier geht es um Emotionen.

Würde ich Fakten und Emotionen trennen können? Geht das überhaupt? Ist mein Vater nicht auch ein Symbol geworden, eine Symbolfigur? Wie ändert sich das Bild, die Beurteilung durch die Zeitläufte? Und: Was bringt es denn, durch den »Schlamm der frühen Tage« zu gehen? Mir lief die Vergangenheit hinterher. Ein paar Tage zuvor hatte ich meinen früheren Arbeitgeber, Dick Allen, wieder getroffen. Die Zeit in den USA, meine Rückkehr nach Deutschland, der Streit mit den Geschwistern nach dem Tod der Eltern, das Erbe. Warum ich? Immer wieder stellte ich mir diese Frage, bis heute stelle ich sie mir. Was im nächsten Jahr auf mich zukommen sollte, wusste ich schon, das Haus musste aufgelöst werden. Das gesamte Archiv durchgesehen und weitergegeben werden, die Konrad-Adenauer-Stiftung beanspruchte das Material.

Alle, die beim Konzert waren, die jetzt schwitzten und lachten und johlten und begeistert waren, wollten in diesem Moment nichts von der Vergangenheit wissen, das stand für mich fest. Auf einem solchen Konzert wird das Jetzt gefeiert. *»Wir hören, was das Leben uns verspricht / Es lacht uns an und gibt uns nichts / Und irgendwann lässt es uns allein / Und alle stehen mit ausgestreckter Hand / Wollen von der Ewigkeit ein kleines Stück / Sie träumen vom großen Neuanfang / Und klammern sich an gestern fest«.* Das sangen die Toten Hosen. Ich wusste immer mehr, dass ich erzählen und meine Fragen stellen muss. Es war einfach so, warum …? Hatte das nicht Rilke an den jungen Dichter geschrieben, dieses: »Leben Sie jetzt die Fragen. Vielleicht leben Sie dann allmählich, ohne es zu merken, eines fernen Tages, in die Antwort hinein.« Aber dass es mich auf die Dauer nicht zufriedenstellte, »in die Antworten hineinzuleben«, das spürte ich genau. Dazu war die Frage nach dem, was wirklich zählt, in mir bereits zu stark, es war ein innerer Drang nach den Antworten, der immer größer wurde.

Wochen nach dem Konzert saß ich wieder im Elternhaus in Freiburg in Vaters Bibliothek. In diesem Jahr, 2009, sollte nun alles über die Bühne gehen, die Auflösung, der Verkauf des Hauses, meine Ehe würde auch über die Bühne gehen, ich ahnte es bereits. Lange ließ unsere Trennung auch nicht mehr auf sich warten. Während ich hier über meine Beteiligung, meinen Anteil am Scheitern nachdenken konnte und auch dagegen immer noch anging und auf eine Wendung hoffte, wollten mir die Archivare und Interessenten an Vaters Geschichte immer wieder einreden, dass es das Beste sei, alles unbesehen einfach wegzugeben. Aber es gab dieses sichere Wissen in mir, dass das falsch war. Auch wenn die Tagebücher immer noch in der Garage in Düsseldorf lagen, ich wusste, dass ich sie lesen würde, alle, von hinten nach vorne, vom Ende her zum Anfang hin. Am Schluss die, vor denen ich am meisten Angst hatte. Und das Aufräumen in der Bibliothek würde ich auch übernehmen. Stapel für Stapel, auch wenn die Augen schmerzten und die Finger schon steif waren, das Haus war derart ausgekühlt, dass ich mich hätte mindestens eine Woche aufhalten müssen, bis es wieder einigermaßen warm wäre.

Hier war der Stapel für Altpapier, hier der vorgeschriebene Container für die Archivierung. Und für diesen Tag griff ich nach dem letzten Stoß vergilbter, alter Zeitungsartikel, blies den Staub runter, rückte die Stehlampe enger an den Sessel und ging den Stapel durch.

Doch dann stutzte ich. Da war sie wieder, jene Karikatur aus der *Stuttgarter Zeitung*, die ich all die Jahre nicht vergessen hatte, die sich in mein Gedächtnis eingebrannt hatte:

Vater, mit Revolver in der Hand, kniet auf dem Boden im Gefängnis vor den Zellen von Andreas Baader, Gudrun Ensslin und Jan-Carl Raspe. Er schiebt Pistolen unter den Türen hindurch. Wenige Federstriche haben sein Gesicht in eine Fratze verwandelt: den breiten Mund bis an die Ohren lang gezogen und seine große Nase in eine Kartoffel mutiert. Ein hämisches Grinsen in seine Mimik gepinselt. Wie die hölzerne Hexenmaske aus dem Höllental, die noch in der Fastnachtkiste unten im Keller liegt, grinste er mich an.

14 |

»Du wirst dich wundern, was hier los ist«, hatte mich meine jüngere Schwester Johanna, die noch zur Schule ging, vorgewarnt. »Ein Gefängnis ist nichts dagegen. Ich bin so froh, dass du kommst. Mit dir schaff ich es bestimmt, auszubüchsen.«

Mein Taxi bog von der Kastanienallee, die hinauf zum Schloss Solitude oberhalb von Leonberg führt, ab in die Zufahrtsstraße zu unserem Haus. Am Schiebetor, das die Auffahrt zum Gebäude versperrte, rollte ich mein Fenster hinunter, streckte den Kopf hinaus und winkte den Wachposten herbei. Er öffnete die Tür des Wärterhauses.

»Ich bin die Tochter, machen Sie bitte auf!«, rief ich ihm zu. Daraufhin näherte er sich dem Taxi, beugte sich herunter und spähte in den Innenraum. »Ihre Papiere, bitte!« Dann nickte er und winkte dem Taxifahrer freie Durchfahrt. Ich war nach dem Aufenthalt in China, nach der Weiterfahrt in Richtung Singapur und Hongkong zunächst nach Brüssel zurückgekehrt, hatte meine Arbeit dort beendet und meine Bewerbung für die Business School bereits abgeschickt, und jetzt kam ich nach Hause. Buback war beerdigt. Ende Juli 1977 war Jürgen Ponto, der Vorstandssprecher der Dresdner Bank, in seiner Wohnung erschossen worden. Rund um die Uhr waren Haus und Grundstück in Stuttgart jetzt bewacht. Polizeipatrouillen im Garten und das Verlassen des Hauses war nur noch mit vorheriger Anmeldung und in Begleitung von Personenschutz möglich. Dies galt für alle Familienmitglieder. Bei Hausdurchsuchungen hatte man Listen mit geplanten weiteren Anschlägen und Entführungsopfern gefunden. Unser Vater stand an oberster Stelle. Erst vor kurzem erhielt ich von einem Freund die Information, dass die RAF lange Zeit erwogen hatte, nicht Hanns Martin Schleyer, sondern meinen Vater zu entführen, was mich noch nachträglich erschüttert hat. Ein Film hatte dem, was nun seinen Lauf nahm, den Namen gegeben: der Deutsche Herbst.

Ich weiß noch genau, ich kann es sogar körperlich in mir wachrufen, wie es sich anfühlte, morgens aufzustehen und zu gucken, wo die Polizisten gerade waren. Mein Zimmer lag im Parterre und hatte kein Fenster, sondern eine bodentiefe Glastür, wollte ich unbeobachtet sein, mich in Ruhe anziehen, musste ich die Vorhänge zuziehen. Wollten wir raus und Freunde besuchen, mussten wir dies anmelden, wollten wir einkaufen gehen, wurden wir begleitet.

»Los«, sagte Johanna, »wir gehen in die Dessousabteilung von Breuninger, da kommen die bestimmt nicht mit. Da warten sie draußen und dann, dann hauen wir ab.« Auch Freunde, die uns besuchen kommen wollten, mussten sich anmelden und wurden registriert. Als Vater und Mutter einmal verreist waren, ließ meine Schwester ihren Freund kommen, er übernachtete sogar bei ihr. Die Eltern hätten nur im Wärterhäuschen gucken müssen und hätten alles gewusst. Ich versuchte, von meinen Bekannten im Staatsministerium mehr herauszukriegen, Manfred Zach und Wolfgang Schuster, der spätere OB von Stuttgart, war einer von ihnen, er war so alt wie ich: Was geht eigentlich alles vor sich? In wessen Zuständigkeit fällt das alles überhaupt? Die RAF-Terroristen waren im Hungerstreik, die Vorwürfe gegen die Justiz waren ungeheuer, Folter, Isolationsfolter, Rechtsbeugung sowieso. Jeden Tag war man gefasst, dass etwas Neues, Schreckliches geschah. Ich habe natürlich nichts erfahren, was auch. Zu Hause litt meine jüngste Schwester Alexa am meisten. Sie wurde sogar auf dem Schulhof bewacht, und dann war da auch noch Mutter, die immer nervöser wurde. Ich aber hatte nur noch eines im Kopf: London.

»Wenn du es schaffst, es ist ein sehr anspruchsvolles Zweijahresprogramm, dann bist du gewappnet fürs Leben!«, hatte mir ein Freund gesagt und mich ermutigt, mich direkt an Ralf Dahrendorf, den Leiter der Schule zu wenden. Dass Dahrendorf auch zu den Gesprächspartnern Vaters gehörte, wusste ich damals nicht. Ich flog nach London, bestens vorbereitet, seine Schriften hatte ich natürlich gelesen. Für die Arbeit in Brüssel war Dahrendorfs *Plädoyer für die Europäische Union* maßstabsetzend. Ein Deutscher als Direktor einer renommierten britischen Universität, das war auch ein Politikum (ein positives), Dahrendorf hat viel dazu beigetragen, das Bild der Deutschen in den Augen der englischen Bevölkerung wieder positiver erscheinen zu lassen, nach dem ungeheuren Schaden durch den Zweiten Weltkrieg und das Dritte Reich. Er empfing mich in seinem Büro und fing gleich an, von den Studentenunruhen zu erzählen, zeigte mir die mit Graffiti beschmierten Wände nicht nur in den Fluren, sondern sogar in seinen Büros. Er fragte nach meinen Eindrücken von der Chinareise und wie die politische Lage im »Ländle« sei. Er war sehr freundlich und dann sagte er mir, dass er allerdings überhaupt gar nichts für mich tun könne. Für die Bewerbungen sei ein spezielles »Admissions Committee« zuständig und darauf, und das sei auch gut so, habe er keinen Einfluss. Mich bestärkte dieser Besuch erst recht, ich reichte all meine Unterlagen ein, führte all meine Praktika an und kurze Zeit darauf bekam ich einen Brief von Mrs. Anne M. Bohm vom Admissions Committee, ich fand ihn erst kürzlich beim Aufräumen alter Unterlagen wieder, mit der Annahme für das darauffolgende Wintersemester.

Als ich meinen Eltern voller Stolz davon berichtete, erntete ich wenig Begeisterung. Das Gegenteil war der Fall. Mein Vorhaben wurde nicht nur als unsinnig beurteilt, weil zu teuer und ich bereits ein abgeschlossenes Hochschulstudium absolviert hatte, sondern sogleich mit einem Gegenprogramm torpediert. Wir saßen beim Essen im Grünen Zimmer auf der Solitude und als die Geschwister den Raum verlassen hatten, ging es los. Entscheidende Gespräche fanden beim Essen statt oder mit Vater beim Spazierengehen. Aber diesmal wollte auch Mutter mit entscheiden und ohne große Vorrede platzten sie mit der Neuigkeit heraus. Mein Leben hatten sie bereits – ohne mich zu fragen – verplant und entschieden.

Ich sollte in den Diplomatischen Dienst eintreten. Ich war verblüfft. Auch nicht den Funken eines Gedankens hatte ich bisher an diese Möglichkeit verschwendet, nein, ich war mehr als verblüfft, überrumpelt schüttelte ich den Kopf und rang nach Worten. Aber Mutter kam mir zuvor. »Ach«, entfuhr es ihr mit einem tiefen Seufzer, »schon immer habe ich mir eine meiner Töchter im Auswärtigen Dienst gewünscht! Das entspricht doch ganz unserem Stil!« Viele Freunde hätten die diplomatische Laufbahn eingeschlagen, eine sichere Assiette mit guten Aussichten biete dieser Weg. Mutter kam ins Schwärmen, sie hörte gar nicht mehr auf zu reden, erzählte aus Oberschlesien, ihrer Heimat, vom Grafen Ballestrem und anderen aristokratischen Familien. Draußen gingen die Wachhabenden vorbei, ich wusste mit meiner Empörung gar nicht wohin. Insgeheim, dachte ich, erzählt sie es schon voller Stolz beim Kaffeeklatsch in ihrer Damenrunde.

»London steht fest!«, beharrte ich. Aber dann legte Vater los und er hatte natürlich bessere Argumente: »Denk mal an die Wickerts, oder an die Grewes aus Tokio, Alexander Böker, Botschafter im Vatikan, wir haben viele Freunde, die Diplomaten sind, und die fahren alle gut.« Eine lange Liste von Namen folgte. »Du wirst sehen, dass ich recht habe«, sagte er, »London ist viel zu groß und da dann ganz auf dich allein gestellt, das ist nicht der richtige

Weg.« Er merkte aber, dass er damit keinen Erfolg hatte und dann packte er das Argument aus, gegen das ich nicht ankam: »Und wer soll das bezahlen? Wir haben fünf Kinder und alle wollen studieren. Du bist hier nicht die Einzige!« Ich rutschte auf meinem Stuhl hin und her und kam mir vor wie früher bei der Hausaufgabenkontrolle, fehlte nur noch, dass er gleich aufstand und mir eine Kopfnuss verpasste.

»Und wie bitte schön soll das funktionieren?«, platzte ich heraus. »Die Aufnahmeprüfung findet schon in einigen Wochen statt«, das wusste ich von Freunden, »und ein Jahr Vorbereitung ist als Minimum dafür nötig, das sagt jeder. Und ich, ich soll das wohl in sechs Wochen schaffen, oder was?«

»Das schaffst du. Gib dir einen Ruck. Fang sofort damit an. Schau nicht auf die Hindernisse, auf das, was dagegen spricht. Die Chance am Schopf packen. Du bist jung, das ganze Leben liegt noch vor dir. Mensch, Susala, reiß dich zusammen! Hör auf deinen Vater!«

Schließlich gab ich auf und willigte ein. Das Ausland, ja, das war etwas, das mich locken konnte. Trotzdem fühlte ich mich wie ein Verlierer, nahm mir aber vor, meinen ganzen Ehrgeiz wieder zu aktivieren und startete schon am nächsten Tag eine Art Mammut-Lernprogramm. Der einzige Vorteil, den ich nun täglich sah, war der, dass ich wieder in eine Bibliothek gehen und mich eingraben konnte, in Bücher, Bücher, Bücher. Vorschriften, Runderlasse, Gesetze. Und wo war jetzt die Wirtschaftspolitik hin? Die unsinnigsten Dienstanweisungen musste man auswendig kennen. Aber egal. Ich forderte Uran 20/21 an, »Tochter Susanna verlässt das Haus um 8.15 Uhr«, und ließ mich in die Landesbibliothek fahren. Zu Fuß gehen war nicht erlaubt.

Ich hatte zu der Zeit keinen Freund, ich hatte die Liebe durch meine Pläne ersetzt. Die Pläne waren durchkreuzt. Manchmal, sehr selten, ging ich zu meiner Schwester abends ins Zimmer, dann kuschelten wir uns zusammen in ihrem Bett und erzählten von unseren Träumen, von Reisen, von Jungs und Männern, blätterten durch Modezeitschriften. Aber auch daraus war ich hinausgewachsen.

Eine Art Zwischenreich, denke ich heute, nicht Raupe und nicht Schmetterling, aber einen Kokon gab es auch schon nicht mehr. Auch wenn ich es nicht richtig dingfest machen kann, so glaube ich trotzdem heute, dass in dieser Zeit die Nähe zu meinem Vater seltsamerweise wuchs. Die Politik interessierte mich immer mehr und ich erkannte etwas in ihm, das sich damals in mir selbst immer mehr Raum verschaffte. Eine seltsame Mixtur aus Disziplin und Einsamkeit. Oder gab es eine tiefere Bindung zwischen uns, und wenn, was war es?

15 |

Dann kam der 5. September 1977. Die Entführung Hanns Martin Schleyers. Der Arbeitgeberpräsident war auf offener Straße entführt, sein Fahrer und drei Polizisten waren erschossen worden. Meine jüngste Schwester Alexa, sie war erst elf Jahre alt, hatte erfahren, dass es auch den Polizisten, der sie immer zur Schule fuhr, getroffen hatte, und stand unter Schock. Am Tag zuvor, einem Sonntag, hatte Reinhold Brändle sie noch zur Beichte gefahren.

»Wenigstens hat sie diese fürchterlichen Bilder im Fernsehen nicht gesehen«, bemerkte Mutter, während sie durch die *Stuttgarter Zeitung* blätterte. »Sie geht nicht in die Schule«, entschied sie dann, »ihr bleibt alle hier! Bis Vater nach Hause kommt. Es kann spät werden.«

»Warum?«, wollte ich wissen.

»Er ist in Bonn. Helmut Schmidt hat einen Krisenstab einberufen.«

An diesem Abend wartete ich so lange, bis ich den Wagen vorfahren hörte. Nach einer Weile schlich ich die Treppe runter, in Vaters Arbeitszimmer brannte Licht. Er war allein. »Susi«, sagte er, »du bist noch wach.«

»Wie war es? Was habt ihr beredet?« Es dauerte eine Weile, bis er wieder aufschaute, er ging einen Stoß Papiere durch. »Ich kann nichts sagen, die Lage ist ernst.« Er blätterte weiter.

»Wer war alles da?«

»Der Bundeskanzler, Brandt, Helmut Kohl, Franz Josef Strauß, Herbert Wehner … BKA, BND.« Sein Blick war abwesend.

»Hat Frau Schleyer dich erreicht? Sie ruft andauernd hier an.«

»Nein.« Er schlürfte an seinem Kamillentee. »Susala, geh schlafen.«

Von nun an herrschte eine Atmosphäre der Angst in Deutschland, eine »bleierne Zeit«, wie Margarethe von Trotta später ihren Film über die Ensslin-Schwestern in Anlehnung an ein Wort von Hölderlin nannte. Jeder bespitzelte jeden, ein ungeheurer Druck lastete auf allem. Wir wurden noch strenger überwacht. Der Personen- und der Objektschutz wurde ausgebaut, das Grundstück mit einem hohen Zaun eingegrenzt. Vater bekam einen gepanzerten Wagen mit ortsfremden Kennzeichen. Sein Terminplan wurde geheim gehalten, seine Telefonnummer sowieso. Wir bekamen eine eigene Telefonnummer. Im Haus machte sich das als ein Gefühl von permanent angehaltenem Atem bemerkbar. Mutter, die Probleme stets nach außen abreagierte, war keine Hilfe, und Vater, der seine Probleme nach innen richtete, Kamillentee statt Wein trank, er war kaum da und wenn, dann konnte und durfte er nichts sagen. Die Abendessen verliefen meist schweigsam. Vater löffelte seinen Haferschleim, die Diät für seinen nervösen Magen, er nickte ab und zu vor sich hin, schüttelte den Kopf oder zog die Augenbrauen hoch. »Mit wem sprichst du denn da?«, zischte Mutter. Wieder Schweigen und Tellerklappern. Außer dem Tischgebet fiel oft kein Wort mehr, auch unter uns Geschwistern nicht.

Zwischen all dem saß ich nun und sollte für die Aufnahmeprüfung für den Diplomatischen Dienst lernen. Ich erinnere mich genau, dass ich stündlich unterbrach, zum Radio ging und Nachrichten hörte. Deutschlandfunk, da waren sie am ausführlichsten.

An einen dieser Tage erinnere ich mich genau, Dienstag, der 18.

Oktober 1977. Ich kam morgens aus meinem Schlafzimmer, müde vom langen Lernen bis tief in die Nacht. Es muss früh, gegen sieben Uhr gewesen sein, ich war auf dem Weg in die Küche, um mir einen Kaffee zu machen, und Vater kam mir auf dem Flur entgegen. Etwas musste passiert sein, das spürte ich sofort. Er war kreidebleich im Gesicht, wie versteinert sah er aus.

»Hast du die Nachrichten im Radio gehört?«, fragte er.

»Nein, was ist passiert?«

»Baader, Ensslin und Raspe …« Er hielt inne. »Selbstmord in den Zellen in Stammheim!« Sein Blick war finster. »Entsetzlich!«, war alles, was er noch herausbrachte, und ich sah, dass ihn die Nachricht vom Tod der drei Terroristen wahrhaftig erschüttert hatte.

Als er das Haus verließ, glitt sein Blick an mir vorbei. Jetzt gerät etwas ins Wanken, dachte ich. Jetzt ist nichts mehr sicher.

Die Tage, die dann folgten, waren dramatisch. Als Reaktion auf die Stürmung der »Landshut« wurde Hanns Martin Schleyer von seinen Entführern erschossen. Am 19. Oktober wurde seine Leiche in Mülhausen im Elsass, im Kofferraum eines Wagens aufgefunden.

In den Medien häuften sich nun die Vorwürfe gegen meinen Vater als den Hauptverantwortlichen für die Selbstmorde in Stammheim, und es war auch nicht nur von Selbstmorden die Rede, sondern von Mord. Die Forderungen nach seinem Rücktritt vom Amt nahmen zu und schließlich wurde eine Sondersitzung des Deutschen Bundestages einberufen, in der er als verantwortlicher Regierungschef Stellung nehmen sollte. Ich sollte ihn begleiten zu dieser Sitzung, meine Mutter konnte nicht. »Kommst du mit, Susala?«, hatte er mich gefragt, und natürlich kam ich mit, doch in Wahrheit wünschte ich mich weit weit fort. Das Wort »Rücktritt«, schwer und lähmend hing es über meiner Welt und machte mir Angst.

Im Sitzungssaal hatte ich einen Platz auf der Zuschauertribüne bekommen. Auf dem vordersten Rand des Stuhls klebte ich schweißgebadet und lauschte auf jedes Wort aus der Rede meines Vaters, suchte ängstlich nach Unsicherheiten, nach einem verdrucksten Lächeln in seinem Gesicht.

Doch seine Stimme blieb fest. Er berichtete über das, was sich in Stammheim ereignet hatte in den dramatischen Wochen, die hinter uns lagen. Was geschehen war, war nicht zu entschuldigen und sollte auch nicht entschuldigt werden. Schließlich blickte Vater vom Manuskript auf, nahm die Brille ab, eine Stecknadel hätte man fallen hören können im Plenarsaal des Deutschen Bundestages, und sagte: »Aber ich frage jeden, der heute den ersten Stein werfen will, was er damals getan hat, um diese Vorwürfe zurückzuweisen … Wer sich heute darin gefällt, schärfere Kontrollen für richtig zu halten, muss auch den Mut haben, sich zu rigoroseren Eingriffen in die Persönlichkeitssphäre, insbesondere in den Intimbereich, zu bekennen.« In diesem Moment spürte ich deutlich, wie die Stimmung im Saal umschwang, er hatte es geschafft. Ich weiß noch, dass ich nach dieser Sitzung geradezu in mich zusammensank. Eine ungeheure Schwäche legte sich über mich und ich weiß nicht mehr, wie wir nach Hause fuhren, was Vater im Auto sagte, ob wir Mutter noch sahen. Ich konnte nur daran denken, dass der Boden unter meinen Füßen aufgehört hatte zu schwanken, dass meine Welt wieder fest stand.

In Vaters Tagebüchern finden sich aus dieser Zeit nur wenig hastige Einträge. Erst an Allerheiligen 1977, als er einige Tage in unserem Haus im Fextal verbringt, findet er offenbar die Zeit und den nötigen Abstand, die dramatischen Ereignisse auf mehreren Seiten rückblickend zusammenzufassen. In knappen, hastigen Worten reiht er die Entführung der »Landshut« und die Krisenstäbe in Bonn, die RAF-Morde in Stammheim und die Anschuldigungen gegen die baden-württembergische Landesregierung, den Mord an Schleyer und den Parteitag der CDU am folgenden Tag auf. Ich spüre in seinen Worten noch heute die Anspannung dieser Zeit, die Hektik und das stetige Auf und Ab. Und immer wieder die Erinnerung an die Reaktionen der Presse, an die Forderungen nach seinem Rücktritt, auch zunehmender Widerstand von den Kabinettskollegen, die ersten Anzeichen für Gegenwind aus den Reihen der eigenen Partei.

Besonders schreckt mich die rohe, fast brutale Sprache, die Vater jetzt gebraucht, wenn er über politische Gegner schreibt, aber auch über die eigenen Parteifreunde, und vor allem gegenüber der Presse. Ich erkenne meinen Vater darin nicht wieder und frage mich was die tieferen Gründe hierfür gewesen sein mögen. Die aufgeheizte Atmosphäre dieser Tage im Herbst 1977, die ungeheure Spannung, unter der das ganze Land stand, in seinen Worten finde ich sie gespiegelt. War es für ihn ein Weg, den Druck der letzten Monate loszuwerden, indem er in seinem Tagebuch niederschrieb, was er in einem Gespräch nie gesagt hätte?

Zu dieser Zeit begann meine Gewohnheit, jeden Morgen gleich als Erstes die Zeitungen durchzusehen. Während alle noch schliefen, stand ich auf, holte mir den Stapel Tageszeitungen vor der Haustür und überflog die Berichterstattung über Vater. Artikel, Kommentare, Leserbriefe. Zuerst die positiven, dann die negativen, ich zählte sie wie beim Befragen eines Orakels, von dem mein, ja, mein Schicksal abhing. Wieder einmal war ich aus meinen eigenen Plänen herausgerissen und wieder in die Geschicke der Familie hineingezerrt worden. Ich habe lange gebraucht, um zu erkennen, wie überfordert ich mit all dem war. Denn da war ja noch die Prüfung, zu der Vater mich gedrängt hatte. Am 24. Oktober, einen Tag vor der Beerdigung Hanns Martin Schleyers, fuhr ich allein nach Frankfurt. Die Prüfung fand im Rathaus statt und dauerte einen ganzen Tag. Das Ergebnis erfuhr ich kurze Zeit später im Auswärtigen Amt in Bonn: »Fräulein Filbinger, wissen Sie«, druckste der Beamte herum und räusperte sich mehrmals. »Es fehlt Ihnen eigentlich nur ein Punkt. Aber bei Ihrem Namen und was da jetzt alles los ist, also, Sie müssen verstehen, nachher steht das noch im *Spiegel*. Das können wir uns wirklich nicht leisten. Versuchen Sie es nächstes Jahr nochmal, Sie sind ja noch jung.«

Ich wartete bis nach dem Abendessen, um Vater von der gescheiterten Prüfung zu berichten, denn ich wollte nicht, dass meine Geschwister es gleich mitbekamen. Aber als ich zu Vater ins Arbeitszimmer ging, stellte sich heraus, dass er es schon wusste. Er sah mich an, müde und erschöpft sah er aus, er war sehr dünn geworden. »Es tut mir leid, Susanna«, sagte er. »Es tut mir wirklich leid. Ich habe einen Fehler gemacht.«

In diesem Moment, als Vater sich bei mir entschuldigte, fühlte ich mich zum ersten Mal auf gleicher Höhe mit ihm, auf Augenhöhe.

Nun wollte ich keine Zeit mehr verlieren. Ich rief bei der London School of Economics an und bewarb mich für das folgende Jahr. Ich würde mich um eine Stelle kümmern, das Geldargument sollte mich nicht noch einmal aufhalten. Ein hartes Jahr ging zu Ende, und nicht nur unsere Familie, die ganze Bundesrepublik war gezeichnet von dem, was geschehen war. Weihnachten versprach, endlich wieder ein wenig Ruhe zu bringen.

Wir verbrachten die Feiertage im Engadin in unserem Haus im Fextal. Unser Haus, das war eigentlich Mutters Haus. Sie hatte dort alles hergerichtet, sie kannte jeden Dorfbewohner, und auch wenn es ein enges, kleines Häuschen war, Licht, Schnee, Stille, Einsamkeit und die Berge gaben und geben bis heute Kraft.

Alle weiteren Erinnerungen liegen hinter einem dichten grauen Nebel. Verschluckt von den Ereignissen des Folgejahres 1978. Mühsam versuche ich, den Nebel wegzuwischen. Dass ich viele Verehrer damals hatte, ja, daran erinnere ich mich, dass ich wählen konnte, flirten konnte, dass ich tanzen ging, an die Silvesterparty im Schloss Versailles, dieser ungewöhnlichen Einladung eines französischen Freundes folgte ich ohne Zögern, so verrückt war ich damals. Aber die Erinnerungen sind keine klaren Bilder, sie sind verschwommen, verwischt, wie die Fotos aus dem Fextal aus diesem Jahr: nur grauer Nebel, in dem unsere Familie steht, auf Skiern, bereit zur Talfahrt. Runterrasen in den Abgrund, das Jahr 1978 sollte unsere Familiengeschichte für immer trennen in ein Davor und ein Danach. Auch meine Geschichte hat dieses Davor und dieses Danach. Und dazwischen steht mindestens eine große Frage.

16 |

Es ist Anfang August des Jahres 2012 und es ist warm, einer der wenigen sommerlichen Tage in diesem Jahr. Ich habe die große Glasschiebetür zum Garten hin geöffnet, jenem grünen Schutzraum, umgeben von Hecken, in den kein fremder Blick eindringen kann. Klar und strukturiert, Natur und doch von Menschenhand gemacht. Er tut mir gut, dieser Blick von innen nach außen. Auf dem schwarzen Lack des Flügels vor mir tanzt das Sonnenlicht. Ich sollte einmal wieder spielen, doch jetzt nicht, jetzt genieße ich die Stille im Haus. Die Ferien sind noch nicht zu Ende, der Alltag ist fern. Nur die Flugzeuge, die hin und wieder über das Dach hinweg donnern, stören meine Idylle. Ich bereite mir einen Tee in der Küche, Verbene, kühlend, ich gehe barfuß, genieße jeden Schritt. Barfuß – ein schönes Wort, klingt nach Kindheit, Leichtigkeit, Unschuld.

Auf dem Rückweg durch das Wohnzimmer streife ich das große weiße Bücherregal. Wahllos greife ich eines der vielen Bücher heraus, die über die Ereignisse des Jahres 1978 geschrieben worden sind. Immer noch auf der Suche nach Antworten, auch an diesem herrlichen Sommertag, nach einer Lösung, nach Loslösung.

Hans Filbinger. Der Fall und die Fakten, herausgegeben von Bruno Heck. Weiß auf schwarz steht der Titel auf dem Umschlag. Ja, er ist schwarz, der Umschlag, rabenschwarz und er glänzt, wie der Flügel. Schnell nehme ich einen Schluck von dem noch viel zu heißen Tee, da ist er wieder, dieser Geschmack von Bitterkeit, den ich wegspülen möchte.

Der Fall und die Fakten – so viel ist darüber geschrieben worden in den letzten Jahrzehnten, kritisch das meiste, aber auch einige wohlwollende Stimmen.

Von Februar bis August 1978, so lese ich in der Innenklappe, habe der Fall die öffentliche Diskussion in der Bundesrepublik Deutschland beherrscht. Die Berichterstattung in den deutschen Medien und die Debatten in der Politik haben den Rahmen und die Formen politischer Kontroversen gesprengt. Nie zuvor habe es so etwas gegeben in der Geschichte der Republik. Ich blättere und überfliege, was auf diesen 200 Seiten geschrieben steht. Eine lange Liste der Vorwürfe und Anklagen gegen meinen Vater ist aufgeführt: Von Borniertheit ist die Rede, von Ungeschicklichkeit, formalrechtlicher Vorwärtsverteidigung, von mangelnder Erinnerung und natürlich von der Schuldfrage, der moralischen und der rechtlichen. Von Rechtsbeugung. Von Unmenschlichkeit, von unbewältigter Vergangenheit. Vom pathologisch guten Gewissen des Ministerpräsidenten. Vom Sturz.

Auf dreizehn Seiten, eng und klein gedruckt, ist der Ablauf des Dramas festgehalten. Und ich bin nun doch – wie sollte es auch anders sein – an diesen Seiten hängen geblieben, gehe an meinen Schreibtisch nebenan und lese, was sich an den verschiedenen Schauplätzen in Land und Bund, an Gerichten, in Archiven, Ministerien und in Redaktionen von Zeitungen und Fernsehanstalten abgespielt hat. Und es ist, als ob ich alles noch einmal erlebe. Vom Auftakt durch den Artikel des Schriftstellers Rolf Hochhuth in der *Zeit* bis zur Geburt des Begriffs vom »furchtbaren Juristen«.

Obwohl ich damals zu Hause gelebt habe, weiter meiner öden Arbeit bei der Industrie- und Handelskammer nachging, habe ich die Anfänge nicht mitbekommen und zum Teil erst in den Nachrichten erfahren oder an Zeitungskiosken gelesen, was geschehen war und um was es ging. Ich war doch mit ganz anderen Dingen beschäftigt, mit London, mit der Business-School, mit der Tatsache, dass ich zum zweiten Mal angenommen worden war. Mit meinem neuen Leben und wie nun endlich, endlich alles sein würde.

Es war Ende Februar, als meine Eltern von einem Staatsbesuch aus Lateinamerika zurückkehrten, sie hatten Argentinien und Brasilien mit einer Wirtschaftsdelegation bereist, hatten den mächtigen Rio Negro gesehen, waren im Dschungel gewesen und hatten Manaus besucht, die Boomtown des Amazonasstaates.

Ich weiß noch genau, dass ich oben, im Elternschlafzimmer unserer Dienstvilla in Stuttgart, am Fenster stand und auf den fertiggestellten Anbau, die neue Bibliothek, schaute. Vaters Arbeitszimmer war zu klein geworden und nur noch für Besprechungen vorgesehen. Dagegen sollte die neue Bibliothek ein Ort der Ruhe und konzentrierter Arbeit sein. Ein großes Fenster mit Blick in den Garten auf die alten Apfelbäume hatte Vater sich gewünscht. Nur das Dach konnte ich von oben sehen, das den einstöckigen Anbau, mit rötlichbraunen Ziegeln gedeckt, vor Wind und Wetter schützte.

Wie schön ich dieses Haus fand, in dem wir nun schon über zehn Jahre lebten und das ein Zuhause für uns geworden war, ein Heim. Umso schwerer ertrug ich Mutters immerwährende Kritik und das Nörgeln an den Bauarbeiten, den angeblichen Dilettantismus, den der Architekt wieder einmal bewiesen hatte. Und immer waren es Nichtigkeiten, über die sie sich aufregte, irgendwelche winzigen Details. Sie ließ kein gutes Haar an diesem Mann, mir war es peinlich, ihre Tiraden mit anhören zu müssen. Es musste aus der Zeit ihrer Jugend rühren, als Dienstboten wie zweitklassige Menschen behandelt wurden. Vielleicht konnte sie diese Gewohnheit nie abstreifen, das mag sein, ich aber konnte es kaum ertragen, wenn sie Hausangestellte schlecht behandelte, wenn Martha, mein altes geliebtes Kindermädchen, ihre Mahlzeiten in der Küche zu sich nehmen musste. Ich schämte mich, wenn Personal kritisiert wurde, es tat mir leid. Aber all meine Versuche, Mutter bei solchen Gelegenheiten abzulenken oder zu beruhigen, waren vergeblich.

»Misch du dich nicht ein, Susi, das ist mein Revier, kümmere dich um dich selbst. Geh lieber deiner Arbeit nach!«, entgegnete sie vorwurfsvoll.

Ich verspürte etwas Ungutes an diesem Tag, ein merkwürdiges Gefühl, das immer wieder aufkam, das zu ignorieren mir nicht gelang. Ob alles gut gehen würde? Diese Frage beschäftigte mich an jenem Morgen, als ich dort oben am Schlafzimmerfenster meiner Eltern stand. Aber dieses »alles«, was war das überhaupt? Die Zeit schien reif zu sein für etwas, das ich noch nicht erkennen konnte und das anders sein sollte als das bisher Erlebte. Ich hatte eine »Ahnung«, so heißt das schöne alte deutsche Wort dafür. Ahnungen hat man da und dort, wo man fest mit einer Sache verbunden ist. Ahnungen kommen aus dem Herzen.

Dies war auch die Zeit, in der ich meine nächtlichen Albträume hatte, erschrocken aufwachte, aus dem Bett stieg und im Haus umherirrte. Nur mit Mühe gelang es mir dann, in den frühen Morgenstunden noch einmal einzuschlafen. Jede Nacht sah ich Vaters Augen vor mir. Sie hatten tiefe schwarze Ränder. Mitten in der Nacht blickten sie mich an. Groß und rund wie Wagenräder. Wenn ich ihm tagsüber begegnete, im Hausflur oder bei Tisch, ertappte ich mich dabei, ihn prüfend anzuschauen. In seinem Gesicht zu lesen, das hatte ich ja insbesondere im Jahr zuvor gelernt. Darin war ich inzwischen geübt.

Eine Stimme unten aus der Küche verkündete, dass das Essen fertig war. Ich ging die Treppe hinunter ins Esszimmer. Wer alles anwesend war, weiß ich nicht mehr. Aber an die Vase aus italienischer Keramik erinnere ich mich. Wie immer stand sie in der Mitte des Esstisches mit Blumen aus dem Garten.

Ohne unser gewöhnliches Tischgebet begann Mutter unmittelbar über einen Zeitungsartikel zu sprechen. In der *Zeit* sei er erschienen.

»Etwas Unangenehmes?«, fragte ich.

Sie kaute auf einem Bissen herum und schüttelte den Kopf.

Unerhört sei die ganze Sache. Von einem »furchtbaren Juristen« sei da die Rede.

»Vater ein ›furchtbarer Jurist‹? Wie bitte? Gibt es eine *Zeit*, kann ich die mal sehen?«

Aber Mutter hörte mich gar nicht, sie war außer sich vor Aufregung. Sie regte sich schnell auf, das war wahr, auch über Kleinigkeiten, Alltägliches, aber diese Sache war von einem anderen Kaliber, das war augenblicklich klar. Kaputt mache er sich mit diesem Amt. Seit Jahren rackere er sich für dieses Land ab, Tag und Nacht, empörte sie sich. Und was haben sie ihm nicht alles schon unterstellt. Unerhört!

»Reg dich nicht so auf, Mami. Ist doch alles in Ordnung«, versuchte ich sie zu beruhigen.

»Ach, was weißt du schon!« Sie schubste ihren Teller von sich.

»Einen Herzinfarkt kriegt er noch mal von der Aufregung. Irgendwann muss es doch mal gut sein. 55 Gallensteine haben mir gereicht und ständig Haferschleim rühren. Jetzt ist es wieder soweit.«

»Was meinst du denn?«, hakte ich nach.

»Sag ich doch. Haferschleim, nichts als Brei gekocht! Schöne Bescherung. Gallensteine, Magengeschwüre. Schweißgebadet nachts und dann die Wäsche wechseln, Licht einschalten, wach liegen. Satt habe ich es!« Sie faltete die Stoffserviette zusammen, knallte sie neben den Teller und schubste ihren Stuhl an die Wand.

»Kommt er heute Abend?«

Sie zuckte die Achseln, drehte mir den Rücken zu und ging zur Treppe. »Was weiß ich? Terminkalender liegt auf dem Schreibtisch. Meinen Kaffee! Ins Schlafzimmer!«

Zunächst nahm ich die ganze Angelegenheit um die Vorwürfe eines Schriftstellers dann doch nicht so ernst. Der Name Rolf Hochhuth sagte mir damals gar nichts, ich war 27 Jahre alt, auf dem Sprung in ein neues, eigenständiges Leben und daran gewöhnt, dass Vater das Zepter fest in der Hand hielt. Hatte er nicht alle Krisen bisher gemeistert? Schließlich war es nur wenige Monate her, dass er die Affäre um die RAF-Selbstmorde überstanden hatte, ich musste mir also nicht allzu viele Gedanken machen. In den nächsten Wochen ging ich tatsächlich meiner Arbeit nach, wie Mutter es gewünscht hatte und war im Übrigen ganz mit den Vorbereitungen für meine Abreise nach London beschäftigt. Den Kopf voll mit Listen, was noch alles zu erledigen war, das Herz voll Vorfreude. Dieses Mal würde es klappen.

An Christi Himmelfahrt, es war am 4. Mai, sollte sich dann alles ändern. »Wir haben ein Todesurteil, bei dem Sie als Anklagevertreter mitgewirkt haben«, hatte Theo Sommer, der Chefredakteur der *Zeit*, am Tag zuvor in einem Telex an Vater geschrieben. »Wir wollen darüber berichten. Sie erhalten aus Fairness die Gelegenheit, sich dazu zu äußern. Die Sache eilt.«

Am darauffolgenden Tag fanden die Gespräche statt. Erst drei Redakteure des *Spiegel* und dann ein Herr Schüler von der *Zeit* waren erschienen. Stunden verbrachten sie im Gespräch mit Vater. Und wieder sollte ich erst aus der Zeitung erfahren, was sich an jenem Tag in der Bibliothek ereignet hatte.

Vater hatte mir nichts vorab erzählt, und ich hatte auch nicht gefragt. Ich hatte eigene Pläne für diesen Himmelfahrtstag gemacht und zwar keineswegs, wie ich es heute tun würde, erst einen Gottesdienst zu besuchen. Nein, an diesem Feiertag hatte ich ganz anderes vor: Ich wollte nach Italien! Ein Tagesausflug in einem kleinen Sportflugzeug, einem vogelähnlichen Gerät, stand auf meinem Plan. Und zu Hause hatte ich noch nicht einmal eine Notiz hinterlassen, als ich mit zwei Freunden, wir kannten uns aus meiner Zeit mit Tito, in aller Herrgottsfrühe zum Sportflughafen nach Augsburg zu unserem kleinen verwegenen Abenteuer aufbrach. In einer Art Pappschachtel, so empfand ich es, saß ich dann, eingeklemmt zwischen meinem mehr als korpulenten Freund York Seewald und seinem Pilotenkameraden, dem auch dann das Grinsen im Gesicht nicht verging, wenn die »Schachtel« ruckartig absackte oder so nah an die Felszacken der Berge geriet, dass mir der Atem stockte. Durch die neblige Alpenkette segelten wir an jenem Himmelfahrtstag in den sonnigen Süden. Das Gesäß verkrampft auf dem Sitz, der aus einem Stück grünen Segeltuchs bestand, das um ein paar Eisenstäbe gespannt war, die Hände feucht und an das spärlich Vorhandene, wenig Greifbare geklammert, mit dem die »Schachtel« ausgerüstet war, ersehnte ich nichts mehr als die Landung.

Während zu Hause in der Bibliothek über Leben und Tod, Recht und Unrecht während des Krieges debattiert wurde, befand ich mich über den schwarz-grau felsigen Abgründen von Viertausendern. So nah ich meinem Vater war, im selben Haus wohnend, so weit entfernt voneinander waren wir an jenem wichtigen Tag.

Als ich spätabends zurückkehrte und um das Haus herumschlich, um zu erkunden, ob noch jemand wach war, fiel Licht aus Vaters neuer Bibliothek auf den Rasen. Ich betrat das Haus durch den Hintereingang, auf Zehenspitzen. Das Tablett mit seinem Kräutertee und der Schüssel Obstquark stand noch unangerührt auf der Kommode in der Diele. Die kleine Stehlampe mit dem Pergamentschirm spendete fahles Licht. Es war totenstill. Erleichtert darüber, dass ich keine Auskunft über meinen kapriziösen Tagesausflug geben musste, schlich ich die Treppe hinauf und zog die Tür hinter mir zu. Von dem, was sich tagsüber in der Bibliothek abgespielt hatte, sollte ich in den folgenden Wochen aus Funk und Fernsehen oder aus der Zeitung erfahren.

Diese Wochen, so heißt es in dem Buch, das jetzt auf meinem Schoß liegt, waren geprägt von der politisch-parlamentarischen Schlacht um den Ministerpräsidenten und dem emsigen Suchen der einen Seite – seiner Gegner – nach Dokumenten, die ihn als

Nazi ausweisen sollten, und auf der anderen Seite durch Erklärungen von Entlastungszeugen in der Öffentlichkeit.

Mir ist diese Zeit im Detail verloren gegangen, doch am Abend des 4. Juli geschah etwas Einschneidendes.

Bereits Tage zuvor hatte ich von meinen Bekannten im Staatsministerium erfahren, dass das Fernsehmagazin *Panorama* einen Beitrag senden würde. Nichts Gutes, so viel war durchgesickert.

Vater und Mutter waren zu Gast bei Freunden in Davos, den Eltern jenes jungen Mannes, mit dem ich Silvester in Versailles gefeiert hatte. Ich war allein zu Haus und schaltete wie immer um 20 Uhr die Nachrichten ein. Außer Berichten über die Feierlichkeiten zum amerikanischen Nationalfeiertag gab es nichts Spektakuläres in der *Tagesschau*.

Es folgte die *Panorama*-Sendung, die Stefan Aust moderierte. Gleich zu Beginn kündigte er neue Enthüllungen um den baden-württembergischen Ministerpräsidenten an. Entgegen mehrfacher Beteuerungen habe er doch ein Todesurteil als Marinestabsrichter gefällt, noch gegen Ende des Krieges, am 17. April 1945. Ich zuckte zusammen. Es kam noch schlimmer:

Bilder von wehenden Hakenkreuzfahnen, Vater in Uniform als Soldat, als Marinerichter, dazu die strenge Stimme des Sprechers, und dann das Schlimmste, eingeblendet: ein Todesurteil. Gegen einen Steuermann war es verhängt worden, wegen Fahnenflucht und Wehrkraftzersetzung. Vaters Unterschrift war klar und deutlich zu erkennen.

Wie lange ich auf dem Biedermeierstuhl mit dem grün-gelb gestreiften Samtbezug saß, ohne Armlehnen, deren Stütze ich gut hätte gebrauchen können, weiß ich heute nicht mehr. Aber das Läuten des Telefons, irgendwann später, das klingt mir noch im Ohr.

»Hast du die Sendung gesehen? Prima, nicht wahr?« Mit dieser sarkastischen und verzweifelten Bemerkung meldete sich Mutter aus Davos. Ich dagegen war fassungslos. »Wie bitte? Das ist doch nur schrecklich, einfach nur schrecklich!« Ich stotterte und stammelte eine Kanonade von Fragen, unfähig einen klaren Gedanken, geschweige denn Satz zu formulieren. »Wann seid ihr zurück? Wir müssen reden. Warum hat er nie davon gesprochen? Warum hat er das nie gesagt? Was sollen wir jetzt sagen? Unseren Freunden, den Verwandten?«

»Du, Susi, ich kann leider nicht länger mit dir reden, wir sind eingeladen, das Essen steht schon auf dem Tisch, die warten auf mich. Bis morgen, gute Nacht!«

In den folgenden Tagen stürzte eine Lawine auf mich herab. Überall wurde ich auf die *Panorama*-Sendung angesprochen. Ob das stimme? Ob das wahr sei? Was das heiße?

Fragen ohne Antworten. Erklärungsnot. Konfusion und Ratlosigkeit. Ich war völlig überfordert, was sollte ich denn sagen? Meine einzige Hoffnung galt Vater selbst, er sollte mir das alles erklären. Doch darauf musste ich noch tagelang warten.

Wieder nehme ich die Stille im Haus wahr, wie wohltuend. Ich lege das Buch zur Seite, stehe vom Schreibtisch auf, schaue hinaus ins Grün. Die Beete meiner Schneewittchen-Rosen – meine Lieblingsblumen im Garten – sind ausgetrocknet über Nacht. Ich gehe auf die Terrasse, ziehe den roten Gartenschlauch aus dem Kellerschacht. Die Konzentration auf den Wasserstrahl tut mir gut. Die frische Luft tut mir gut. Genug getan für heute, denke ich. Aber irgendetwas in mir gibt noch keine Ruhe, irgendetwas lässt mich doch noch runter in den Keller gehen, ins Archiv. Dem »Bauch« unseres Hauses, in dem ich alles verwahre. Ja, hierhin habe ich seine Tagebücher inzwischen geräumt und ich habe angefangen, sie Stück für Stück durchzusehen. Also ziehe ich jetzt den Vorhang vor dem Regal zur Seite. »Rücktritt« steht auf dem Tagebuch aus roter Pappe geschrieben, das ich herausgreife. Mit rotem Filzstift hatte Vater den Titel auf ein weißes Etikett geschrieben und aufgeklebt. Seine Einträge beginnen mit dem besagten Telex von Theo Sommer. Am 24. Juni fasst er sechs dramatische Wochen seines Lebens zusammen, und seine Worte spiegeln heftige Gefühle in ihm wieder. Die »Marter«, als die er die Affäre selbst empfindet, beginnt mit den Gesprächen mit *Zeit* und *Spiegel*. Das Urteil vom 23. Mai, das Rolf Hochhuth mit seinen Bezeichnungen von »Hitlers Marinerichter« und »furchtbarer Jurist« Recht gibt, trifft ihn ins Mark, erschüttert ihn – wie sollte es anders sein, denke ich mir. Doch was schlimmer ist als das: die Nachricht aus dem Bundesarchiv von zwei Todesurteilen aus seiner Osloer Zeit, das letzte vom 19. April 1945. Denn so sehr er sich nach seinen Worten im Tagebuch auch zu erinnern versucht, er weiß von diesen Urteilen offenbar nichts mehr. Zumindest scheint ihn diese Lücke verstört zu haben, er muss es, er will es glauben, dass er nicht verdrängt haben könnte, wenn er einen Menschen durch sein Urteil zu Tode gebracht hätte. In großer Bedrängnis sei er gewesen wegen eines besonderen Falles, der auch zum Tode geführt hat, dieser habe ihn jahrelang verfolgt. Nach der Heimkehr aus dem Krieg beichtete er bei einem Pater in Freiburg.

Und noch eine Erschütterung finde ich in seinen Zeilen, es ist das erste Mal, dass er von »Rufmord« spricht.

Seine Familie ist es, die ihm während dieser Zeit, wie er schreibt, so wichtigen Rückhalt gibt. Von meiner Mutter lese ich, wie sie zu ihm stand, wie sie heimlich geweint habe, wenn er es nicht sehen konnte. Auch wie sehr ich damals gelitten habe, notiert er, und es tut mir gut, das schwarz auf weiß zu lesen. Doch in allem klingt auch seine Angst durch, Angst vor dem, was kommen wird, wenn tatsächlich alles zusammenbrechen sollte. Es keinen Ausweg mehr gibt.

Dieser Tagebucheintrag, so emotional wie nur wenige unter all denen, die ich von meinem Vater gelesen habe, wühlt mich auf.

Zum ersten Mal lese ich diese Zeilen, in denen er sein Innerstes offenbart. Ich muss schließlich innehalten, klappe das rote Büchlein zu und gehe zurück nach oben. Ich lege mich auf die Couch im Wintergarten und schaue in die riesige Krone des Ahornbaums. Plötzlich stutze ich. Das Datum fällt mir ein.

Es ist der 7. August. Der Tag des Rücktritts. 34 Jahre auf den Tag ist es her. Auf einen Dienstag fällt er in diesem Jahr – 2012.

17 |

»Das hast du doch nicht gemacht, oder? Du hast doch keine Todesurteile gefällt, oder?« Wir saßen mal wieder am Abendbrottisch, aber Vater bat mich in die Bibliothek.

»Warum hast du nie darüber gesprochen?«

Dieses Gesicht – und wie die Worte aus diesem Gesicht herauskamen. Und diese Worte enthielten weder ein Ja noch ein Nein als Antwort. Stattdessen eine ungeheuer lange Erklärung, der ich zu folgen versuchte. Von Pfarrer Möbius und Guido Forstmeier sprach er, deren Leben er gerettet hatte und wie er das gemacht hatte, wie man Todesurteile in Haftstrafen umwandeln konnte. Er sprach von Militärjustiz und NS-Recht, von Fahnenflucht und von Todesstrafe, von international anerkanntem Militärrecht und wieso man in britischer Gefangenschaft noch immer Disziplin hatte aufrechterhalten müssen und wieso er das hatte machen müssen … und ich sah immerzu in dieses Gesicht. Ich versuchte zu verstehen, ja, das versuchte ich durchaus, aber ich ertappte mich immer wieder dabei, dass meine volle Konzentration der Mimik galt und wie er sie aussprach, die Worte, wie klangen sie? Fest oder unsicher? Seine Gesten beim Reden und dazwischen all diese Wörter, dieser Schwall. War er unsicher, war er etwa doch unsicher? Oder war doch noch alles in Ordnung mit ihm, war er noch mein Vater, wie ich ihn kannte, wie ich ihn liebte und nicht verlieren wollte? Festhalten wollte ich an einem Bild, das bereits zerbrochen war. Und verteidigt habe ich ihn in der Folge vor mir selbst und vor anderen, so gut ich irgend konnte. Aber es gelang mir nicht. Wie sollte es mir auch gelingen? Einerseits hatte ich selbst tausend Fragen an Vater, andererseits war da wieder das Gefühl, ihn doch verteidigen zu müssen gegen das, was da auf ihn einprasselte.

Und dabei blieb es, bis zu dem Tag, an dem ich den Entschluss gefasst hatte, dieses Buch hier zu schreiben. Zu recherchieren, zu lesen, Beteiligte und Experten zu befragen, mich in die Geschichte hineinzuvertiefen, so vielschichtig, schwer verständlich, über- und herausfordernd sie war und ist und bleiben wird, für meine Familie und für mich.

Das in der *Panorama*-Sendung veröffentlichte Todesurteil, so steht es in *Der Fall und die Fakten*, war gegen Ende des Krieges, am 17. April 1945, von meinem Vater als Marinestabsrichter gefällt, aber nicht vollstreckt worden. Der betroffene Soldat hatte vorab nach Schweden entkommen können, es war ein Urteil in Abwesenheit und an dieser Abwesenheit war auch nichts mehr zu ändern, die Gefangennahme zu diesem Zeitpunkt nicht mehr zu befürchten. Das Schlimme aber war, dass Vater zuvor – nach den Veröffentlichungen in der *Zeit*, in *Stern* und *Spiegel* – erklärt hatte, es gäbe keine weiteren Todesurteile. Und nun gab es doch noch eins, ob »in absentia« gefällt oder nicht. Und es wurde sogar in die Kamera gehalten. An welche weiteren Urteile konnte er sich also auch nicht mehr erinnern? Es war naheliegend, so zu denken. Vaters Glaubwürdigkeit war dahin. Es gab keine Rettung.

Die Medien schwankten zwischen Verständnis und dem Vorwurf der Lüge und der Forderung nach seinem Rücktritt. Auch in seiner eigenen Partei, der CDU, nahm die Kritik eher zu als ab und zwar nicht wegen der Sache an sich, sondern wegen der sich nun Wochen hinziehenden Debatte in den bundesdeutschen und internationalen Medien. Fünf volle Seiten hatte allein der *Spiegel* in seiner Ausgabe Nr. 20 auf die Frage nach dem Ausgang von

Vaters Unterlassungsklage gegen Rolf Hochhuth verwendet. »Affäre Filbinger: Was Rechtens war …« titelte das Blatt auf Seite 23 und dort war Vaters Foto mit kühlem Blick, neben ihm das junge frische Gesicht des zum Tode verurteilten Walter Gröger.

Und so, wie Vater hier zitiert wurde, kann man die Ablehnung gegen ihn nur verstehen. All das, was hier stand, die Anschuldigungen, die Details, hatte Vater mir zwar erklärt. Aber für mich war eine Welt zusammengebrochen, und da mochte Vater endlos erklären und argumentieren, für mich gab es keine Klarheit. Es war mein Weltuntergang. Ich weiß nicht, was ich getan hätte, wenn ich nicht schon zu diesem Zeitpunkt geplant hätte, Deutschland zu verlassen. Während ich mich immer mehr vor dem verschloss, was zu Hause geschah, wurde London zu meinem Rettungsanker.

Im Verfahren gegen den Fahnenflüchtigen Walter Gröger, der bei der norwegischen Krankenhelferin Marie Severinsen-Lindgren Unterschlupf gesucht hatte, war in erster Instanz auf acht Jahre Zuchthaus beschieden worden. Acht Jahre, weil das Gericht trotz seines Vorstrafenregisters einen guten Kern in ihm entdeckt hatte. Als die Bestätigung des Urteils an den Flottenchef, Generaladmiral Schniewind, ging, hatte dieser das Urteil wegen Fahnenflucht bestätigt, die Zuchthausstrafe aber nicht. Er forderte die Todesstrafe und so ging das Urteil zurück nach Oslo. Doch der Richter, der sich bereits zuvor dafür eingesetzt hatte, mildernde Umstände zu berücksichtigen und das Urteil bei der Zuchthausstrafe zu belassen, und deshalb versuchte, gute Leumundszeugnisse beizubringen, fehlte am Tag der Verhandlung. Vater, der erst seit wenigen Wochen in Oslo war, übernahm das Verfahren am Tag der Hauptverhandlung.

»Und hättest du nicht Gnade fordern können?«, hatte ich ihn später mehrmals gefragt. Er verneinte, ein Gnadengesuch hätte die Verteidigung stellen müssen, so seine Antwort. Und immer weitere juristische Erklärungen nannte er, aber juristische Antworten allein reichen nicht. Hätte er, gerade als überzeugter, gläubiger Christ, nicht dem viel höheren Gesetz der Menschlichkeit folgen müssen? Diese Frage kommt mir heute, und viele mehr würde ich ihm gerne stellen. Zu seinen Lebzeiten habe ich es leider nicht getan.

Konnte Vater davon reden, dass es ihm leid tat? Tat es ihm leid? Auch in einem späteren Interview im *Stern*, es wurde ein paar Monate nach seinem Rücktritt im April 1979 geführt, bleibt seine Antwort aus. Er argumentiert, er erklärt, und dann erklärt er nochmal und er verteidigt sich. Im Manuskript, das ihm vor Veröffentlichung des Interviews vorgelegt wird, ergänzt er handschriftlich. Die neueste (deutsche) Geschichte sei insgesamt nicht so verarbeitet worden wie es notwendig gewesen wäre. Die »Bewältigung der Vergangenheit auf Kosten Einzelner ist unzulässig und bewirkt nichts«. Das will er eingefügt wissen. Auf die Frage »Gab es in Ihrem Leben außer Zweifeln auch Katastrophen?« antwortet er: »Ich würde sagen, dass der schlimmste Eingriff der des letzten Jahres gewesen ist«, und meint damit seinen Rücktritt. Die Reporter haken nach: »Würden Sie die Zwänge, in die Sie als Marinerichter geraten sind, in der Rückschau auch als Katastrophe bezeichnen?« Er antwortet: »Ich bin gegen meinen Willen in eine sehr schwierige Verstrickung hineingekommen, die ich vermeiden wollte, aber nicht vermeiden konnte.« Und dann erklärt er wieder, wie es dazu kam. Und, wie im Märchen, in dem es die drei Fragen gibt, die drei Aufgaben, die gelöst werden müssen, die Journalisten fragen ein drittes Mal: »Sie würden also die Situation, in der Sie ein Todesurteil ausgesprochen haben oder aussprechen mussten, auch im Nachhinein nicht in die Reihe der Katastrophen in Ihrem Leben einordnen?« Und Vater erklärt das Kriegsrecht, das Marinerecht. Auf die Frage schließlich, ob er auch aus heutiger Sicht für die Todesstrafe ist, sagt er: »Ich bin ein Gegner der Todesstrafe.«

Die Unfähigkeit, über sein Inneres zu reden, und die Überzeugung, dass man dies auch nicht tut, waren ein Teil dessen, was zu der großen Abwehr gegen ihn führte. Über Gefühle redete man bei uns nicht, und ich bin sicher, auch vielen anderen ging es so. Doch die Menschen warteten auf etwas anderes. Auf eine Entschuldigung. Rechtsprechung hin oder her. Und Vater wiederum sah ein gewaltiges Ausmaß in dem, was hier verhandelt wurde, weil er meinte, dass es eben nicht nur um seine Schuld ging, sondern an seinem Beispiel um die Schuld einer ganzen Generation.

Am Ende dieses sehr langen Gesprächs im *Stern* fragen die Journalisten: »Ist es nicht doch so, dass der Selbstkritiker Filbinger seine Zweifel mehr mit sich abmacht und nach draußen den Selbstsicheren, den von sich selbst Überzeugten herstellt?«

Das kann ich heute für mich bestätigen. Es war ein Teil seines soldatischen Charakters, den einige Berater damals noch bestärkten, »nur nicht einknicken«. Den anderen, empfindsameren Teil habe ich zu seinen Lebzeiten meist nur geahnt, wirklich kennengelernt habe ich diese Seiten an ihm erst nach seinem Tod.

»Filbinger vor dem Fall«, das sah Friedrich Karl Fromme im Juli in der *FAZ* voraus. An diesen Artikel kann ich mich bis heute erinnern, vor allem an die Angst, die mir die Kehle zuschnürte, als ich ihn zu Ende gelesen hatte. Eine namenlose, diffuse Angst vor dem Zusammenbrechen all dessen, was stark, fest und gewohnt war.

Diese Angst, ja, Panik mag einem heute vielleicht merkwürdig erscheinen. Wir sind es ja inzwischen gewohnt, dass die Rücktritte immer schneller über die Bühne gehen. Was soll es also, könnte man sagen. Tritt er halt zurück, wird schon noch eine gute Rente kriegen. Aber Vater ging es um mehr und um etwas anderes. Er sah die Gefahr, dass man anhand und mit seiner Person ein Feindbild prägen wollte, das über seine konkreten Taten hinausging. Und diese Gefahr zu sehen, darin stimme ich nach allem, was geschehen ist, auch heute mit ihm überein.

War es das, was mich schließlich zum Handeln bewegte? Nicht nur die Bibliothek auszuräumen, den Nachlass meines Vaters zu klären, mit diesem Buch zu beginnen. Sondern mich auch nicht mehr nur mit Geschriebenem aus zweiter und dritter Hand zufriedenzugeben. Das Gespräch mit den Menschen war mir wichtig, ich wollte mit ihnen ins Gespräch kommen, von ihnen die verschiedenen Facetten erfahren, ihr Erleben und ihre Meinung heute hören. Rolf Hochhuth stand natürlich ganz oben auf meiner Liste, die Schwester von Walter Gröger, Politiker und andere Beteiligte, noch lebende Weggefährten meines Vaters, Dieter Salomon und Manfred Rommel, Günther Oettinger.

Aber damals? Wie habe ich gelebt, was hab ich gemacht? Ganz einfach: dasselbe wie im Jahr zuvor. Ich habe meine Jugend, mein eigenes Leben, behauptet. In meinen Unterlagen finde ich heute eine kleine braune Fahrkarte von St. Moritz nach Stuttgart, am 19.7.78 ist sie abgestempelt. Ich bin also in St. Moritz gewesen. Ja, ich habe Freunde besucht und wir werden Spaß gehabt haben. Und noch bis zwei Tage vor dem Rücktritt meines Vaters war ich in Spanien, bei meiner mütterlichen Freundin Trudel von Berg und ihrem Mann Job. Auch hier habe ich den Beleg aufgehoben, den Flugschein der Lufthansa, Stuttgart–Barcelona und zurück. Wie schon in Sommern zuvor werde ich den Tag über in ihrem Atelier verbracht haben, um der Bildhauerin bei der Arbeit zuzusehen, und den Abend an ihrer Piscina, Sangria trinkend. Und sie wird »mei Susi« gesagt haben, wie sie es immer tat, »Sußi« mit scharfem ß, und mich umarmt haben, und wir werden ausgelassen gelacht, getanzt, getrunken und diskutiert haben, natürlich auch über Vater. Allein – ich weiß es nicht mehr.

Meine exakte Erinnerung setzt am Tag des Rücktritts ein. Es war der 7. August 1978 und in Stuttgart regnete es in Strömen.

Und jetzt, da ich davon erzähle, wird mir bewusst, dass ein Teil meiner unmittelbaren Betroffenheit mit Schuldgefühlen zu tun gehabt haben musste. Wie konnte ich das Leben feiern und die Welt lieben – so fühlte ich mich oft –, wenn zu Hause alles zusammenzubrechen drohte? Und ein anderer Teil war schlichte Angst. Die Voraussetzung dafür, das Leben zu feiern und zu lieben, war nämlich, dass zu Hause alles in Ordnung war, dass unser Fels in der Brandung, unser Vater, dass er stand und nicht dass er weggetrieben beziehungsweise sukzessive abgetragen wurde.

Für den 7. August war eine Sitzung im Landtag anberaumt. Entgegen ihrer sonstigen Gewohnheiten hatte Mutter Vater dieses Mal begleitet. Das hatte sie in den letzten Monaten nicht mehr getan. Selbst bei Wahlkampfauftritten, Fernsehdebatten, Interviews hatte sie – wenn es nur irgend ging – immer mich mitgeschickt und Vater war das durchaus recht gewesen. So konnte man Mutters Nerven schonen. Aber an diesem Tag war alles anders. Ich war zu Hause geblieben. Der Regen drosch gegen die Glastür im Zimmer meiner Schwester. Hierhin hatten wir zwei, Johanna und ich, uns zurückgezogen. Hin und wieder jagte das Wasser einen Trommelwirbel durch die Dachrinne, einem aberwitzigen Crescendo gleich, sodass ich dachte, jetzt gleich müsse es doch endlich vorbei sein. Aber nein, der Regen hörte nicht auf, es goss den ganzen Tag über.

Ich zog die Bettdecke noch enger um mich und meine Schwester. Wir lagen angezogen im Bett, nur die Schuhe standen davor. Ob wir redeten, weiß ich heute nicht mehr, ich glaube nicht. Was ich sogar körperlich noch spüren kann, als trüge ich sie immer noch in mir, das ist die Kälte. Obwohl es ja Sommer war. Eine Decke und noch eine und meine Schwester ganz eng, wie zwei Embryonen lagen wir umeinander gerollt. Wir aßen nicht und wir tranken nicht, wir warteten auf den Anruf. Wenn er kommt, würden wir aufspringen, beide, ich würde den Hörer nehmen und dann würden wir es erfahren.

Aber der Anruf kam und kam nicht.

Als wir es schon nicht mehr für möglich hielten, läutete endlich das Telefon. Ich sprang auf, riss den Hörer hoch, den ich vor Aufregung kaum halten konnte, Johanna stand vor mir und starrte mich an.

Es war Mutter. Es sei alles gut gelaufen, meinte sie. »Ihr könnt beruhigt sein.«

»Tritt er zurück?«

»Wir können im Haus wohnen bleiben und er behält den Parteivorsitz. Sie waren anständig bei der Sitzung. Die Pressekonferenz beginnt jeden Moment. Ihr könnt jetzt dazukommen, oben im Landtag, Raum 03.«

Das war Mutter, in solchen Momenten war sie stark. Das Schiff sank, aber sie lobte noch einmal den Sonnenuntergang. Mit Worten Katastrophen erträglicher machen. Das Gute suchen in der Tragödie und ins Rampenlicht stellen. Das war ihre Stärke, und es half, es war gut. Aber wenn alles vorbei war, kam der Zusammenbruch, diesmal würde er tagelang dauern. Und Vater?

Als wir ankamen, war Raum 03 im Obergeschoss des Landtagsgebäudes bereits brechend voll. Alle Zeitungs- und Nachrichtenredaktionen Deutschlands waren vertreten. Wir mussten uns zur Tür reinquetschen und fanden nur ganz hinten an der Wand noch einen Stehplatz. Zwei junge Frauen, mit einer soeben verlorenen Spur Nestwärme um sich. Im Raum surrte und blitzte es, überall Kameras, Scheinwerfer und Richtmikrofone. Mutter in der Mitte, irgendwo dazwischen, allein. Am folgenden Tag würde sich ein Foto von ihr in einer der Zeitungen finden, von ihr, wie sie dastand, allein. Eines der Bilder aus dieser Zeit, das ich nie vergessen werde. Die Journalisten an den Tischen verteilt, die Fotografen, stehend, pulkartig dazwischen, ihr Ziel im Objektiv, vorne in der Mitte des rechteckigen Tisches hinter einem Mikrofon und einem Wasserglas. Der Vater. Blass, die Lippen blutleer, zu einem schmalen Strich waren sie geschrumpft. Er nickte mir fast unmerklich zu, als sich unsere Blicke trafen. Neben ihm saßen Erwin Teufel, Lothar Späth und Manfred Wörner. Wörner sprach und ich hörte den Satz: »So etwas möchte ich nie wieder erleben.«

Kurz wurde es still. Dann redete Vater.

»Nach reiflicher Überlegung …«, leise und schleppend klang seine Stimme, den Blick hielt er fest in die Kameras gerichtet, » … habe ich beschlossen …«, und da ging das Blitzlichtgewitter wieder los, Drängeln, Arme hoben sich, Stühle wurden geschoben, alle, die gesessen hatten, standen auf, ein Schubsen und Drängen nach vorn begann, die Hand meiner Schwester, die ich eben noch neben mir gespürt hatte, war weg. Ich schaute kurz zur Seite …

»… mein Amt als Ministerpräsident zur Verfügung zu stellen«, hörte ich.

Und dann hörte ich für einen kurzen Moment nichts mehr. An den Rest der Verlautbarung erinnere ich mich nicht und auch nicht daran, wie ich wieder aus dem Raum kam, nur dass Vater plötzlich neben mir war und auch Mutter, und merkwürdigerweise kann ich mich haargenau an die weiße Raufasertapete erinnern, die ich streifte, als wir den Raum verließen, und an das Gesicht von Gerhard Goll, dem Pressesprecher der Landesregierung, der gegen die Wand im Flur gelehnt stand und Vater dann noch in eine weitere Sitzung geleitete. Auf der Treppe sah ich meine Schwester weinend mit ihrem Freund Thomas stehen. Er hatte tröstend den Arm um sie gelegt. Wir drückten uns an den Leuten vorbei, die uns anstarrten, aber nicht berührten, sondern sogleich den Weg freigaben. Unten im Foyer entschied Mutter, in die Kantine zu gehen und auf Vater zu warten. Manfred Wörner kam hinzu, holte uns einen Kaffee. Da saßen wir zu viert. Manne, wie wir ihn nannten, Mutter, meine Schwester Johanna und ich.

»So, Manne«, sagte Mutter, »wann gehen wir wieder bergsteigen zusammen?«

»Können wir gleich machen«, antwortete er.

Ich habe immer gedacht, wie schrecklich das war. Aber heute, denke ich, wäre es noch viel schlimmer. Heute hätten sie die Kameras auch in unsere Gesichter gehalten, in die Gesichter von Frau und Kindern. So nah wie eben möglich und die Mikrofone hätten sie uns vor den Mund gepresst: »Wie fühlen Sie sich mit diesem gescheiterten Vater? Was empfindet eine Tochter, wenn der Vater ein Naziverbrecher ist?« Das hätten sie dann im Fernsehen gezeigt, mit Werbeunterbrechung in einer Art Dauerschleife, und dann ein Kommentar und dann eine Talkshow und dann das Politbarometer und dann die Wiederholung und dann ein Interview mit jemand, der uns schon als Kinder kannte, als wir auch schon ungezogen waren … Wenn man es so betrachtet, war man uns damals gnädig.

Der Tag endete im Schlafzimmer unserer Eltern. Wir saßen am Fußende ihrer Betten, es wurde kaum ein Wort gesprochen. Es regnete noch immer, aber der Regen war sanfter geworden, ein leichtes Rauschen nur. Vater und Mutter saßen aufrecht gegen die Kopfkissen gelehnt. Wir saßen lange so. Vater redete nicht. Irgendwann rollten die ersten Tränen. Sie liefen langsam über seine Wangen, als müssten sie sich erst Bahn suchen. Er beachtete sie nicht, er sah einfach weiter vor sich hin.

Nach einer Weile aber hob er den Kopf, schaute uns der Reihe nach an und als würde er sich besinnen, sagte er den Satz: »Guckt mal, wofür wir alles auch dankbar sein können, das darf man nicht vergessen.«

Das war der Moment, als ich aufstand und beschloss, Freunde und Vertraute zusammenzutrommeln, Gerhard Goll, Walter Killian, Gerhard Mayer-Vorfelder und seine Frau waren darunter. Zwei Stunden später standen wir in großer Runde im Wohnzimmer und sahen die *Tagesschau*. Der Rücktritt und eine Retrospektive seiner bisherigen Laufbahn kamen an erster Stelle. Vom

Metzger aus Gerlingen hatte ich Spätzle und Maultaschen kommen lassen. Viel Wein wurde noch getrunken an jenem Abend und viel geredet.

Ich für mich habe diesen Tag, den 7. August 1978, die Wunde genannt. Eine Wunde, die bis heute bei mir nicht ganz verheilt ist. Ich hätte damals schon damit abschließen können, hätte die Ereignisse hinter mir lassen und sagen können: Mich geht das nichts mehr an, ich lebe mein Leben. Doch ich konnte es nicht. Immer wieder platzte diese Wunde auf, nässte und eiterte, entzündete sich von Neuem. Zuletzt war dies nach Vaters Tod geschehen, im April 2007. Auf die Rede des damaligen Ministerpräsidenten Oettinger beim Requiem im Freiburger Münster war ein Sturm der Entrüstung erfolgt. Die Graberde war noch frisch aufgeschüttet, da begann das Unwetter. Vom April bis in den Sommer stürmte es. Und ich wachte wieder, wie damals im Jahr des Rücktritts, jeden Morgen früh um fünf Uhr auf und hastete durch die Zeitungen, die Leitartikel und überflog die Leserbriefe. Zuckte zusammen, wenn ich meinen Namen sah. Ich las nicht alles, ich bildete einen Stapel, erst auf einem Stuhl, dann auf dem Boden, weil er immer mehr wuchs. Manchmal rief ich meine Schwester Johanna an, mit der ich mich damals so eng aneinandergekuschelt hatte, wie kleine Kinder, die beieinander Schutz suchen. »Lass mich bloß in Ruhe damit, ich lese keine Zeitung mehr.«

An einen Tag aus dieser Zeit erinnere ich mich genau. Es stand nämlich nichts in der Zeitung. Es war ein Samstag, da ist Wochenmarkt bei uns auf dem Marktplatz in dem kleinen Ort, in dem ich wohne. Ich beschloss, mir einen Strauß Blumen zu kaufen. Erleichtert atmete ich die frische Luft ein. Es muss Ende Mai oder Anfang Juni gewesen sein. Vielleicht ist es nun vorbei, dachte ich. Am Biostand beugte ich mich über die Obstkisten, die schrumpeligen Äpfel sahen fast so aus wie das Gesicht der

Bäuerin, die sie mir verkaufte. Seit fast zwanzig Jahren war sie da, jeden Samstag.

Plötzlich klingelte mein Handy in der Einkaufstasche.

»Hallo Schwester, kannst du reden?« Es war Johanna, aus Ulm rief sie an. Ihre Stimme klang tiefer als sonst, nicht wie üblich, wenn sie als Erstes einen neuen Juristenwitz raushaute.

»Bin grad beim Einkaufen, mach schnell. Hab beschlossen, mir heute Blumen zu gönnen seit langem mal wieder.«

»Du, stell dir vor«, unterbrach sie mich, »heute in der *Südwestpresse*, auf Seite drei, halt dich fest! Jetzt wollen sie ihm die Ehrendoktorwürde der Universität Ulm nachträglich aberkennen, nach dem Tod!«

Wortlos drückte ich das Handy aus und lächelte die alte Bäuerin an. Jenes seltsam eingefrorene Lächeln, das man aufsetzt, wenn man einfach nicht mehr weiterweiß.

Kurz bevor ich die Arbeiten an diesem Buch abgeschlossen habe, bin ich mit Gerhard Goll zusammengetroffen. Er ist der ehemalige Regierungssprecher meines Vaters und der Mann, der seit dem Gespräch mit der *Zeit* und dem *Spiegel* im Mai 1978 bei allen Vorgängen dabei gewesen war. Ich hatte mehrere Monate lang versucht, ihn zu erreichen, er hatte mich vertröstet, doch schließlich hatte ich ihn im Dezember 2012 auf dem Rückweg von Freiburg einfach angerufen und vorgeschlagen, spontan vorbeizuschauen. Und tatsächlich, Herr Goll hatte eine halbe Stunde Zeit für mich.

Was versprach ich mir von diesem Treffen? Hauptsächlich war es wohl der Wunsch, zur Wurzel eines Satzes vorzudringen, der mich noch heute in der Kehle würgt, der mich all die Jahre immer wieder zu meinen Reflexen zwang, weil er geradezu untrennbar mit meinem Vater verbunden ist, fast wie ein Namensbestandteil, so kommt es mir vor. »Was damals rechtens war, kann heute nicht unrecht sein.« Hatte mein Vater diesen Satz wirklich so gesagt? Und warum war mir die Antwort darauf so wichtig? An den Tatsachen, an den Urteilen, an dem, was mein Vater getan und wie er auf die Anschuldigungen reagiert hatte, ändert es nichts. Aber mir persönlich war es wichtig. Denn für mich hieß die Frage dahinter eigentlich: Wollte er das Unrecht, das während des Naziregimes geschah, damit im Nachhinein rechtfertigen?

Gerhard Goll war damals dabei, als mein Vater das Gespräch mit Herrn Schüler von der *Zeit* führte. Er erzählte, wie Herr Schüler ein Dokument aus der Tasche zog, das er meinem Vater vorlegte. Ein Todesurteil, bei dem Vater mitgewirkt haben sollte. Gegen Walter Gröger. Mein Vater sah sich das Dokument an und sagte, dass er keine Erinnerung an dieses Urteil habe. »Ich habe Ihrem Vater abgenommen, dass er sich an jenes Urteil nicht habe erinnern können«, sagte Goll. »Dass er sich aber insgesamt an die Todesurteile, die in der besagten Zeit gefällt worden sind, nicht hat erinnern können, das nehme ich ihm nicht ab.«

Herr Goll erinnerte sich, wie Schüler meinem Vater schließlich die Frage stellte: »Wie können Sie, Herr Filbinger, mit einem solchen Verbrechen leben?« Mein Vater hätte darauf geantwortet, es sei international geltendes Kriegsrecht gewesen, das in allen Armeen der Welt gegolten habe, gesetztes Recht, das umgesetzt werden musste, und das könne man dreißig Jahre später doch nicht kriminalisieren. Worte, die mir gut bekannt sind, wie oft habe ich selbst sie von Vater gehört.

Nun wollte ich es wissen. »Herr Goll«, fragte ich, »wo kam denn dann jener Satz her, um den es immer wieder ging, um den es bis heute geht: ›Was damals rechtens war, kann heute nicht unrecht sein‹?« Wohl tausendmal habe ich ihn gehört, und das ist nicht übertrieben, wie das Laufband einer Leuchtreklame blitzt er immer wieder vor meinen Augen auf.

Dieser Satz, sagte Goll, sei so nicht gefallen. Das kam später in den Artikeln, verknappt, zugespitzt, gute Formulierung. Gerhard

Goll blickte mich an und schüttelte heftig den Kopf: »Ihrem Vater wäre nicht im Traum eingefallen, Naziunrecht und -gräuel nachträglich zu rechtfertigen«, war er sich sicher.

Das Gespräch mit Gerhard Goll hatte mich aufgewühlt und zugleich erschöpft. Und so machte ich mich auf den Heimweg. Aber ich war auch erleichtert. Wird es reichen? Wird sich lösen lassen, was über die Jahre unzertrennlich war? Für mich ist ein Anfang gemacht. Einmal mehr freue ich mich auf mein Zuhause, auf meine Kinder.

18 |

Die Wochen nach dem Rücktritt sollten für lange Zeit die letzten sein, die ich zu Hause und in Deutschland verbrachte. Die Gründe für meinen Entschluss, ins Ausland zu gehen, hatten mit Vaters Ausscheiden aus dem Amt nicht unmittelbar zu tun. Schon lange zuvor war der Wunsch entstanden und erwogen worden, schon lange zuvor war mir klar geworden, dass mein Vater nicht loslassen konnte, dass ich wie bei einer Hochgebirgswanderung immer am Seil hing und dass es Zeit wurde, eigene Wege zu gehen.

Dass der Zeitpunkt meiner Abreise nur wenige Wochen nach Vaters Ausscheiden aus dem Amt gekommen war, war ein unglücklicher Zufall. Alles war ins Wanken geraten auf der Solitude. Der Erdrutsch hatte auch zu Hause seine Spuren hinterlassen. Sogar der Fels in der Brandung wankte so sehr, dass man keinen Halt an ihm hatte. Es war so, als habe eine neue Zeitrechnung begonnen.

Auf langen Spaziergängen stellte Vater mir immer wieder die Frage, was er nun machen solle mit seinem Leben. Baden-Württemberg den Rücken kehren? Nach Straßburg gehen, ein Mandat als Abgeordneter im Europäischen Parlament anstreben oder doch in Deutschland bleiben als Abgeordneter in den Bundestag? Jede dieser Möglichkeiten hatte Vor- und Nachteile, und keine schien die richtige Lösung für ihn zu sein.

Etwas Neues beginnen, etwas ganz anderes in Angriff nehmen

wurde auch in Erwägung gezogen, aber eine Abkehr von der Politik, das deutete sich bald an, war für ihn keine realistische Alternative.

Einmal waren wir auf dem Weg durch den Solitude-Wald zum Bärenschlössle, es war derselbe Weg, auf dem Vater wenige Jahre zuvor jenes Machtwort gesprochen hatte, das meinem Leben eine unerwartete Wendung gegeben hat. Nun wanderten wir wieder nebeneinander, diesmal hielt er den Kopf gesenkt, war schweigsam, und wieder rammte er den Spazierstock in den Boden. Tschak, tschak, tschak tönte es durch den menschenleeren Buchenwald.

»Geh doch!«, sagte ich zu ihm. »Du bist enttäuscht, fühlst dich im Stich gelassen von deinen Parteifreunden, keiner will sich mehr mit dir blicken lassen. So nah wie man dir sein wollte, wenn die Kameras auf dich gerichtet waren, so weit entfernt gehen genau dieselben heute. Gönn dir doch eine Auszeit! Abstand! Wie willst du das aushalten mit Lothar Späth als deinem Nachfolger?«

Tschak, tschak, tschak machte der Spazierstock in den Waldboden hinein. Es gab keine Lösung und ich weiß noch genau, wie überfordert ich mich gefühlt habe, plötzlich in die Rolle seiner Beraterin geraten zu sein. Antworten und Lösungen finden zu müssen für meinen Vater in dieser aussichtslosen Situation. Seit ich denken konnte, war er der kluge und erfahrene Ratgeber, respektiert und angesehen von den meisten Menschen, denen ich begegnete. »Ach, Sie sind die Tochter! Oh, wie ich ihn bewundere, Ihren Herrn Vater!« Bestimmt hundert Mal habe ich sie gehört, solche und ähnliche Sätze.

Aber ich musste etwas tun, irgendetwas, und jedes Mal, wenn ich seine Augenränder sah und die geschwollenen Lider, erschrak ich und erinnerte mich daran, wie ich ihn in meinen Albträumen gesehen hatte.

Eines Tages beschloss ich, Jürgen Todenhöfer anzurufen. Als CDU-Bundestagsabgeordneter aus Rheinland-Pfalz und Kritiker von Helmut Kohl gehörte er zu den wenigen, die Vater bis zum letzten Moment die Stange gehalten hatten. »Treten Sie nicht zurück, Herr Ministerpräsident!«, hatte er ihn an jenem Sonntagmittag, dem Tag vor seinem Rücktritt, am Telefon beschworen. Auf der Hinterseite des Bundeskanzleramtes in Bonn, an der Ecke Adenauerallee und der Welckerstraße, nicht weit von den Rheinauen entfernt, hatte ich mich mit Todenhöfer verabredet. Er kam direkt aus dem Plenum des Bundestages und nahm sich fünf Minuten Zeit, um mit mir zu sprechen. »Sagen Sie ihm, er soll sich jetzt um die Menschen kümmern. Nicht der Partei, den Gremien, Programmen soll er sich widmen, sondern den Menschen im Land. Die sind verunsichert. Auf die muss er jetzt zugehen. Ich helfe Ihnen. Wir bleiben in Kontakt.«

Am 3. September, drei Tage nach dem offiziellen Abschied im Landtag, hält Vater seine Gemütslage im Tagebuch fest. Seine Schrift ist krakelig, blass die Tinte, einen Psalm auf das Papier gekritzelt, verzweifelt muss er gewesen sein. In seinen Worten lese ich die Frage heraus, ob es auch die Aufgabe des Amtes selbst ist, die ihn nun so niederdrückt, ich erkenne das Gefühl, auf unsicherem Boden zu stehen, selbst sein Gottvertrauen, so scheint es, wankt, zu seiner eigenen Verwunderung. Doch immer wieder ermahnt er sich selbst, dagegen anzugehen, Verbitterung von sich zu weisen, wieder stark und sicher zu werden.

Dieses innere Ringen, es spiegelte sich in diesen Tagen ebenso in seinem Gesicht wider. Die dünne Haut seiner Augenlider hing schlaff über die Pupillen. Rot und dick angeschwollen und dunkel waren die Ränder unter den Augen. Genauso wie in meinem Traum, kurz bevor der Artikel in der *Zeit* erschienen war.

»Ja, du hast recht«, sagte er einmal zu mir, als wir im Hauseingang standen und ich ihn zu trösten versuchte. »Nicht resignieren!«

Inzwischen war der Tag meines Abschieds immer näher gerückt und ich fieberte dem Moment geradezu entgegen. Mein Dienstvertrag mit der Deutsch-Britischen Industrie- und Handelskammer in London war bereits im Juni abgeschlossen worden, aber nach Vaters Rücktritt versuchte Herr Balzer, der Geschäftsführer, mich mit aller ihm zur Verfügung stehenden Überzeugungskraft vom Antritt meiner Stelle als wissenschaftliche Mitarbeiterin abzuhalten. Ich ahnte, was sich da zusammenbraute, beschloss aber, mich dumm zu stellen und jegliche Widerstände zu ignorieren.

»Wir ziehen um, Fräulein Filbinger. Bitte haben Sie Verständnis. Eine neue Situation ist entstanden. Der Büroraum für die Mitarbeiter wird sehr eingeschränkt sein und ich weiß nicht, ob wir Sie unterbringen können.« Herr Balzer klang aufgeregt am Telefon und unternahm alles, um mich von meinem Kommen abzuhalten. Ich traute meinen Ohren nicht, fasste mich aber schnell und hielt ihm entgegen, dass ich bereits eine Wohnung angemietet und einen Flug gebucht hatte.

»In welchem Stadtteil haben Sie Quartier gefunden?«, wollte er wissen.

»Cheyne Walk«, gab ich wie aus der Pistole geschossen zurück.

Stille am anderen Ende der Leitung. »Also gut«, erwiderte er nach einer Pause mit leiser Stimme, so als ob es niemand hören solle. Ich war nicht willkommen. Seit Vaters Ausscheiden aus dem Amt war ich nicht mehr gefragt. So groß das Interesse mal gewesen sein mochte, so groß war nun nach seinem jähen Fall die Abkehr der Menschen, mit denen ich zu tun hatte.

Kurz bevor ich zum Flughafen aufbrach, wollte Vater mich sprechen und im Garten ein paar Schritte auf und ab gehen. Auf Abstand zum Haus, der Garten war groß genug, sodass keiner unser Gespräch mit anhören konnte, gingen wir nebeneinander her und ich musste mir eine Lektion anhören, dieses Mal nicht wie üblich in seiner Bibliothek, wo er je nachdem, wo die Reise hinging, Atlanten, Kunstbände oder Literaturlexika vor uns aufschlug, nach dem Leitsatz von Goethe, dass »man sieht, was man weiß« und uns einen Schnellkurs in Kunst und Kultur verabreichte.

Heute war es anders, ein ernstes Gespräch. Er sprach über die Familie und unseren Namen. Der Name »Filbinger« sei und bleibe etwas wert. »Denk daran und behalte es im Herzen, wo immer du einmal sesshaft werden wirst!«

Ich hörte ihm zu und schwieg, schaute auf meine Armbanduhr, bis es Zeit war, zum Flughafen zu fahren. »Adieu, jetzt muss ich gehen.« Ich umarmte ihn, und ohne einen Blick zurück ging ich raschen Schrittes ins Haus.

19 |

»Cheyne Walk, 16 Carlyle Mansions, London SW 3 please!«, sagte ich dem Fahrer des schwarzen London Taxi Cab, als er meine beiden Koffer genommen, in den hinteren Teil des Wagens gestellt und das gelbe Licht über dem Wagendach ausgeschaltet hatte. Ich stieg ein, sank auf den Rücksitz, streckte die Beine aus und atmete tief durch: frei, endlich frei. Den 17. September 1978 zeigte der Kalender, als ich mit einer Lufthansa 737 von Stuttgart über Frankfurt nach London geflogen war. Ankunft am Flughafen Heathrow um 18:05 Uhr. Das denkwürdige Flugticket, das mein Leben in Gänze verändern half, habe ich sorgfältig aufgehoben, zusammen mit einem Brief von Hubert Burda, dessen Londoner Büro mir bei der Wohnungssuche behilflich gewesen war, eine Liste mit ein paar Namen von Kontakten und einer Zollerklärung. Das war, auch gleichzeitig alles, was ich für den Aufbruch in die Freiheit bei mir hatte, außerdem ein bisschen Geld, ein paar britische Pfund, die mussten reichen, bis das erste Gehalt überwiesen sein würde.

Die Nadel auf meinem Kompass zeigte nach Westen, was ich nicht wusste, war, dass mein Aufenthalt auf den britischen Inseln nur ein Sprungbrett war, ein Schritt auf dem Weg in noch weitere Ferne.

»Hello Miss Filbinger, welcome to London. How was your journey?«, begrüßten mich Mr. and Mrs. Davis, meine neuen Vermieter, in reinstem Oxford-Englisch – die Lippen nur einen winzigen

Spalt beim Sprechen geöffnet – und halfen mir mit dem schweren Gepäck. Am Ende eines langen Korridors hinter einer Glastüre lag mein Domizil, ein Raum mit Kochnische und einem kleinen Badezimmer nebenan. Mrs. Davis entsprach dem Inbegriff einer Engländerin. Sie hätte einer Fernsehserie entsprungen sein können, dem *Haus am Eaton Place* oder Ähnlichem mit ihrer blassen, dünnen Haut, der leicht gewellten Frisur, der Ausstrahlung von Distinguiertheit, Gebundenheit möchte man sagen. Selbstverständlich trug sie einen gelben Wollpullover mit Rundhalskragen, einen karierten Tweedrock und Kniestrümpfe. Schnell lernte ich, dass auch meine Unterkunft dem Klischee eines englischen Hauses entsprach, und zwar hundertprozentig. Wenn ich frierend bei ihr in der Küche stand, die Arme eng um den Körper geschlungen, weil der Gasofen mal wieder nicht funktionierte, zuckte sie nur mit den Achseln: »Just put another sweater on!« Ich solle nur warten, bis ich einmal mit auf ihre Farm käme. Da sei es kalt. »I mean really cold«, warnte sie.

Ungefähr zwei Jahre hatte ich als Zeitraum für meinen Aufenthalt angegeben, als ich das Zollformular für den Transport meiner wenigen Habseligkeiten ausfüllte, die ich in meine neue Heimat geschickt haben wollte: zwei braune Stoffsessel von Ikea, eine Stehlampe, ein Schreibtischstuhl mit grünem Bezug, zwei gerahmte Poster, ein antiker Armlehnstuhl, den Tito mir zur Verfügung gestellt hatte und ein Empire-Spiegelkommödchen mit Schublade, auch aus Titos Antiquitätenbestand.

Dass Cheyne Walk eine besondere Adresse war, das wusste ich, hier hatte Mary Anne Evans gelebt, unter dem Pseudonym George Eliot war die Schriftstellerin berühmt geworden, der große Maler William Turner, der Schauspieler Laurence Olivier, aber vor allem damals: Keith Richards. Chelsea war ein angesagtes Viertel.

Endlich frei vom Ballast der Herkunft und all dem, was nicht ich war, was mir nur auferlegt war, was mit meinem eigenen

Leben, meinem Gefühl mir selbst gegenüber nichts zu tun hatte, setzte nun eine Art Häutung ein. Schicht um Schicht konnte ich etwas ablegen, das alt war, das vorüber war. Freiheit war das noch lange nicht, denn ich wurde ja sofort in ein neues System eingepasst, aber es waren Schritte auf dem Weg zu mir selbst. Ich war dran in meinem neuen Lebensabschnitt, und wer ich war, das sagte mein Vorname, der Nachname war unwichtig. Ich war fortan Susan, und bis heute liebe ich es mit Engländern und Amerikanern zu arbeiten, schon deshalb, weil mein Name dann so schön klingt. So frei, so frisch, wie meine Adresse damals, mit der diese Entwicklung anfing.

»Cheyne Walk, oh! How nice, Susan!«, kommentierten die Leute. Beeindruckte Gesichter, nickende Köpfe – und das bedeutete Beifall – erntete ich in den ersten Tagen und Wochen, wenn ich ihre Fragen beantwortete. Weder was ich machte, mein Beruf, meine Hobbys, noch meine Herkunft spielten eine Rolle, sondern *wo* ich wohnte. Endlich in der Freiheit angekommen, so erlebte ich es damals, machte ich nun meine ersten Erfahrungen mit den Gepflogenheiten der englischen Klassengesellschaft.

»Whereabouts do you live?« Das war die Losung. Es wunderte mich zu Anfang, bis ich herausfand, dass es in London durchaus üblich ist und im Übrigen dazu diente, den Gesprächspartner richtig einzuschätzen. Welcher Klasse er angehörte, Upper, Middle oder Lower Class, und ob es sich lohnte, zum Beispiel auf einer Party, weiter mit dieser Person Konversation zu pflegen oder – sich mit einer Verbeugung verabschiedend – doch lieber anderen Gästen zuzuwenden. Als ich später wieder den Status einer armen Studentin hatte, nichts verdiente und meinen Lebensunterhalt von einem Kredit bestritt, wohnte ich in weniger attraktiven Gegenden, zum Beispiel »South of the River«, in der Nähe der Themse, was meinen gesellschaftlichen Status und das Interesse an mir entsprechend nach unten korrigierte.

Richtig geärgert habe ich mich, wenn abends, nach einem Theaterbesuch im Londoner West End, keine U-Bahn mehr fuhr, ich nach einem Taxi winkte, und wenn endlich, endlich eines hielt, der Fahrer, dem ich das Ziel sagte, das Fenster wieder raufdrehte und mich im strömenden Regen stehen ließ. Anfangs verstand ich die Welt nicht mehr, das gelbe Licht hatte doch gebrannt, als der Wagen rangefahren war. »Goin up noath!«, hatte er vor sich hin gemurmelt, im Cockney-Dialekt, der Arbeitersprache aus den Vierteln im Norden der Stadt. Nach Norden fuhr er, in seine Welt, nicht in die vornehmen Viertel des Londoner Westens, wo die »Upper Class Twits«, die Snobs residierten, die Reichen, mit denen er nichts zu tun haben wollte. Und da ließ er mich lieber einfach im Regen stehen und verdiente kein Geld, als seine Gesinnung zu verraten. Das war der Abgrund, der sich zwischen den Klassen auftat und den ich auf diese Weise leibhaftig zu spüren bekam, auch wenn ich der Upper Class ja gar nicht angehörte, sondern vorübergehend nur dort lebte.

Noch merkwürdiger sollte – im Folgejahr – mein Erlebnis im Royal Automobile Club sein. In diesem ehemals reinen Männerverein, der noch nicht lange seine Pforten für Frauen geöffnet hatte, erwarb ich das Privileg einer Mitgliedschaft. Der Club lag in der Nähe meines Büros. Margaret Thatcher war zu der Zeit bereits britische Premierministerin und hatte es als erste Frau geschafft, in den vornehmsten aller englischen Clubs, dem Carlton Club in St. James, aufgenommen zu werden. Ein Grund für andere Clubs, mithalten zu wollen. Mit ein Grund, weshalb ich nun, in der Mittagspause, im clubeigenen Pool ein paar Bahnen schwimmen konnte, anstatt immer nur das obligatorische Ham and Cheese-Sandwich zu essen und dabei immer runder zu werden. Aber wie ich bald feststellte, schwammen außer mir nur Männer, die sich in gebührendem Abstand hielten und so unfreundlich aus dem Wasser blickten, ja, den Kopf zur anderen

Seite drehten oder an mir vorbeitauchten, dass ich mich mehr als unwohl fühlte. Erst als ich mehr über die kulturellen Eigenarten aufgeklärt wurde, begriff ich, welche Untat ich in den Augen jener männlichen Wesen begangen haben musste. Sie betrachteten meine Anwesenheit geradezu als Eingriff in ihre Privatsphäre, als einen Affront! Und sie fühlten sich in ihrer »Privacy« als Männer nicht nur beeinträchtigt, sondern verletzt. Mir hingegen war gar nicht aufgefallen, wie selbstverständlich es mir inzwischen war, mich in Männerdomänen zu bewegen. Für meine weitere Laufbahn sollte das von großem Vorteil sein.

Aber zunächst holte mich meine Geschichte wieder ein. Es gab nämlich »Platzprobleme« bei meiner neuen Tätigkeit als wissenschaftliche Mitarbeiterin in den Räumen der deutschen Handelskammer. Erstaunlicherweise gab es sie seit Vaters Rücktritt. Mit anderen Worten: Auch ich musste zurücktreten. Und was das bedeutete, das zeigte sich alltäglich bei der Arbeit. Nicht die ursprünglich vereinbarte Tätigkeit oblag mir, ich hatte vielmehr die eher niederen Dienste des Kammeralltags auszuführen, und die waren eintönig und unbefriedigend. Mit meiner Ausbildung hatten sie ebenfalls sehr wenig zu tun. Man gab mir eher den Status einer guten Sekretärin, denn den einer Hochschulabsolventin mit angehender Zusatzausbildung. Zugegeben, gelegentlich verfasste ich auch die Reden für Herrn Balzer, den Geschäftsführer, aber im Übrigen erteilte ich lediglich Handelsauskünfte und beantwortete Fragen zu Lieferadressen von Produkten aller Art: vom Stilton, einem englischen Blauschimmelkäse, für deutsche Kunden, Schottenröcke für Lodenfrey, München, oder Küchenmaschinen der Marke Kenwood – bald konnte ich die Bezugs- und Lieferadressen fast auswendig.

In der Zwischenzeit fand ich Freunde außerhalb, in der internationalen Investmentbanker-Community, die mir mehr zusagte als die feine englische Gesellschaft, in der ich mich nicht zu Hause fühlte. Mit einer Ausnahme: meiner Bekanntschaft mit Rodney Atkinson, dem Bruder von Rowan Atkinson alias »Mr. Bean«. Rodney war das totale Gegenteil von seinem Bruder, das heißt in seiner übertriebenen Steifheit hätte er eine Figur sein können, die sein Bruder darstellen würde. Ein hochintelligenter, Cockney sprechender Konservativer aus dem Kreis der Young Tories um Margaret Thatcher, der es liebte, Monologe zu halten, die ich zugegebenermaßen nicht verstand. Auch funktionierten seine Ausführungen über seine neuesten monetaristischen Theorien nicht gerade gut, um eine Frau zu verführen, aber ich schloss ihn ins Herz, wir sind heute noch befreundet. Er war es, der mich in die Young-Tory-Kreise einführte, mitnahm auf den Parteikongress nach Brighton. Man konnte von Margaret Thatcher halten, was man wollte, aber sie war eine Aufsteigerin, eine Frau, die die Regeln der englischen Klassengesellschaft durchbrochen hatte. Auch wenn ich in einem konservativen Haus aufgewachsen war, ich spürte, dass ich mit diesen Regeln, in dieser hier gelebten extremen Form, niemals zurechtkommen würde. Sie waren mir fremd. Mein Vater war ebenfalls ein Aufsteiger aus kleinbürgerlichen Kreisen, Mutter, ja, sie hatte einst zum Großbürgertum gehört, aber hier war es die Geschichte gewesen, die der Herkunft ein Ende gesetzt hatte und nur gelegentlich, an gewissen Eigenheiten, konnte man merken, dass natürlich auch sie von ihrer gesellschaftlichen Position, von ihrer Familie, geprägt war.

Ich hingegen war auf der Suche nach mehr Lebendigkeit. Sie stellte sich schneller ein als erwartet. Schon Mitte November 1978 konnte ich gemeinsam mit meinen Mitbewohnern Thomas und Geneviève ein Haus im Westen Londons, dem Stadtteil Fulham, beziehen. Es war ein kleines, typisches Haus am Stadtrand mit schmaler Vorderfront, aber tief nach hinten ausgebaut. Die Gegend mit den vielen indischen Restaurants und afrikanischen

Märkten gefiel mir. Es gab einen Safeway-Supermarkt und eine Drogerie und das Wichtigste: die Fulham Broadway Station, von der aus man mit der Tube, der Londoner U-Bahn, fast jedes Ziel erreichen konnte.

Thomas Seaman stammte aus Chicago, war blitzgescheit und ehrgeizig und neu als Investmentbanker bei Bankers Trust International, einem im Bankenviertel angesehenen Finanzinstitut. Geneviève Crepin war Französin, Absolventin von INSEAD, der französischen Managementschule und eine Kollegin von Tom. Bald lernte ich alle Personen in ihrem internationalen Team kennen. Roland Poczka war halb Russe, halb Deutscher, ich traf ihn später in New York wieder. David Mc Govern aus Südafrika war schon verheiratet und verliebte sich in Genevieve und sie sich in ihn. Eleonor Brushwood aus New York war Bankerin bei der amerikanischen Investmentbank Merrill Lynch. Über sie sollte ich noch eine Bekanntschaft machen, die nachhaltige Folgen haben würde.

Alles in diesem für mich faszinierend neuen Universum internationalen Investmentbankings drehte sich um Deals, Geschäftemachen und Geld. Um viel Geld in Dollars und Pfund, Schwedischen Kronen oder Französischen Francs. Um das Trennen und Zusammenfügen von Unternehmen, Mergers and Acquisitions, Fusionen und Übernahmen. Um Finanzierungen ging es, mit Eigen- oder sogenanntem Fremdkapital. Es war der Beginn des Investmentbankings, dem Boom neuer Finanzprodukte, deren fatale Entwicklung und Auswirkung wir exakt dreißig Jahre später mit dem Bankrott von Lehman Brothers erlebten. Jener Investmentbank, für die ich den deutschen Markt nach meiner Rückkehr aus den USA im Jahr 1993 erkundet hatte. Und bei der ich, zum Glück – und es war mehr als das, es war richtiges Einschätzen – später nicht eingestiegen bin. Wer hätte all das damals ahnen können …

Während Tom, Genevieve und ihre Freunde die Woche über in Europa weilten, ihre Deals machten, ging ich meiner Arbeit bei der Handelskammer nach und bereitete mich auf mein Studium vor.

An den Wochenenden ruhten sich die Yuppies, wie man sie zu nennen pflegte, nicht etwa aus, sondern flogen nach Verbier oder anderen Wintersportorten, an die Côte d'Azur zum Baden oder an die Südküste Englands, nach Brighton oder Southampton, wo ihre Segelboote und Motoryachten vor Anker lagen.

Als ich mich im Winter 1978/79 eines Morgens auf den Weg zur Arbeit machte, von der Maxwell Road zur U-Bahn-Station Fulham Broadway eilte, wie üblich mal wieder in letzter Minute, um die Bahn zu kriegen, die mich pünktlich zur Arbeit brachte, blieb ich wie angewurzelt auf der Treppe nach unten stehen. Ein Bild des Chaos bot sich mir auf dem Bahnsteig unter mir dar. An der Green Line in Richtung Central London hatte sich eine riesige unübersehbare Menschenmenge angesammelt, die Körper eng aneinander gepresst, seit Stunden mussten sie hier schon auf eine Bahn warten. Auf dem Absatz umkehren? Als ich es tat, drückten die Menschen bereits von oben nach. Ich konnte mich weder vorwärts noch rückwärts bewegen, ich steckte fest, alle steckten fest. Handys gab es damals noch nicht, ein Taxi zu kriegen, war eine Illusion, ich versuchte, einen Blick auf die Anzeigetafel zu erhaschen, aber die war schwarz. No trains. Unbelievable! Nichts ging mehr, die Leute neben mir waren genauso ratlos wie ich. Ich versuchte mir einen Weg durch die Menge zu bahnen, doch der Druck von oben, von den Menschen auf den Treppen über mir war enorm. Erinnerungsfetzen tauchten auf. Tokio, die Oshiya, dieses gnadenlose Plattgedrücktwerden. Mich packte die Angst. Und der Mann fiel mir ein, den ich die Woche zuvor in der U-Bahn beobachtet hatte. Aus heiterem Himmel hatte er um sich geschlagen, gebrüllt, die Zeitung um sich geworfen, dann war er zu Boden gefallen und hatte gekrampft. Er hatte einen epileptischen Anfall gehabt, nicht ungewöhnlich sei das, sagte man mir. Jetzt hatte ich selbst das Gefühl, jeden Moment um mich schlagen zu müssen. Zum Glück löste sich der Druck langsam, die Hintersten gingen zu Fuß los und das tat ich dann auch. On strike, das ganze Land war on strike. Ich weiß nicht mehr, wie lange es gedauert hat, bis die Transportgewerkschaft einlenkte. Es müssen Wochen gewesen sein und ich legte viele hundert Kilometer insgesamt zurück, nur um zur Arbeit zu kommen und wieder nach Hause. Es drehte sich alles nur um eine Frage: How to get to work and back?

Kaum hatte sich die Situation normalisiert, fiel der Strom aus. Und danach, und schlimmer konnte es nicht kommen: der Arbeitskampf der Müllabfuhr. Überall Müllsäcke, die Berge wuchsen täglich höher, sogar die großen Plätze der Londoner Innenstadt, Piccadilly, Hyde Park und Trafalgar Square blieben nicht verschont. Stinkende Dreckwälle bis zu fünf, sechs Meter hoch. Heerscharen von Ratten umtanzten sie, bissen sie auf, wühlten die Abfälle heraus, die sich dann auf die Straße ergossen. Jeden Morgen konnte man die sich immer höher türmende Katastrophe auf den Titeln der Tabloidpresse sehen, sofern diese nicht streikte. Ganz England versank im Chaos. Sogar die Totengräber streikten. Als *winter of discontent* – in Anlehnung an Shakespeares *Richard III.* – sind diese Wochen und Monate des Stillstands in die Geschichte Englands eingegangen. Es regierten die Gewerkschaften. Ich lernte, was das so oft debattierte System des »Shop Floor« zu bedeuten hatte: Wenn eine Gewerkschaft für den Arbeitskampf auf unbestimmte Zeit gestimmt hatte, machten alle anderen mit. Es dauerte nicht lange, da waren die Regale in den Lebensmittelgeschäften leer.

»Ihr glaubt an Streik, ich glaube an Arbeit!«, verkündete Margaret Thatcher, als sie im Mai 1979 als erste Frau das Amt des britischen Premierministers übernahm. »An die Arbeit müssen wir, damit Großbritannien das Wort ›groß‹ wieder verdient!«, rief sie den Reichen und Privilegierten zu. »Ihr habt nie gekämpft um das, was ihr habt. In den Schoß gefallen ist es euch!« Ja, sie war eine Eiserne Lady und sie packte an. Eine Frau. Das Entsetzen der Männer, ich konnte es nicht nur im Club beim Schwimmen wahrnehmen. Sie zweifelten alle, keiner traute es ihr zu, das Land aus diesem Stillstand wieder herauszuholen. Der Tochter eines Kolonialwarenhändlers. Sie senkte die Ausgaben des Staates, privatisierte Betriebe und schränkte die Macht der Gewerkschaften ein. Sie war weder beliebt noch sympathisch und sie praktizierte das, was man unter Monetarismus verstand – mit Erfolg. Damals.

Für mich war es eine Zeit des Studiums der beiden unterschiedlichen Wirtschaftstheorien. Die Keynessche Konsumtheorie, nach der der Staat die Schlüssel zur Ankurbelung der Wirtschaft in der Hand hält, und die Theorie der Monetaristen, die an den Markt und seine Mechanismen glaubt. Ich stand mittendrin und erlebte alles hautnah, hier die Investmentbanker, die Yuppie-Szene, dort die Streiks. Ich beschäftigte mich mit Milton Friedman und diskutierte mit Rodney, der alles hinterfragte. *Government against the people* – Die Regierung gegen die Menschen –, so der Titel seines ersten Buches. Unbequem, kritisch, er war einer, der alles bis ins Kleinste durchleuchtete. Heute erst ist mir bewusst, welches Glück ich damals hatte. Ich war zum richtigen Zeitpunkt am richtigen Ort. Ein Kairos-Moment, so bezeichneten die Griechen genau diesen günstigen Augenblick. Das, was ich mir gewünscht hatte, in die Welt des Marktes, des Geldes einzutauchen, um Politik wirklich zu verstehen, es war eingetreten. Ich war im Auge des Sturms. Der Sturm freilich ist weitergezogen und heute stellen sich die Probleme anders dar.

Freiheit statt Kapitalismus, das ist nur einer der vielen Buchtitel, die zur Jahreswende 2012/2013 die Ausschweifung und Maßlosigkeit in Wirtschaft und Finanzen beklagen. Exzesse von Konsum und Markt vorführen und den Verfall von Moral und Werten im Handeln seiner Akteure. Sahra Wagenknecht ist die Autorin dieses Buches, der Titel sprang mir sofort ins Auge, als ich ihn auf einer Liste von Neuerscheinungen entdeckte.

»Freiheit statt/oder Sozialismus« hatte das Motto im Wahlkampf vor fast vierzig Jahren gelautet, mit dem in Baden-Württemberg unter Vaters Führung die CDU erstmalig die absolute Mehrheit erreichte. Nach einigem Zögern hatte Helmut Kohl als damaliger Chef der Bundes-CDU sich entschlossen, den Slogan auch für die Bundestagswahl im Herbst 1976 zu übernehmen. Damals ging es um das genaue Gegenteil von dem, was Sahra Wagenknecht meint, es ging dieser Partei um den Schutz des Menschen vor den Übergriffen des Staates.

Elisabeth Noelle-Neumann, die Grande Dame der Demoskopie, hatte Helmut Kohl von der Wirkung des Slogans überzeugt. Umfragen des Institutes hätten ergeben, dass dieser Satz einer Grundstimmung der Bevölkerung entsprach, einen Nerv bei den Menschen traf, um die Lähmung von Initiative und Unternehmergeist zu verhindern, war es genau der richtige Slogan.

Heute stellen sich die Probleme anders dar. *Was man für Geld nicht kaufen kann,* darum geht es dem amerikanischen Autor Michael Sandel. Nicht nur bei uns, auch in den USA steht er seit langem auf den Bestsellerlisten und stellt den Glauben an den Markt infrage.

Nicht die Zunahme von Gier ist es, die mit Sorge erfüllt, sondern das Eindringen der Märkte in Lebensbereiche, in die sie nicht gehören. Die Auslagerung von Schwangerschaften in Entwicklungsländer mag ein Extrembeispiel sein. Eine indische Leihmutter gibt es etwa umgerechnet für »nur« 6000 Euro. Ähnlich unfassbar ist das Angebot der Fluglinie NZ Air, die 777 US-Dollar zahlt für jemanden, der seine Stirn zu Werbezwecken tätowieren lässt. Ganz zu schweigen vom Geschäft mit Organen. Wo sind die Grenzen?

Und Europa leidet an der Schuldenkrise, lahmendem Wachstum und Massenarbeitslosigkeit, Überalterung und institutioneller Schwäche, an der eigenen Verzagtheit. »Der Kontinent hat den Koller und spürt den Blues«, titelt eine Schweizer Zeitung zur Jahreswende. »Ich kann alle meine Geschäfte vertreten, ich hab keine windigen Geschäfte gemacht«, sagte mein Freund Thomas Seaman, weltweit ein anerkannt seriöser Geschäftspartner, als ich ihn vor kurzem traf, »aber dass ich Investmentbanker bin, traue ich mich kaum noch zu sagen.«

Diese Entwicklung nahm damals ihre Anfänge und natürlich verschiedene Verläufe und Ausprägungen, und ich war begierig, endlich mehr Einblicke zu gewinnen.

Als ich die ersten Vorlesungen abends nach Büroschluss besuchen durfte oder schon mal an Abendkursen in Statistik und Mathematik teilnahm, Disziplinen, die mich bis dahin nie besonders begeistert hatten, war ich erleichtert. Wie ein trockener Schwamm saugte mein Gehirn alles auf. Weil die Finanzierung meines Post-Graduate Studiums auf Fulltime-Basis nicht gesichert war, musste ich Studium und Arbeit eine Zeitlang parallel betreiben.

Mit Hilfe eines guten Freundes aus Brüssel, Wolfgang Kist, gelang es mir schließlich, einen Kredit für umgerechnet 40 000 Mark aufzunehmen und Wolfgang als Bürgen zu gewinnen. Ich war erleichtert, doch die Bank bestand auf einen weiteren Bürgen, und so entschloss ich mich eines Tages, meinen Vater zu bitten. Als ich ihm die Finanzierung erläuterte und erwähnte, wer der erste Bürge war, konnte er nicht anders als seine Zustimmung geben. Ich hatte richtig kalkuliert. Die Sache klappte und nun war ich in der Lage, meinen Dienst bei der Kammer an den Nagel zu hängen. Endlich!

Eines Morgens wachte ich auf und der erste Gedanke war: Ab heute lebst du auf Pump! Es war die Stimme meines Vaters, der mich immer davor gewarnt hatte, Kredite aufzunehmen. Schulden machen – niemals! Dem mulmigen Gefühl, das ich ab jetzt nicht mehr loswurde, konnte ich nur mit einem täglich verordneten langen Lern- und Arbeitsprogramm begegnen. Und mit eiserner Disziplin. Darin aber kannte ich mich ja bestens aus. Als die Zeit des Examens näher gerückt war, tickte auch die Uhr für den Beginn der Rückzahlung, wie ich sie laut Vertrag akzeptiert hatte. Unmittelbar nach dem Examen war bereits die erste Rate fällig. Anstatt eines Magens hatte ich inzwischen einen Stein im Bauch. Das mulmige Gefühl hatte sich verselbstständigt. Selbst wenn mich alle beruhigten, dass ich mit dieser Ausbildung doch sowieso sofort einen Job kriegen würde, ich musste sie ja erst einmal abschließen und das hieß, die Prüfung bestehen. Mein Körper war in dauernder Alarmbereitschaft, ich litt an akutem Haarausfall und erschrak jeden Morgen, wenn ich die langen schwarzen Strähnen, die mir des Nachts ausgefallen waren, auf meinem Kopfkissen entdeckte.

Im Sommer 1982 bestand ich das Examen. Kurz darauf fand ich einen Job bei AGEFI als Finanzjournalistin für einen Newsletter, der über die großen Finanzierungen am europäischen Markt berichtete.

Vater und Mutter hatten mich inzwischen in London besucht und ich erinnere mich gut, wie beide die Zeit genossen, wie viel wir diskutierten, aber auch ins Theater und in Museen gingen. Wir bewunderten Elaine Paige in der Rolle der Evita Perón in dem gleichnamigen Musical von Andrew Lloyd Webber. Ich hatte die letzten drei Karten im Prince Edward Theatre für uns ergattert. Ganz hinten auf den billigen Plätzen saßen wir, die Zeit der Logensitze war vorbei, aber das machte Vater wirklich gar nichts. Er war begeistert. Es waren Aspekte seiner neu gewonnenen Freiheit, die er rundweg genoss. Und nicht nur er, auch Mutter. Die Geschichte Argentiniens war für uns – gar nicht so fern – auch ein Teil der Familiengeschichte. Mutters Tante Fanny hatte einen

Juden geheiratet, und zum Glück hatten sie die Zeichen rechtzeitig erkannt. Das Paar war 1933 gleich in die Schweiz emigriert und dann weiter nach Argentinien. Diesen Teil der Familie, auch meine Cousins und Cousinen, haben meine Eltern oft besucht. Wir sind uns auch heute noch sehr vertraut, Vater mochte besonders Fannys Cousine und deren Mann Carlos Lohlé, ein Verleger und Dichter. Vater und er liebten es, die Nächte durch zu diskutieren. An diesem Abend, in London, stand allerdings nicht die argentinische Familiengeschichte im Vordergrund, sondern unser fröhliches Beisammensein. Nach der Aufführung gingen wir zu mir und plötzlich trat Mutter aus dem Bad, hatte sich eine leere Klopapierrolle ins Haar gebunden, die Evitafrisur nachahmend und ein Betttuch umgeworfen und schmetterte *Don't cry for me Argentina.* »Typisch Inge!«, Vater bog sich vor Lachen. Ja, es gab auch diese Momente, wenn er, wenn die beiden alles abschütteln konnten.

Eines Tages – es war noch während meines Studiums – bekam ich einen Brief von meinem Vater. Bis dato hatte ich von Vater selten Briefe bekommen, aber nach seinem Rücktritt begann er, mir regelmäßig zu schreiben. Er habe eine Delegation amerikanischer Politiker getroffen, hieß es nun in diesem Brief, und einen Vortrag gehalten. Als sie sich verabschiedeten, kam ein junges Ehepaar auf ihn zu, mit dem er sich angeregt unterhalten hatte. Doug und Ann Holladay. Sie lebten für eine gewisse Zeit in Oxford, wo Doug seinen Doktor machen wollte. Ob es irgendetwas gäbe, was sie für meinen Vater tun könnten, einen Gefallen, einen Wunsch erfüllen?

Er überlegte nicht lange. Ja, das könnten sie, antwortete er, denn er habe eine Tochter, die in London lebe. Ob sie sich vielleicht einmal um sie kümmern könnten, darum bat er. »Susi, das sind zwei besondere Menschen, noch echte Christen, wie es sie bei uns kaum noch gibt«, schrieb er. »Du wirst sie ins Herz schließen, sie werden sich bei Dir melden! Viele Grüße, Dein Papi«

Es dauerte nicht lange, da erhielt ich einen zweiten Brief. Von Doug und Ann Holladay, die mich nach Oxford einluden. Es war der Beginn einer ungewöhnlichen Freundschaft und mein erster Kontakt mit der »Fellowship«. Und es war, neben dem Einstieg in meinen Beruf und in die Wirtschaftswelt, eine zweite Spur, die für mein Leben vorgezeichnet wurde. Es war mehr, es war der rote Faden.

Von dem Brief war ich damals allerdings nicht sonderlich beeindruckt. Ich faltete ihn zusammen und steckte ihn in den Umschlag zurück. Das Thema Christentum, das Thema Glauben war damals sozusagen nicht mein »favorite«. Ich war ja gerade dabei, eine Intellektuelle zu werden, ich merkte langsam, dass ich durchaus mithalten konnte bei den Diskussionen. Dass ich Urteile abgeben konnte über hochkomplexe ökonomische Themen, dass meine neuen Freunde die Auseinandersetzung mit mir suchten. Wieder einmal eines von Vaters Lieblingsthemen, dachte ich also zunächst. Ich hatte mich bei seinen Tischgesprächen stets durch ein hohes Maß Kritik an der Institution Kirche hervorgetan. All die vielen Rituale und Zwänge, meine Ablehnung gründete nicht zuletzt auf den Erfahrungen, die ich im Internat gemacht hatte. Wer oder was sollte nun diese »Fellowship« sein? Wer verbarg sich dahinter? Was hatte das mit dem Christentum zu tun? Eine Sekte? So wurde ich später oft gefragt, vor allem von Katholiken, denen diese lose Gemeinschaft von Gläubigen aller Art, Baptisten, Methodisten, Presbyterianern, Episkopaliern suspekt war, weil sie keiner Pfarrei angehörten und am Sonntag keinen Gottesdienst besuchten.

Bis ich soweit war, dass ich mich ernsthaft mit Glauben und Kirche beschäftigte, sollte noch einiges an Zeit vergehen. Um die Frage zu stellen, was denn nun wirklich zählt im Leben, musste noch einiges passieren. Auch wenn ich Ende zwanzig war, ich glaube, dafür war ich immer noch zu jung. Und doch ist es, von heute aus gesehen, interessant, dass ich genau in dem Moment, als ich in diese quirlige Finanzwelt eintrat, selbst mit der Politik vertrauter wurde, nicht nur via Vater; dass genau zu diesem Zeitpunkt Menschen in mein Leben traten, die andere Werte hatten. Viele in der Fellowship waren erfolgreich, wirkten auf hoher und höchster Ebene mit, dennoch zweifelten sie an der Bedeutung von Macht und Einfluss und auch an der des Geldes. Was doch damals in meinen anderen Kreisen so wichtig war, die erste Rolle spielte. Mir erscheint es manchmal wie eine Art Vorbereitung auf das, was kommen sollte.

Denn schon bald sollte ich überhaupt nichts mehr haben, und die Menschen, die dann an meiner Seite stehen sollten, waren aus der Fellowship. In den USA sollte diese Gemeinschaft eine immer größere Bedeutung für mich spielen.

Wer hilft, wenn das Äußere, das, was Eindruck macht, die gesellschaftliche Position, der Titel, die Macht, die bedeutsame und richtige Adresse, wenn all das wegbricht? Wer ist man dann noch? Wo findet man sie dann, die Ruhe oder gar den inneren Frieden?

Vater hatte den Einbruch, durch den ihm der Boden unter den Füßen weggezogen wurde, erst im Alter erlebt und – obwohl es eine existenzielle Erfahrung für ihn war – wusste, an welchem Anker er sich festhalten und wieder hochziehen konnte. An diesem Anker zog er sich immer wieder hoch. Davon gibt seine Bibel Zeugnis. Sie ist gespickt mit Anmerkungen an zentralen Stellen, eingelegte Zettel, Notizen, Randanstreichungen.

Den 69. Psalm notiert er am 20. September 1978 in sein Tagebuch. Er gehört zu den Davidpsalmen, mein Vater zitiert daraus die Stelle »Ich bin in tiefe Wasser geraten, und die Flut will mich ersäufen.« Immer wieder finde ich diese Stelle von ihm zitiert. Zugleich mahnt er sich selbst zum Weitergehen, so lese ich es in seinen Worten, nicht mehr in Vergangenem zu verharren, in Bitterkeit oder Groll, sondern die alten Fehler abzulegen.

Ja, denke ich, das war auch ein Aspekt, der ihn 1978 zu Fall brachte. Der Stolz und das Festhalten an der Macht, der Macht, an die er so gewöhnt war. Wenn man sich ernsthaft mit dem Glauben beschäftigt, kann man sich selbst nicht ausweichen. Über meinen Vater ist viel Schlechtes gesagt worden und man kann ihm wahrhaftig einiges vorwerfen, aber ich weiß, dass er mit sich gerungen hat, dass er auch in seine Abgründe geblickt hat. Früher ahnte ich es, seit dem Moment, damals, nach seinem Tod, als ich allein in seiner Bibliothek war, seine Tagebücher fand, die davon Zeugnis ablegen, seitdem weiß ich es noch mehr. Und was mich angeht, so weiß ich, dass ich darüber hinausgehen will. Nicht nur hinschauen und für sich allein ins Tagebuch schreiben oder an den Rand der Bibelseiten, sondern es auch aussprechen und versuchen, eine Art Versöhnung, auch wenn dieses Wort hoch gegriffen ist, herbeizuführen. Rückblickend kann ich sagen, dass diese Entwicklung mit dem Kontakt zur Fellowship begann, doch eine zweite Begegnung war ebenfalls ausschlaggebend. Sie fand an einem herrlichen Tag statt und ausnahmsweise war einmal alles fröhlich und leicht in unserer Familie.

21 |

Unseren Eltern war es ein Herzensanliegen gewesen, den 30. Hochzeitstag mit uns allen in Rom zu feiern. In der Stadt, in die sie zu Beginn ihrer Ehe, im Dezember 1950, auf Hochzeitsreise gefahren waren. Wir genossen es, allesamt. Drei Tage mit einem Kunstführer durch römische Gärten, Museen und Paläste zu wandeln, ein Streifzug durch zweieinhalbtausend Jahre Geschichte, das Forum Romanum, die Sixtinische Kapelle, Santa Maria Maggiore … und dann natürlich der große Tag, die Begegnung mit dem Papst. Selbstverständlich hat Vater hat auch dieses Ereignis in seinen Tagebüchern festgehalten, als ein Erlebnis, wie es einem Menschen nur einmal im Leben widerfährt. Den Beginn des Tages mit einer Führung durch das antike Rom, dann die Aufregung, die erwartungsvolle Spannung bis zum großen Moment, zum Höhepunkt: der feierlichen Privataudienz bei Papst Johannes Paul II. in den Gemäuern des Vatikan, sie wird in seinen Worten geradezu sichtbar. Die prachtvollen Schweizer Garden, das Protokoll, von einem Gemach ins nächste geleitet zu werden bis in die Sala Clementina.

Und ich kann sie von ganzem Herzen nachvollziehen, denn auch mich hat diese Begegnung tief bewegt: Ich war die Erste in der Reihe, als Papst Johannes Paul II. sich uns zuwandte. »Sie sind die Erstgeborene«, sagte er zu mir mit tiefer Stimme, rollte das *r*, nahm meine Hand in seine, legte die andere darüber, drückte sie fest und übergab mir ein rotes Kästchen mit einem geweihten

Rosenkranz. Dann blickte er mir noch einmal in die Augen und ging auf meine Schwester Bärbel zu. Ich habe ein Foto, das von dieser Szene gemacht wurde. Wie einen Schatz habe ich es gehütet über die vielen Umzüge hinweg. Auf diesem Foto stehe ich ihm gegenüber und lache ihn an. Der Satz mag sich selbstverständlich anhören, doch ich verstand ihn erst viel später, als mir bewusst wurde, was dieser Satz für mein späteres Leben bedeutete. Vater sprach natürlich länger mit ihm. Wir machten noch Fotos, und dann war unsere Zeit auch schon wieder abgelaufen. Als wir wieder draußen in der Sonne vor dem Petersdom standen, wirkte das Erlebte noch in uns allen nach. Ich erinnere mich, dass ich mich noch nie so euphorisch, so beflügelt gefühlt hatte wie nach diesem Besuch. Ein Hochgefühl, ein Gefühl, dass etwas ganz Neues beginnen konnte.

Ein halbes Jahr später fiel Papst Johannes Paul II. von Schüssen getroffen zu Boden, was den Beginn seines körperlichen Leidens markierte. Ich sah ihn noch zweimal wieder. Im Februar 2000, im Heiligen Jahr, dem Anno Santo, das die Katholische Kirche alle 25 Jahre begeht. Er saß in einem Armlehnsessel, eine Art Thron, in dem er fast versank, den Kopf zur Seite geneigt, auf einem Podium erhöht in einem großen Saal und sprach Grußworte an die Gäste aus aller Welt. Und dann noch einmal fünf Tage vor seinem Tod, Ostern 2005, als ich unter dem geöffneten Fenster seines Schlafgemaches stand, aus dem er hinunterschaute auf den großen Platz und winkte. Tausende Menschen hatten sich versammelt. Sprechen konnte er nicht mehr, aber lächeln, und das tat er. Er lächelte mir zu.

Gemeinsame Reisen unternahm unsere Familie seit dem Rücktritt regelmäßig, auch nach Polen fuhren wir, ins Heimatland des Papstes, und hier gingen wir auch Mutters Spuren nach in Kattowitz und Beuthen. Frei sei er jetzt, sagte Vater einmal zu mir, sein eigener Herr, und obwohl es noch Personenschutz gab, genoss er diese Freiheit, Herr seiner Zeit zu sein, zum ersten Mal seit zwanzig Jahren in politischer Verantwortung. Eine unserer Reisen führte uns nach Griechenland auf einen Segeltörn in der Ägäis durch den Dodekanes und die griechischen Inseln bis an die Küste der Türkei. Sie begann mit einem Flug von Stuttgart nach Athen, Vater stupste mich liebevoll in die Taille und hielt mir die Flugtickets unter die Nase: »Guck mal! Hier sind sie, unsere Fahrkarten in die Freiheit. Hier hab ich sie und ich geb sie nicht aus der Hand! Ab jetzt bin ich der Cicerone.« Wie ein Kind konnte er sich über solch eine Kleinigkeit freuen und uns daran teilhaben lassen, dabei drückte er die gelben Tickets fest an sich, so als ob er ein geliebtes Kuscheltier nicht mehr hergeben wollte. Leider wurden wir auf dieser Reise alle krank, eine Lebensmittelvergiftung war der Grund, die gute Laune ließen wir uns nicht nehmen. Die Farmakonisi, jene kleine unbewohnte Insel, auf der der junge Cäsar gefangen gehalten worden war, mussten wir leider als Toilette benutzen. Wir tauften sie in Fama Conschissi um. Ich trug selbst in London zurück noch die kranken Keime in mir. Vater versuchte, sich die Freude nicht nehmen zu lassen, er las seinen Homer weiter und ich muss geradezu an seinen Lippen gehangen haben, wenn er vorlas. »Nun lass ihn doch mal in Ruhe«, sagte meine Schwester, »wie ein Hund dackelst du ja andauernd neben ihm her.« Ich hatte es nicht gemerkt.

22 |

Einer trug das Piercing in der Oberlippe, der andere in der Zunge, insgesamt waren es zwischen acht und vierzehn Ein-Euro-Jobber und deren Laune muss bestens gewesen sein, so schilderte es mir meine Schwester Johanna. Das war die Truppe vom Freiburger Second-Hand-Center »Spinnwebe«, die das Ausräumen des elterlichen Hauses übernahm. Ihre Vorgehensweise war höchst praktisch, große Möbel wurden rausgetragen, kleine wurden aus den Fenstern geworfen. Ein milder Novembertag, an den Rosenbüschen waren noch ein paar vereinzelte Blüten und der große, viel zu groß gewordene exotische Tulpenbaum trug noch sein attraktives Laub, als sie staunend zu ihrem ehemaligen Kinderzimmer raufschaute, aus dessen Fenster jetzt in hohem Bogen Pappkartons und Matratzen flogen. Es war so weit: Das Haus wurde geräumt. Der Kaufvertrag war von den neuen Besitzern bereits unterschrieben. Und keine Frage, es war an der Zeit und es tat gut.

Nachdem ich die Tagebücher an mich genommen hatte, waren Vaters restliche Unterlagen im Spätsommer des Jahres an die Konrad-Adenauer-Stiftung gegangen, sechzig Stunden Aktenstudium waren vorausgegangen. Viele Diskussionen unter anderem mit dem Haus der Geschichte Stuttgart, aber auch Historiker meldeten sich, die Einblick nehmen wollten – ein zäher Prozess, an dessen Ende die Entscheidung für die Konrad-Adenauer-Stiftung stand. Heute kann man in dem sogenannten

Findbuch sehen, was die Archivare damals alles einpackten. Es ist salopp gesagt ein Wälzer – nummeriert und betitelt, der Umfang mit Zentimeterangaben aufgenommen, das liest sich zum Beispiel so: »087/3-Politische Säuberung 1945–1949, Umfang in cm: 1,5.«

Die Herren brauchten einen ganzen Tag, um die blauen Plastikcontainer zu füllen, die den kompletten Inhalt eines Kleintransporters einnahmen. Sogenanntes »sensibles Material«, wie zum Beispiel eine Akte des BSTU, des Bundesbeauftragten für die Stasi-Unterlagen, wurde separat hinterlegt. Da findet sich unter anderem die »Korrespondenz mit den Überläufern Bohnsack und Brehmer«.

Wir hatten einen »Enkelbasar« veranstaltet, bei dem wir auf langen Tischen im Garten das Silber, die Karnevalsorden, den »Nippes«, wie die Rheinländer sagen, ausgestellt hatten, und jeder durfte nehmen, was er wollte, und dann musste natürlich getauscht, diskutiert und neu verteilt werden. Vertragliche Regelungen waren getroffen worden über das Erbe, bei allem wurden wir beraten von unserem Testamentsvollstrecker Christoph Scholz, gut, dass er da war. Vor allem aber: Wir hatten uns entzweit. Es war nicht anders zu erwarten gewesen. Es war noch nicht nach Vaters Tod geschehen, das eine Jahr, in dem Mutter noch lebte, war der Zusammenhalt noch gegeben. Und ich weiß, welch ein Geschenk es war, dass wir beide Eltern auf dem Sterbebett begleiten durften. Aber kaum war Mutter tot, brachen die Dämme. Es war, als würde sich alles Angestaute Bahn brechen, und angestaut schien es seit der Kindheit zu sein. Die Wogen schlugen hoch – ein abgegriffener Satz, aber es war tatsächlich so, wir wurden von Emotionen überwältigt und das Schreckliche war, dass man doch dachte, nun, im Schmerz, in der Trauer, würde man zusammenhalten, sich stützen, sich aneinander anlehnen, anstatt sich gegenseitig vor den Kopf zu stoßen. Es hatte freilich zuvor auch schon Auseinandersetzungen gegeben und Konkurrenz, wie sollte es auch anders sein unter fünf Geschwistern. Nachdem der Patriarch weg war, hatte die Patriarchin alles noch scheinbar zusammengehalten, aber nun fehlte uns diese Mitte ganz und gar. Vorwürfe, Eifersucht, Neid, Besitzdenken: Der Tod der Eltern kann zur Prüfung werden und vielleicht muss er das ja sogar. Schließlich war es Alexa, die Jüngste, der Nachzügler, fast schon eine Generation jünger als ich, die uns belehrte. Sie schickte uns Auszüge aus einem damals erschienenen Buch: *Wenn die alten Eltern sterben – Das endgültige Ende der Kindheit.* Barbara Dobrick hatte es verfasst und mit vielen Fallbeispielen und Interviews versehen. Unser Verhältnis zu den Eltern, von Kindheitstagen an, bestimmt die Art und Weise, wie wir trauern. Das ist die Kernaussage dieses Buches und unsere Schwester wies uns darauf hin, dass wir hinschauen mussten, was da in Wahrheit mit uns geschah, dick angestrichen hatte sie auf den acht Seiten, die sie jedem von uns zukommen ließ, folgendes Zitat: »Jetzt nach der Plünderung sahen wir, dass dieses Heim, aus dem wir ausgestoßen waren, doch eine Sicherheit für uns verkörpert hatte und dass mit seinem Aufhören das letzte Symbol unserer Zusammengehörigkeit verschwand.« Wie wir das Verhältnis zueinander bewältigen, daran könne man sehen, in welchem Maß wir uns mit der Kindheit, mit den Eltern, mit der »alten« Geschichte ausgesöhnt hätten, so die Botschaft. Die Jüngste von uns war die Klügste gewesen.

Sie hatte uns den Text geschickt, bevor wir nach dem Kehraus zum vorerst letzten Geschwistertreffen zusammenkamen, erst am elterlichen Grab, dann im Gasthaus Kybfelsen.

Wenn ich daran zurückdenke, weiß ich, dass jeder von uns auf seine Art auch nur den besten Job machen wollte.

Das Jahr 2009 ging nun dem Ende zu, hinter mir lag die

Trennung von meinem Mann, die, wie erwartet und befürchtet, wahr geworden war. Ich hatte Vaters Tagebücher gefunden, war nun ganz sicher, dieses Buch hier schreiben zu müssen, ich hatte den Vorsitz unserer Erbengemeinschaft übernommen und den Kontakt mit Historikern und auch Politikern aufgenommen. Im Oktober war ich zu einer Tagung nach Frankfurt gefahren. »Women Entrepreneurs« war das Thema. Mir war es um die Ausweitung meiner Geschäftsbeziehungen gegangen, darum, Kontakte mit spannenden Frauen zu knüpfen. Als ich nachts auf den Parkplatz zu meinem Auto ging, weil ich noch nach Hause fahren wollte, fand ich es aufgebrochen, das Fenster der Fahrerseite war eingeschlagen, mein Laptop, der Trolley – ich hatte ausgerechnet noch Schmuck und andere Wertgegenstände aus der Auflösung des Elternhauses dabei –, alles war weg. Auf dem Sitz Glassplitter, ich rief die Polizei, die alles aufnahm, und dann fuhr ich in dem kaputten Auto mit offener Scheibe zurück. Ungefähr so war dieses ganze Jahr für mich gewesen: Es hatte eingeschlagen.

Dann aber kam Weihnachten und wir merkten, dass sich nach dem Umbruch auch wieder Neues einstellen kann. Trotz unserer Trennung feierten mein Mann und ich mit den Kindern gemeinsam, auch die Schwiegermutter war dabei, es sollte ihre letzte Weihnacht sein. Danach fuhr ich mit meinen Kindern zu Freunden nach Saas-Fee, ganz bewusst überlegten wir, wie wir den Jahreswechsel in Zukunft gestalten wollten: neu, anders, fröhlich, da waren wir einer Meinung.

Ich war einmal mehr dankbar, dass ich meine Kinder habe. Gewiss habe ich Werte meiner Eltern übernommen, bewusst, aber auch unbewusst. Disziplin zum Beispiel, und manchmal übertreibe ich es mit meinen Anforderungen wahrscheinlich, aber was mir durch all das Erfahrene wichtig geworden ist: dass wir alles aus- und ansprechen, was uns belastet. Gefühle zeigen gehört ebenso dazu wie Schwächen zu zeigen. Das haben mich meine Kinder gelehrt.

23 |

Als ich mein Examen an der London School of Economics erfolgreich hinter mich gebracht hatte, das Schwerste an akademischer Herausforderung, das ich zu bewältigen hatte, beschloss ich, nicht nach Deutschland zurückzukehren. Ich wollte mir eine Stelle in England oder Amerika suchen. Ein Examen in Englisch abzulegen, die hohe Mathematik, die dafür nötig war – eine Disziplin, die nie meine Stärke war –, das alles ließ mich zu diesem Entschluss kommen. Vater unternahm keinen Versuch mehr, meine Entscheidungen zu beeinflussen oder gar zu steuern, wie er es in der Vergangenheit getan hatte. Im Gegenteil, jetzt war er stolz, dass ich es geschafft hatte, allen Widerständen zum Trotz, an der international angesehenen LSE zu »reüssieren«, wie er es nannte. Als ich später in den USA, um meine Green Card zu bekommen, einen Vergleich des Kursangebotes zwischen der LSE und amerikanischen Universitäten beibringen musste, war der Nachweis erbracht, dass ich mehr als konkurrenzfähig war.

Zunächst aber hatte ich meinen ersten Job bei AGEFI, war froh, mein Darlehen abzahlen zu können, und dann heiratete mein Mitbewohner Thomas Seaman aus Chicago. Auf dieser Hochzeit lernte ich ihn kennen und es machte Peng. Er stand vor mir: Bob, der Megabanker. Von dessen Erfolg und hohem Intellekt alle schwärmten, der kaum Zeit habe für Privates, der einen Deal nach dem anderen abschloss, supergut aussah, groß, schlank, blond mit grünen Augen, gebildet, gut gekleidet, lockere

Umgangsformen, aber elegantes Auftreten. Er hatte alles, wovon ich damals träumte. Er beeindruckte mich, und das war inzwischen nicht mehr so leicht hinzukriegen. Ich war 31 Jahre alt und dachte, der, der ist es jetzt. Und mit dem würde sicher das möglich sein, was mir vorschwebte, der wollte keine Hausfrau an der Seite haben. Der wartete auf mich, oder etwa nicht?

Gleich am ersten Abend fragte er mich nach meiner Telefonnummer und sofort am nächsten Tag rief er in meinem Büro an und lud mich zum Essen ein. Am Tag darauf ins Theater, dann wieder zum Dinner mit Freunden und am Wochenende darauf in Annabel's Club, jenen berühmten, 1963 von Mark Birley gegründeten, ersten »members only night club«. Ob er mir seine Wohnung zeigen dürfe, fragte er, als wir in den frühen Morgenstunden bei Annabel's aufbrachen und mit einem Taxi zu ihm nach Hause fuhren.

Es fällt mir schwer, darüber zu schreiben, denn es folgte ja so unendlich viel Streit, Mühsal, Ablehnung und, ich kann es nicht anders sagen: Demütigung. Verdrängen oder Verschweigen? Was das bedeutet, habe ich ja am eigenen Leib erlebt. Das will ich nicht, und wenn ich dieses Verlangen beiseite schiebe, weiß ich wieder, dass ich sehr wohl verliebt war, ich war sogar bis über beide Ohren verliebt. Oder war ich eher berauscht?

Es war nicht nur er, es war auch das, was er verkörperte, das hatte nichts mit meiner dagegen biederen Herkunft zu tun, schon gar nichts mit der Fellowship. Das hier, das war die große, weite Welt. Sein Appartement in der Innenstadt – er hatte es von einer Designerin einrichten lassen, damit war er damals ein Vorreiter. Und dieses Selbstbewusstsein, dieses strahlende, sich in keinster Weise zurücknehmende oder anzweifelnde Selbstbewusstsein! Bob war im Fixed Rate Market tätig, er arbeitete nahezu rund um die Uhr. In der Zeit, als es noch kein Internet gab, mussten alle Geschäfte am Telefon gemacht werden, die verschiedenen

Schlusszeiten der Börsen erforderten Nachtarbeit. »Working on a closing«, rief er abends um acht, die letzte Station kurz vor einem Deal, da musste das Dinner noch warten.

In der Freizeit hieß es jetzt Squash statt Antiquitäten und Golf anstatt Gedichte auswendig zu lernen.

Was das Ergebnis jener Nacht war, bekam ich bald zu spüren, und wie ich es erfuhr, daran erinnere ich mich genau.

Ich war auf dem Weg ins Büro zur Wochenendspätschicht bei AGEFI, jenem Newsletter für Finanzprofis, an dem ich jetzt mitschrieb. »Evening Papers, latest News!«, rief der Zeitungsverkäufer, um Leser zu locken für das Neueste aus den britischen Abendzeitungen. *Evening Standard, Sun* und *Star*! Er bückte sich hinunter, um die Blätter von den Stapeln zu nehmen und an Passanten zu verkaufen. Es war Feierabend für Banker, Makler und Händler in der Londoner City. An ihren dunklen Anzügen mit breiten Nadelstreifen waren sie zu erkennen. Sie eilten zu den nächsten U-Bahn-Stationen, Holborn und Piccadilly, oder sprangen auf das Trittbrett der roten Doppeldeckerbusse, so wie ich früher in Freiburg, die sich durch den Rushhour-Verkehr schlängelten. Manche kauften eine Zeitung für den Heimweg, manche warfen nur einen flüchtigen Blick auf die Schlagzeilen. Ich war spät dran an jenem Tag, wieder hatte ich eine Nacht schlecht geschlafen, war in den frühen Morgenstunden erst eingenickt, die vielen Spätschichten bei der Arbeit forderten ihren körperlichen Tribut. Und dann war da auch noch etwas anderes, was ich unbedingt vor dem bevorstehenden Osterwochenende noch klären wollte. Ich griff in die Umhängetasche und tastete vorsichtig nach dem Fläschchen mit dem Morgenurin. Hoffentlich war es nicht umgekippt im Gewühl der Menschen. Noch warm hatte ich die Probe zu Hause in ein Küchentuch gewickelt und eingesteckt. Ich hatte mich schon die ganze Woche davor gedrückt, aber jetzt brauchte ich doch Gewissheit. Das plötzliche Erbrechen kurz nach dem Aufstehen, das Verlangen nach Scharfem um die Mittagszeit, das ich mit indischem Curry stillte und nach Büroschluss und dem langen Heimweg nach Hammersmith die bleierne Schwere in den Beinen – mein Körper sandte schon recht eindeutige Botschaften aus, aber ich dachte immer noch, dass es nicht sein könne. Dass es nur der anstrengende Job war, dennoch …

Ich winkte ein Taxi herbei, bückte mich und streckte den Kopf durch das geöffnete Fenster: »Marylebone Road please, number 82.« Das war die Adresse des Labors. Der Fahrer nickte und öffnete mir die Tür. Nein, nicht ich, ich könne nicht mitfahren. Das Fläschchen hier, flehte ich und hielt ihm das Gefäß mit der gelben Flüssigkeit entgegen. Ungläubig schaute er mich an und schüttelte den Kopf, als wolle er nichts damit zu tun haben, und schon bediente er die Gangschaltung, um weiterzufahren.

»Bitte, ich muss dringend ins Büro, ein Termin, keine Zeit, kein Auto und das bevorstehende Wochenende, Ostern! Bitte!« Eine Schwester warte schon, bettelte ich. Schließlich zog ich einen Fünf-Pfund-Schein aus der Tasche, ein großzügiges Trinkgeld. Daraufhin nickte er, verstaute das mit meinen Daten beschriftete Fläschchen und fuhr los. Erleichtert winkte ich, bis das Taxi im Verkehr verschwand.

Mein Büro lag im dritten Stock eines Verlagsgebäudes der *Mathrubhumi Daily*. Gupta, der Besitzer des indischen Restaurants im Erdgeschoss, öffnete gerade und kehrte den Hauseingang. Wie immer trug er seinen lila Turban, die traditionelle Kopfbedeckung der Sikhs. Lange graue Haarsträhnen, die ungewaschen und leicht schmierig aussahen, kringelten sich im Nacken. Immer wenn ich ihm begegnete, kaute er auf einer Knoblauchzehe herum. Der Mief, den er damit um sich und im engen Hausflur verbreitete, stieg mit mir die Treppenstufen hinauf. An den Geruch von Curry und Kurkuma hatte ich mich inzwischen gewöhnt, doch mit dem Knoblauch hatte ich zu kämpfen.

»Good afternoon!« Meine Kollegen waren fast vollständig anwesend, alle an ihren Schreibtischen, die eng nebeneinander standen. Einige blickten auf, grüßten und vertieften sich wieder in ihre Arbeit am Telefon oder Computer.

»Ready for the marathon?«, fragte Renee, eine bildhübsche Chinesin mit langen schwarzen Haaren, und lächelte mir zu. Mit »Marathon« meinte sie natürlich weder Jogging im Hyde Park noch einen Geländelauf von Bankern durch die City. Nein, es ging um den Wochenendwettlauf um Geld, zwischen Banken und Staaten, zwischen Markt und Politik, zwischen den Währungen, zwischen Ost und West, Nord und Süd, Arm und Reich. Und wie er ausgehen würde und tatsächlich ausging, darüber berichteten wir. Heute hat man sich daran gewöhnt, doch damals gab es noch keine Börsennachrichten vor der *Tagesschau* oder die Live-Schaltungen an die Börsen der Welt zu Korrespondenten, die heute jedermann vermeintlich einweihen. Unsere Arbeit war damals tatsächlich noch recht speziell und für die wirklichen Insider und Fachleute. Wie heute beeinflussten die Nachrichten vom Markt das Geschehen nicht unerheblich, man musste gut sein, um keine Fehler zu machen.

Bei jedem Anruf an diesem Vormittag verspürte ich einen Stich in der Magengrube: das Labor! Das Ergebnis! Immer wieder musste ich mich zwingen, mich auf die Berichte auf meinem Schreibtisch und die aktuellen Börsennachrichten konzentrieren. Dann endlich meldete sich das Labor aus der Marylebone Road. Eiskalt und klebrig vor Aufregung fühlten sich meine Hände plötzlich an, als ich den Hörer aufnahm und an mein rechtes Ohr hielt. »Hello?« Eine freundlich klingende Frauenstimme fragte, wie es mir gehe.

»Gut, danke. Haben Sie das Fläschchen erhalten? Ein Ergebnis?«

Eine Pause entstand am anderen Ende der Leitung. Wie eine Ewigkeit kam sie mir vor. »How do you feel about being pregnant?«

Es war, als ob ein gleißend heller Strahl goldenen Lichts durch mich hindurchschoss und es trieb mir sogleich die Tränen in die Augen. Ich wurde Mutter, ich bekam ein Kind, und was mich da durchströmte, das war ein unfassbares, ein riesiges Ausmaß an Glück. Und kaum hatte ich das begriffen, kam die Unsicherheit, die Furcht. Was würde jetzt auf mich zukommen? Dass ich meiner Lage mit Bob nicht sicher sein konnte, das hatte ich bereits gespürt, also: Was würde geschehen?

»Are you there?«, fragte die Stimme am anderen Ende. Ich legte auf und glaubte alle Augenpaare meiner Kollegen auf einmal auf mich gerichtet zu sehen. Renee blinzelte herüber. Ob ich mit zum Essen gehe? Anschließend sei Redaktionsbesprechung mit Christian. »Kommst du mit?« Ich lächelte.

Benommen, wie aus weiter Ferne, nahm ich an der Besprechung teil, bei der wir letzte Entscheidungen trafen über die Aufmachung, den Leitartikel und Kommentare vor dem Druck des Newsletters. Mit trockenem Gaumen und einem Kloß in der Kehle bemühte ich mich um Konzentration auf die Arbeit, während in mir alles durcheinanderlief. Vergangenheit, Gegenwart, Zukunft, Glück, Furcht, Verunsicherung.

Ob ich mit der Deutschen Bank gesprochen habe, fragte mich mein Chef Christian Hemain. Meine Gedanken kehrten mühsam zurück zum Tagesgeschäft. »Ich telefoniere heute noch, bevor die Märkte schließen, mit Frankfurt.«

Schreiben bis fünf Uhr morgens, hieß es nun, wie jeden Freitag. Am Mittag des nächsten Tages ging mein Flug in den Osterurlaub, Ski fahren in der Schweiz, mit meinen Eltern. Ausgerechnet! Kein Innehalten möglich, kein Ausruhen. Sollte ich absagen? Oder sofort die Wahrheit sagen? Nein. Ich entschloss mich, erstmal zu schweigen, erst musste ich mit Bob sprechen, dann mit den Eltern.

Neblig wurden diese Urlaubstage im Skiparadies der Schweizer Alpen. In der Maschine London–Zürich saß ich schon mitten unter Osterurlaubern. Viele hatten dasselbe Ziel wie ich, im Aussichtswagen der Rhätischen Bahn auf dem Weg nach St. Moritz sah ich sie wieder. Das Bergpanorama aber lag in Wolken, bis der Zug nach mehreren Fahrtstunden abends am Zielort eintraf. Hier hatte ich mich mit meinen Eltern verabredet. »Glattfelder« hieß das Restaurant in St. Moritz-Dorf. Eine fröhliche Gesellschaft hatte sich zum Abendessen versammelt, als ich eintrat. Rot-weiß karierte Tischdecken, Kerzenlicht, Champagner-Magnumflaschen, Kaviar und norwegischer Lachs wurden serviert.

»Grüezi wohl!« Tatzi Glattfelder, der Besitzer, kam auf mich zu und machte mir Platz. Neben ihm Paul Nigg, der Leiter des Bergsteigerzentrums aus Pontresina und Manfred Wörner, Bundesverteidigungsminister mit seiner Frau Elfi. Mittendrin meine Eltern in angeregter Unterhaltung.

»Kommst du mit hinauf morgen früh?«, fragte mich Paul Nigg. »Wir brauchen noch ein Weib am Seil. Um fünf Uhr geht es los, auf die Diavolezza. Das Wetter ist gut, der Gletscher hart und die Spalten sichtbar. Hast du die Steigeisen dabei?«

Ich lächelte, setzte mich und atmete erst einmal tief durch. Was aber nichts half, denn das Gefühl, hier eigentlich absolut deplatziert zu sein, wollte nicht weggehen, auch nicht, als ich mir ein Glas Champagner in meine von der Höhenluft ausgetrocknete Kehle kippte und dann noch eins hinterher. Von alten Zeiten am Berg, meinen ersten Klettertouren am Seil und Abenteuern in Fels und Firn erzählten wir. Je später die Stunde, desto verschwommener wurde mein Blick. Die Umrisse der Gesichter verloren Kontur, die Stimmen klangen schrill in meinen Ohren. Und plötzlich wurde mir unsagbar schlecht. Ich schaffte es gerade noch aufzustehen und mich zur nächsten Toilette hindurchzuschieben. Ich erbrach den Kaviar mitsamt Champagner, zum Glück kam keine andere Frau in den Waschraum, so konnte ich mich aufs Becken stützen und mir Unmengen von Wasser ins Gesicht schütten. Mein Körper war auch hier bereits klüger gewesen, es war das einzige und letzte Mal, dass ich in dieser Schwangerschaft Alkohol trank.

Irgendwann wurde mein Kopf wieder klar, ich ging zurück zu den Eltern und wir konnten aufbrechen in unser Haus im Fextal.

»Du musst mitgehen morgen früh«, drängte meine Mutter, als wir spät dort angekommen waren. Wir waren müde allesamt, es war Zeit, ins Bett zu gehen.

»Du musst auf Vater aufpassen, dass er sich nicht übernimmt! Pack jetzt deine Sachen zusammen. Hast du die Bergstiefel gerichtet und den Proviant? Vergiss nicht: Er hat einen Herzschrittmacher, die Wirbelbrüche von den Stürzen beim Langlaufen, die Gallen-OP.« Alle Gebrechen der letzten zwanzig Jahre zählte sie auf, um mich zum Mitgehen zu überreden.

»Denkst du eigentlich auch mal an deine alte Mutter? Meine Nerven machen das einfach nicht mehr mit, verstehst du? Darum.«

Wie immer, wenn Mutter ein Glas Wein zu viel hatte, strich sie unzählige Male das Tischtuch glatt und schubste die Salz- und Pfefferstreuer wie Schachfiguren auf dem Brett hin und her. Dabei wiederholte sie jeden Satz mehrfach, und wenn einer von uns sie unterbrechen oder gar widersprechen wollte, hob sie ihre Stimme und die Schelte drohte kein Ende zu nehmen. Zwischendurch stand sie auf, machte Anstalten, sich endlich ins Schlafzimmer zu begeben. Dann kehrte sie zurück, setzte sich wieder an den Tisch und begann von neuem.

»Jetzt hört aber mal auf!«, entrüstete sich mein Vater und blickte hinter der *FAZ* hervor, die er noch einmal hervorgenommen hatte. »Ich sag: Ruhe jetzt! So wird's gemacht, so war es vorgesehen. Keine Debatten mehr, und jetzt gehen wir schlafen. Gute Nacht!«

Die Gondel wankte hin und her, als wir am folgenden Tag auf den Berg hinauffuhren. Ein heftiger Schneesturm fegte durch die Lüfte, als die Bergbahn auf die Diavolezza schwebte. Nichts war es mit dem angekündigten strahlend blauen Himmel und der geplanten Bergtour. Paul Nigg hatte den Hüttenwirt wegen des schlechten Wetters bereits benachrichtigt. Leider müsse die Besteigung vertagt werden.

Ich war dermaßen erleichtert, dass dieser Kelch an mir vorübergegangen war. Über meinen Zustand wollte ich einfach noch nicht reden, ich brauchte noch Zeit.

Ski fahren musste ich dann schon noch. Im Nebel, ohne Sicht, meinem alten Vater Stemmbogen vorfahren, den ganzen Tag, bis er genug hatte und zufrieden war, er ahnte ja nicht, was mit mir los war.

Das Aufstehen am Morgen war in diesen Tagen das Schlimmste für mich. Ich kam einfach nicht hoch. Nebelschwaden zogen am Fenster vorüber. Noch ein paar Minuten liegen, dann würde ich es schaffen. »Frühstück!«, rief es aus der Küche. Schließlich gelang es mir, meinen bleischweren Körper von der Matratze zu heben und mich der Morgentoilette zu widmen. Mit Schwindel im Kopf und Schwäche in den Beinen hing ich immer wieder über dem Waschbecken und versuchte, meine Beine zu kontrollieren. Es blieb – zum Glück – neblig für die übrigen Tage bis zu meinem Rückflug nach London. Die Klettertour blieb mir erspart.

Die Gegensätze konnten nicht größer sein: Als ich zurückkam, traf ich Bob in einer Samba-Bar, der »Brasilia-Bar« mitten im Stadtteil von Soho, Londons damaliges Vergnügungsviertel Nummer eins. Nach Büroschluss hatten wir uns verabredet. Es roch nach frisch geraspelten Kokosnüssen. Langbeinige Brasilianerinnen in Baströckchen servierten exotische Drinks in bunten Gläsern. Direkt nach meiner Rückkehr aus St. Moritz hatte ich ihn angerufen. Ob es nicht ein paar Tage Zeit hätte, bis wir uns treffen, hatte er mich gefragt, er habe so viel zu tun. Nein, es sei sehr dringend. Also verabredeten wir uns für den nächsten Abend.

»Wie war dein Urlaub?«, fragte er mich. Er war kurz entschlossen in Colorado gewesen, zum Skifahren. »Du auch?«

»Mhmm, ja, in der Schweiz. In St. Moritz.«

»Ahhhh! How nice!«

Braungebrannt war seine sonst blasse Gesichtshaut und seine hellgrünen Augen glänzten.

»Bob, I need to tell you something.«

Er schaute mich an. Ja? Ich nahm noch einen Schluck aus meinem Glas. Langsam setzte ich es ab und stellte es vor mich. »I am pregnant.« Seine Miene erstarrte. Ob ich sicher sei? Was ich tun wolle?

»Lass uns austrinken und dann zu mir nach Hause gehen, da können wir besser reden«, sagte er, zahlte und bestellte ein Taxi. Kensington Palace Road, please! Wir schwiegen während der gesamten Fahrt, ich kann mich noch genau erinnern. Kaum in seiner Wohnung angekommen, läutete sein Telefon. Natürlich, das hatte ich ganz vergessen: Die US-Märkte waren noch eine Stunde geöffnet, es mussten noch ein paar Abschlüsse gemacht und Wetten abgeschlossen werden. Ich ließ mich auf sein Designersofa fallen.

»I wanna make a lot o' money«, hörte ich ihn seinem Gesprächspartner gegenüber offenbaren, mit dem er über ein Währungs- und Zins-Swapgeschäft von Schwedischen Kronen in US-Dollar verhandelte. Unruhig lief er im Apartment auf und ab, öffnete und schloss das Fenster, rückte seine Krawatte zurecht und strich sich nervös durch das Haar. Kaum aufgelegt, kam das nächste Gespräch.

»Lass uns morgen weiterreden«, unterbrach ich ihn, »bin müde und muss morgen früh ins Büro.«

»Bye-bye«, sagte er, blickte kurz auf und griff nach dem Hörer.

Ich nahm ein Taxi und fuhr nach Chiswick zu meiner Freundin Mekkie.

Diesen Satz behielt ich bis heute in den Ohren: I wanna make a lot o' money. To make love and to make money, vielleicht war für ihn ja beides dasselbe?

Als ich meinem Freund Rodney von diesem Gespräch erzählte, wurde er richtig wütend: »You're a fool, you should have known better.«

Bob beharrte darauf, sein Leben, so wie er es geplant hatte, fortzusetzen, während mein Kompass nun täglich neu eingestellt werden musste. Und erst ein paar Tage später eröffnete er mir, dass er mit einer Amerikanerin verlobt sei. Er bat mich doch tatsächlich, Rücksicht zu nehmen auf ihn und sie, seine Zukünftige. Die Verlobung sei gerade offiziell in der *New York Times* abgedruckt worden.

24 |

Eigentlich hatte ich später beschlossen, all die Umstände, alles, was nun in der Folge geschah, für immer und ewig in mir zu vergraben. Es reichte, was ich alles durchgemacht hatte, dachte ich, meinem Kind bringt dieser ganze Kummer auch nichts, ich werde das Kapitel abschließen. Was vor sich gegangen ist, muss keiner wissen. Als ich nach Jahren nach Deutschland zurückkam, vernichtete ich aus diesem Grund eines Tages, mein Sohn war bereits erwachsen, alle Akten und Dokumente, die Zeugnis von den Auseinandersetzungen mit dem Kindsvater ablegten. Ich hatte sie in einem Container aus den USA mitgebracht, lange Zeit hatten sie, noch originalverpackt, im Keller gestanden. In meinem Herzen hatten diese Unterlagen gewissermaßen auch im Keller gestanden, ich wollte vergessen, im Jetzt leben, in der Gegenwart und schließlich: Das Leben mit meinem Sohn hatte ich ja gemeistert, und war es nicht das, was zählte?

Doch im Herbst 2009 machte meine Schwester Johanna einen überraschenden Fund. Es war noch kurz bevor das Haus verkauft wurde und die »Spinnweben« kamen.

»Du, ich hab einen brisanten Fund gemacht«, meldete sie aufgeregt, »oben, im mittleren Zimmer. Du musst kommen, es ist ein prall gefüllter Leitzordner, den du unbedingt an dich nehmen musst. ›Susanna und Johannes‹ steht auf dem Rücken: Akten von einem Gericht, Listen mit Babyartikeln, Dollarpreise, Miete, Babysitter. Ich hab's nur überflogen. Wusstest du das?« Im Obergeschoss unseres Freiburger Hauses befanden sich drei kleine Zimmer, die wir Kinder und unsere Martha früher bewohnt hatten und dort in einem Regal hatte dieser Ordner gestanden. Nein, ich hatte es nicht gewusst und war verblüfft, als ich ihn dann schließlich in Händen hielt und durchblätterte. Das waren alles Kopien, die Originale hatte ich ja eigenhändig dem Aktenschredder übergeben. Mein Vater hatte alles dokumentiert und was ich hatte der Vergessenheit anheimgeben wollen, hier lag es nun wieder vor mir: alles, Seite um Seite.

Zunächst einmal war ich nur erstaunt, aber dann nahm ich diesen Fund zum Anlass, mir ein Herz zu fassen und zu schauen, nachzulesen, wie er, wie meine Eltern diese Zeit damals erlebt hatten. Dass es schwer war, auch für sie, das wusste ich natürlich. Aber als ich dann die roten DIN-A5-Pappkladden öffnete, seine Tagebücher aus dieser Zeit, da war es wie beim allerersten Lesen seiner Eintragung über meine Geburt. Ich musste mich setzen und die Tränen liefen mir die Wangen hinab, ein Strom von Tränen, ohne Schluchzen, ohne heftiges Seufzen, sie liefen einfach nur aus meinen Augen heraus. So, als hätten sie immer darauf gewartet. In der Zeit meiner Schwangerschaft und den ersten Jahren danach, allein mit dem Kind, war mein Hauptaugenmerk darauf gerichtet gewesen, tapfer zu sein, für meine und des Kindes Rechte einzutreten und das Beste draus zu machen. Ich habe mich nicht selbst bemitleidet, hier aber sah ich nun, wie Vater mitgelitten hat und auch Mutter. Minutiös hatte er in dieser Zeit Tagebuch geführt, alles en detail festgehalten, und wie vieles hatte ich vergessen! Fast erschrak ich darüber. Akribisch genau hatte er das Telefongespräch mit mir zu Papier gebracht, in dem ich ihm offenbarte, dass ich ein Kind erwartete. Ich erinnere mich genau daran. Ich wollte es ihm persönlich erzählen, nicht am Telefon, und er bohrte so lange, bis ich mir ein Herz fasste und es ihm doch sagte.

Auch meine ständigen Beratungen mit den Eltern finde ich auf diesen Seiten wieder, ich war sogar mit Bob zusammen zu ihnen gefahren. Ich hatte versucht, ihn umzustimmen, zu einer Heirat zu bewegen, das Kind zu akzeptieren, denn ich konnte nicht glauben, dass er mich nicht liebte. Und ja, es war so, wie es in diesen Tagebüchern stand: Mutter hatte das erdenklich beste Essen vorbereitet, Vater hatte sich mit Zitaten aus der Bibel gerüstet, die er sogar vorab, es steht in den Büchern, sorgfältig übersetzt hatte. Meine Schwester war mit ihrem Mann gekommen, alle versuchten, Bob zu überzeugen, aber auch generell, ihm entgegenzukommen. Doch das sollte nicht gelingen.

Auch zu diesen Tagen suche ich nach den Erinnerungen meines Vaters in seinen Tagebüchern und finde Worte voller Traurigkeit, Mitgefühl, Ratlosigkeit. Menschliche Worte, sie berühren mich tief. Und nicht nur, was er schrieb, auch wie, es erschütterte mich. Eine zittrige Schrift, wie er sie sonst nie hatte. Aufgewühlt, mal ganz groß, mal klein, abschnittweise Bibelzitate.

Durch die Schwangerschaft waren meine Pläne wieder einmal komplett auf null gesetzt. Meine Interessen, meine Sehnsüchte mussten zurückstehen, an Selbstverwirklichung war erst einmal nicht mehr zu denken. Dieses Muster zieht sich durch mein ganzes Leben, immer wieder hat es Situationen gegeben, in denen ich mich zurücknehmen musste, weil andere Menschen wichtiger wurden. Als Vater nach London kam, um mit meinem Arbeitgeber zu reden, ihn zu bitten, mir andere Arbeitszeiten zu ermöglichen, war ich froh darum. Die Sorge um mich und mein Kind war groß in dieser Zeit. Es tut gut, das zu wissen. Ich denke, dass die Freude an ihrem Enkelkind meinen Eltern der Dank dafür war.

Am 26. November 1983 erblickte mein Kind nach zwanzig Stunden Wehen das Licht der Welt im Marienhospital bei den Barmherzigen Schwestern vom Heiligen Vinzenz in Stuttgart. Alles war gut gegangen, die Familie nahm mich auf und die ersten Wochen nach der Geburt tat es wohl, von Eltern und Geschwistern geliebt und umsorgt zu sein. Die Arbeit bei AGEFI mit den anstrengenden Nachtschichten, jede Woche Spätschicht am Donnerstag und Freitag bis in die frühen Morgenstunden, hatte ich – so lange es irgend möglich war, mit acht Kilo Gewichtszunahme – weitergemacht. Zwischendurch, wenn die Beine dick geschwollen waren und die Bauchdecke hart, legte ich mich in der Toilette auf den Boden, lehnte die Beine an die Wand, bis das Blut zurückfloss und ich weiterarbeiten konnte.

»4 300 Gramm«, rief die Hebamme. 53 Zentimeter lang – ein strammer Bub.

»Herzlichen Glückwunsch!« Professor Herrschlein schüttelte mir die Hand.

»Wie soll der Bub heißen?«

»Johannes.«

Ein Junge mit schwarzem lockigen Haar, die roten Rosen von Oma und Opa standen bereits auf meinem Nachtschränkchen. Mutter hatte mich begleitet. »Jederzeit, Susi«, hatte sie noch am Abend zuvor gescherzt, als sie mit Vater von einem Konzert im Schloßgarten-Hotel zurückgekommen war, »jederzeit, nur nicht heute Nacht, ich bin so müde, ich muss schlafen.« Genau in der Nacht hatten die Wehen aber eingesetzt. Ob es wirklich ein Junge sei, fragte Vater zuerst Mutter und dann mich am Telefon, um dann allen Verwandten und Freunden stolz die Geburt seines Enkelsohnes zu verkünden. Und Mutter strickte eiligst die erste Garnitur für ihr Enkelkind weiter, ein blauweißes Jäckchen mit passender Mütze für die erste Fahrt vom Krankenhaus nach Hause.

Am nächsten Morgen, nur mit Mühe konnte ich die Augenlider öffnen, kam die Schwester und brachte mir zum ersten Mal mein Kind zum Stillen. Glück empfand ich in diesem Moment. Alles andere war unwichtig, die Umstände, was die Leute sagten, dass der Vater fehlte. Ich war glücklich über dieses Lebewesen, das ich im Arm halten durfte. Diesen Moment habe ich nie vergessen.

»Ja gelt, du bisch uns dr liabschte Bueb' im ganse Kinderzimma …«, flötete sie und schaukelte das kostbare Bündel in den Armen. »So, tun Se jetz die Bruscht freimache, i leg an.« Mit Daumen und Zeigefinger, knöchern und kalt, zog sie die Brustwarze lang und drückte sie in den hungrigen Säuglingsmund. Sie kam täglich bis zum Tag meiner Entlassung. Einmal zeigte sie auf das dunkle Holzkreuz an der Wand: »A großes G'schenk isch des fei, dem Herrgott müsse Se danke!«, ermahnte sie mich.

Sechs Jahre nach dem Deutschen Herbst und um dieselbe Jahreszeit war ich wieder auf der Solitude. Andere Themen beschäftigten die Deutschen in diesem Jahr: die gefälschten Hitlertagebücher, die Flickaffäre, das Waldsterben, die großen Proteste der Friedensbewegung gegen die NATO-Nachrüstung. Wir wohnten immer noch in diesem schönen Haus, und dieses Mal war es anders. Im Mittelpunkt standen ich und mein Kind.

Aber diese ruhigen ersten Tage, die ich trotz der besonderen Umstände immer als glückliche Tage in Erinnerung behalten habe, sollten nicht von Dauer sein.

Herr Meier von der *Bild-Zeitung* hatte angerufen.

»Ich beglückwünsche Sie zu Ihrem Enkelkind, Herr Ministerpräsident!«

»Danke, danke. Keine Story diesmal, Herr Meier. Nein, bitte, Herr Meier. Ich darf Sie bitten, von einer Berichterstattung abzusehen.«

»Er ist anständig, der Herr Meier, normalerweise«, sagte Vater. »Hin und wieder kriegt er von mir etwas. Für einen Beitrag. Aber diesmal nicht.«

Ich hatte Angst vor Fotografen, schon im Krankenhaus. Jedes Mal, wenn die Tür zu meinem Zimmer aufging – ich hatte extra meinen Namen nicht auf dem Türschild anbringen lassen –, erschrak ich. Die schlimmsten Schlagzeilen malte ich mir aus:

»Filbinger-Tochter, katholisch, entbindet bei den Barmherzigen Schwestern! Kindsvater verschollen. Mutter und Kind wohlauf«.

Diese Schlagzeile habe ich nie in der Presse lesen müssen. Herr Meier hatte verstanden, dass diese Geschichte nicht in die Medien gehörte, und ich bin ihm bis heute dankbar dafür.

In der Zwischenzeit gewöhnte ich mich an mein neues Leben als Mutter, stillte dreimal in der Nacht und begann, mich für die Zeit als alleinerziehende Mutter vorzubereiten. Ich organisierte mir einen Babysitter und telefonierte mit Mr. Rosenman, dem New Yorker Rechtsanwalt, und begann, meine Fühler nach einem neuen Job auszustrecken.

Eines Abends, es war nach dem Weihnachtsfest, das wir im Kreis der Großfamilie gefeiert hatten, das neue Jahr 1984 hatte begonnen, bat mich Vater, in seine Bibliothek zu kommen. Alle waren zu Bett gegangen. Meistens, wenn es ernst wurde, traf man sich an diesem Ort. Ohne viel Umschweife kam er zur Sache:

»Liebes Kind«, hatte er gesagt oder ähnlich. »Jetzt musst du dich aufmachen! Zurück ins Leben und an die Arbeit, zurück in den Alltag, mitten hinein. Rasch.« Ich wusste selbst, dass ich zurück nach London gehen musste, doch allein hätte ich wohl nicht, oder noch lange nicht, den Mut dazu gefunden. Mein Vater hat das gespürt und mir mit seinen Worten den nötigen Impuls gegeben, was ihm nicht leichtgefallen sein kann. Dennoch erschrak ich, als Vater mir diese unangenehme Botschaft überbrachte.

Als ich all die Jahre später seinen Eintrag vom Tag unseres Abschieds lese, bin ich überrascht, wie offen er von seiner Sorge schreibt und seinen Zweifeln, dass ich es alleine schaffen könnte. Damals überspielte er sie mir gegenüber. Meine Mutter weinte bei unserem Abschied, telefonierte täglich mit mir in London und erkundigte sich, wie mein neues Leben überhaupt funktionieren konnte. Ich hatte meinen Eltern eine Vase mit Rosen hinterlassen und einen Dankesbrief.

Meine Arbeit bei AGEFI nahm ich für kurze Zeit wieder auf. Das war so vereinbart worden, doch es wurde bald deutlich, dass ich einen Rhythmus mit Nachtschichten und der Erschöpfung am Wochenende nicht mit einem Kind durchstehen konnte. Denn Nachtschicht hatte ich von da an immer, um tagsüber beim Kind sein zu können.

Bob hatte sich nur noch einmal bei mir gemeldet. Er hatte mir mitgeteilt, dass er seiner Verlobten, Pam, die Wahrheit gesagt hatte über uns. Dass er eine andere Frau lieben würde, dass sie ein Kind von ihm erwarte. Ein guter Freund habe ihm zu diesem Vorgehen geraten. Daraufhin habe Pam die Verlobung mit ihm gelöst. Was sollte ich sagen? Ich war traurig und froh zugleich, ich kann es nicht beschreiben, wie ich mich gefühlt habe. Pam tat mir leid, wie musste sie gelitten haben, als sie alles erfahren hatte. Aber was war mit mir? Und mit unserem Kind? War das nun doch eine Liebeserklärung gewesen?

Es war keine. Nach diesem Gespräch meldete sich Bob nicht mehr bei mir. Als ich in der Bank anrief, weil ich ihn sprechen wollte, erfuhr ich von seiner Versetzung in die New Yorker Zentrale von Merrill Lynch.

»So sorry Madam, he has left the bank to join our headquarters in New York!«

Nun, da ich mit dem Kind nach London zurückgekommen war, wurde mir klar, dass ich etwas tun musste. Hinnehmen, akzeptieren, dass er einfach verschwunden war, um sein Leben ungehindert fortzusetzen, das ging mir nicht in den Kopf. Das konnte und wollte ich nicht akzeptieren. Also gab es nur eine Alternative:

Handeln. Meine Eltern hatten Geld für Entbindung, Flüge, Babysitter und so weiter vorgelegt. Dieses Geld war nur geliehen und ich würde es ihnen zurückzahlen müssen. Für sie galt stets der Satz: »Wir sind immer da, wenn du fällst, aber wieder aufstehen musst du alleine.« Auch der Kredit für meine Ausbildung musste bald zurückgezahlt werden, die Bank machte schon Druck.

Wenn Bob sich nicht melden würde, gab es nur einen Weg: Mithilfe eines Rechtsanwaltes vorgehen und das bedeutete das Schlimmste: den Weg über das Gericht zu nehmen.

Mervin Rosenman von Gruber & Gruber, einer bekannten New Yorker Rechtsanwaltskanzlei, wurde eingeschaltet, als alle meine Versuche einer friedlichen Einigung nichts genutzt hatten. Rosenman plädierte für ein Verfahren in New York. Das sei nichts Außergewöhnliches, beruhigte er mich. Ich müsse nur einmal mit dem Baby vor Gericht erscheinen. Eine Woche New York. So what? Alles Weitere könne aus der Entfernung geregelt werden. Ich willigte ein, ohne zu ahnen, worauf ich mich einließ. Ich vertraute auf Rosenman. Heute bin ich anderer Meinung. Aber wer hätte damals voraussagen können, was in den folgenden Wochen, Monaten und Jahren geschehen sollte?

25 |

New York City war eisig an jenem Nachmittag. Kalter Wind blies mir ins Gesicht, als ich aus der Ankunftshalle des John F. Kennedy Airports trat, in einer Hand meine Reisetasche, in der anderen den Babykorb, und eines von den gelben New York Taxi Cabs herbeiwinkte.

Gruber & Gruber, 200 Madison Avenue, NY 1001 lautete die Adresse. Mit Mühe schaffte ich es, den Korb über den mit Schnee bedeckten Bordstein zu heben und zum Fahrstuhl zu tragen.

Die anberaumte Besprechung war sehr wichtig, sie diente der Vorbereitung des ersten Termins beim Gericht und dieser war bereits für den nächsten Tag vorgesehen. Es war alles vorbereitet, zeitlich eng durchgeplant, um meine Rückreise nach genau einer Woche zu ermöglichen.

»Did you have a good trip? How's the baby?« Mr. Rosenman, ein freundlicher älterer Herr mit grauem Haar, begrüßte mich, nahm einen Henkel des Babykorbes, ich den anderen, und führte uns in sein Büro. Der Kleine schlief, gottlob, und damit er nicht aufwachte und gestillt werden musste, während ich mit Mr. Rosenman verhandelte, hängte ich eine Stoffwindel über die Haube. »Pssst! Leise sprechen«, bat ich Mr. Rosenman.

Dann schaute ich mich zum ersten Mal in seiner Kanzlei richtig um, die Sicht aus dem Fenster, ich war schließlich gerade in New York angekommen. Doch mein Blick verfing sich sogleich auf einer Art Fotogalerie an der Wand und ich erkannte auch sofort, um was es sich handelte. Es waren alles Fotos von KZ-Häftlingen. Ausgemergelte Körper in gestreiften Kitteln. Am unteren Bildrand standen Jahreszahlen, und immer wieder der Name Rosenman. Alles Familienmitglieder. Umgekommen. Von Deutschen umgebracht. Und nun stand ich hier. Mir wurde heiß. Als ich fertig war, blickte ich ihn schweigend an.

Auch Mr. Rosenman schwieg. Schaute mich ernst an und zuckte mit den Schultern. Er zeigte auf den Babykorb, schob die Windel ein wenig beiseite und begutachtete das schlafende Kind.

»Oh my dear«!, lächelte er entzückt und konnte seinen Blick gar nicht mehr abwenden von dem Kind. »Now how do you pronounce his name again, Djohännis?« – »Yes«, antwortete ich, »Johannes.«

»Oh, that baby will be a source of great joy to you!«

Ich war gerührt und habe diese Worte nie vergessen. Und dann stellte ich sicherheitshalber noch einmal die Frage nach der Dauer unseres Aufenthaltes. »One week.« Keinen Tag mehr!

»Okay.« Kleidung und auch das Milchpulver würden reichen. Für eine Woche genau hatte ich vorgesorgt.

»Please have a seat, Miss Filbinger.«

Mr. Rosenman nahm den Hörer des Telefons ab und bat einen Kollegen, zur Besprechung hinzuzukommen. Bob würde bei dem Termin morgen auch erscheinen müssen, sagte er mir, und dann begann das Gespräch darüber, wie man vorgehen wolle, um an Unterhalt zu kommen, die Vaterschaft anerkannt zu kriegen, mit welcher Strategie man ansetzen wolle. Es kamen schließlich noch mehr Anwälte und ich wurde mit ernsten Mienen und viel Fachjargon konfrontiert: petition, respondent, witness, affidavit, Court Order, Begriffe, die ich zwar übersetzen konnte, aber deren Tragweite ich nicht verstand. Das allerdings sollte sich noch ändern. Ich war müde. Inzwischen war es später Nachmittag geworden, draußen dämmerte es, und das viele Hupen des Rushhour-Verkehrs von Manhattan war zu hören. In Europa war es jetzt schon nahezu Mitternacht. Schließlich war die Sitzung beendet. Ich konnte gehen und mein Hotel aufsuchen. Längst war es Zeit zum Stillen. Wie durch ein Wunder hatte der Kleine die ganze Zeit über geschlafen, oder hatte er gewusst, um was es ging? Man sollte sie nicht unterschätzen, die Intuition dieser kleinen Wesen.

Nacht war es inzwischen über Manhattan geworden, die Sirenen von Ambulanzen und Notarztwagen zogen ihre schrillen Klanglinien durch die Stadt. Ich wollte nur noch schlafen, der folgende Tag würde anstrengend werden, das war klar.

Die Nacht verlief allerdings anders als erwartet, ich schlief kaum. Der Zeitunterschied hatte die Stillzeiten komplett durcheinandergebracht, auch in den nächsten Tagen sollte das so bleiben. Johannes war nachts wach und schlief tagsüber. Das bedeutete zig Mal aufstehen, Windeln wechseln, Schnulli suchen, Liedchen singen, Körbchen schaukeln.

Am nächsten Morgen wartete Mr. Rosenman schon in der Hotelhalle. Wir nahmen ein Taxi. Den Babykorb stellten wir hinten auf die Rückbank. Rosenman nahm vorne neben dem Fahrer Platz. Ein Farbiger mit dicker Wollmütze, an einen überdimensionalen Eierwärmer erinnerte sie mich, saß am Steuer. »60 Lafayette Street, please, Family Court of New York!«, gab Rosenman dem Fahrer an. Der ließ laut seine Musik laufen und sein Kaugummi schmatzend im Mund herum kreisen. Bum, bum, bum … tönte es aus dem Lautsprecher, daran änderte auch die Plexiglaswand zwischen Fahrer und Rückbank nichts. Mein Herzschlag war mindestens genauso laut. Ich begann zu zittern, mein Gaumen war trocken, trocken wie ein Stück Stoff fühlte er sich an. Schweißrinnsale liefen aus meinen Achselhöhlen in Richtung Rockbund, der sie aufnahm. Ich hätte mich im Schnee wälzen können und es hätte mich nicht abgekühlt.

Gemeinsam trugen wir den schweren Babykorb die breite lange Treppe zum Gerichtsgebäude hinauf.

Ich sah ihn eintreten. Fast ein Jahr lang waren wir uns nicht begegnet. Er kam mit Marvin Schwartz, seinem Anwalt. Kein Blickkontakt.

»Are you okay?« Mr. Rosenman schien besorgt. Wie ein Roboter bewegte ich meinen Körper. Setzen, aufstehen, antworten, Namen buchstabieren, wieder setzen. Wieder liefen die Rinnsale.

Wenn ich später an diese Stunden zurückdachte, die Szenen wie auf einer alten Filmrolle zurückspulen ließ, packte mich die Wut. Nach Schreien war mir zumute. Schütteln, einmal durchschütteln und ihn aufwecken. An den Haaren packen, hin und her rütteln, den »Kopf waschen«. Einfach schreien. Hier, guck! Dein Kind! Dein Fleisch und Blut! Nicht mehr und nicht weniger!

»I wanna make a lot o' money«, hatte er gesagt. Es war noch nicht so lange her. In Hampton Court, dem vornehmsten Wohnviertel, wohnte er damals. A lot of money. Aber nicht für Babybrei und Pampers! Um seinen Bestand in Barschaften zu verringern, wie es Mr. Rosenman ausdrückte, hatte Bob noch schnell ein Haus für 400 000 US-Dollar gekauft.

Statt meinen Emotionen einmal Luft machen zu können, kam ich mir damals eher vor wie fremdgesteuert, wie deplatziert in einem schlechten Film. Vom Gericht wurden Namen, Adressen und sonstige mir belanglos erscheinende Daten aufgenommen. Dann kam als Erstes das Plädoyer von Mervin Rosenman. Ein starker Auftritt. An die genauen Worte erinnere ich mich nicht, aber an die Kraft seiner Stimme. Das hatte ich bei Vater gelernt. Wenn etwas richtig war, von Grund auf richtig, dann spürte man das, es überzeugt. Diese Kraft konnte man an der Stimme hören und an den Gesichtszügen und der Gestik ablesen.

Marvin Schwartz, Bobs Anwalt, jünger als Rosenman und sehr gut aussehend, erhob sich und erwiderte. Mit Ablehnung und einem Gegenantrag: Das New Yorker Gericht sei nicht zuständig, die Klägerin stamme aus Europa, da gehöre sie hin, samt ihrer Geschichte und ihren Ansprüchen. Dies hier sei weder die Zeit noch der Ort, um über Unterhalt zu befinden.

Dieses hohe Haus, Euer Ehren, müsse eine wichtige Entscheidung treffen. Der Fall müsse in London entschieden werden. Noch einmal, mit noch mehr Nachdruck wiederholte er seine wie mit einem Schleifstein scharf gewetzten Sätze. Ein Auftritt voller Wortgewalt und meisterhafter Rhetorik. Damit hatte ich nicht gerechnet. Ich war platt, anders kann ich es nicht sagen. Ich lehnte mich zurück und da war sie wieder, jene bleierne Müdigkeit, die mich jedes Mal überfällt, wenn ich überfordert bin, überfordert und verzagt. Der Richter hatte aufmerksam zugehört, eine Stenografin hatte alles mitgeschrieben. Entschieden wurde nicht. Er vertagte. Auf einen späteren Zeitpunkt, hieß es. Alles Weitere würde schriftlich mitgeteilt. Wir waren entlassen.

Zu Bob und seinem Anwalt sah ich schon gar nicht mehr hin. Meine verstörten, fragenden Blicke erwiderte Mr. Rosenman nur mit Achselzucken. Wie ein Priester vor dem Segen breitete er seine Hände aus, was heißen sollte: Keine Ahnung, ich kann nichts dafür.

One week, hatte er gesagt. »One week?«, flehte ich. Das Baby mitbringen und zurück nach Hause. Kleidung, Pampers, Geld für genau eine Woche hatte ich dabei. Zwei Still-BHs, die hellblauweiß gestreifte Bluse mit der verdeckten Knopfleiste, einen dunkelblauen Wollrock und ein paar Strampelhosen.

Wie zwei begossene Pudel verließen wir das Gerichtsgebäude und winkten ein Taxi herbei. »What now? What does it mean? How long do you think …?«, löcherte ich ihn.

Was hatte diese völlig unerwartete Wendung nun zu bedeuten? Mein Rückflug würde verfallen, mein Geld nicht ausreichen, vom letzten Monatsgehalt hatte ich die Reisekosten bezahlt, die Unterkunft im Hotel konnte ich mir nun unmöglich weiter leisten. Ein schwarzer Tag ging zu Ende und wieder einmal lernte ich, was es bedeutet, wenn alles anders läuft als erwartet, als vorhersehbar. Nichts in meinem Leben war vorherzusehen. Für Wochen und Monate des Jahres 1984 blieb es so.

26 |

Als sich der erste Schock gelegt hatte, beschloss ich, aus der Not eine Tugend zu machen und Bekannte und Freunde anzurufen, immer noch in der Hoffnung, dass der Richter eine schnelle Entscheidung zu meinen Gunsten fällen würde. Die Hoffnung stärkte mich, ich war optimistisch und im Übrigen froh darüber, jede freie Minute mit meinem Kind verbringen zu können. Es waren die ersten Wochen und Monate, und ich wusste, wie wichtig sie für eine tiefe Bindung zum Kind waren und was das für die Zukunft meines Sohnes bedeutete. In dieser Zeit fing ich an, lange Briefe zu schreiben. Zwischen den Stillzeiten setzte ich mich hin und ich stellte fest, dass es mir gut tat, die Ereignisse zu Papier zu bringen, sie auf diese Art loszuwerden. Ich fühlte mich besser und schöpfte neue Kräfte für den kommenden Tag.

Am 4. März, wenige Tage nach dem Termin vor Gericht, schrieb ich an meine Eltern:

»Meine liebe Mami! Mein lieber Papi!

Nachdem sich die Dinge hier scheinbar doch in die Länge ziehen, will ich euch einen schriftlichen Zwischenbericht geben, damit ihr beruhigt seid. Nach den ersten drei Tagen, die ich in Manhattan verbrachte und euch über das ›Gerichtliche‹ telefonisch informiert habe, habe ich durch Thomas Seaman alte Freunde aus London aufgetrieben. Das war ein Volltreffer und hat mich für mindestens 1½ Wochen gerettet […] Roland und Patricia Poczka. Er ist halb Russe, halb Deutscher, sie Engländerin, sie wohnen außerhalb im Grünen und haben zwei Kinder (2 Jahre und

3½ Monate). Ich verbrachte die meiste Zeit damit, mit Patricia zusammen zu stillen, die Babys zu baden und im Kinderwagen spazieren zu fahren. Manchmal bei eisigem Wind an der Küste des Atlantiks gegenüber von Long Island. Abends haben wir gemütlich beisammengesessen und so war ich völlig abgelenkt.

Im Übrigen bin ich im täglichen Telefonkontakt mit Rosenman, G. Lacey und Howard Kast. Sie helfen mir, wenn der gerichtliche Weg versagt. Aber ich bin optimistisch und glaube, dass die Entscheidung durch den Richter nur ein wenig Zeit braucht. Auch habe ich mit einigen Banken Kontakt aufgenommen und Russel Reynolds, eine Headhunting-Firma, wegen eines Jobs hier oder in London.

Johannes ist überall im Mittelpunkt. Er mag besonders die farbigen lachenden Frauen und flirtet heftig. Aus den Strampelhosen wächst er langsam heraus und bald kommt der erste Zahn!!! Letzte Woche haben wir ihm die Haare gestutzt. Im Übrigen genieße ich es, den ganzen Tag und die Nacht durch, wenn nötig, Johannes alleine versorgen zu können. Ich glaube, er ist ganz zufrieden mit seiner Mami, er lacht jedenfalls immer und schwätzt so goldig vor sich hin.

Ab Samstag wohne ich in Manhattan bei Graham Lacey. Telefon: 212–688 79 55.

Es grüßt euch
eure Susi«

Es vergingen Tage und Wochen, ohne dass Post vom Gericht eintraf. Täglich rief ich bei Gruber & Gruber an, gespannt, ob endlich eine Nachricht für mich da sei.

Dass ich einmal sogar mit dem Kind ins Gericht gefahren bin und vor der Tür des Richters einen Sitzstreik begonnen habe, hatte ich vergessen. Mein rebellischer Geist war mit mir durchgegangen. Die Idee mag sich vielleicht ganz lustig anhören oder sogar mutig, aber in den USA machte das überhaupt keinen guten Eindruck. Durch Vaters penible Mitschrift der Ereignisse ist es mir wieder eingefallen, auch, dass Vater für ein paar Tage nach New York kam, um die Dinge mit mir durchzusprechen. An den

Tatsachen änderte es leider nichts. Und ich musste mir wieder eine neue Bleibe suchen.

Die folgenden Wochen verbrachten wir bei Familie Dentzer in Larchmont, Nachbarn meiner Freunde Roland und Patricia Poczka, die sich – nachdem sie von meiner Lage erfahren hatten – erbarmten und uns Herberge gewährten. Dentzers hatten fünf erwachsene Kinder, wie in unserer Familie. Der Vater, Bill Dentzer, Politiker, war als Demokrat in der Regierung von John F. Kennedy in einflussreicher Position gewesen.

Als Johannes seinem »Moseskorb« allmählich entwuchs, holte Celia Dentzer eine große Schublade aus ihrem Kleiderschrank, leerte deren Inhalt und polsterte Boden und Wände mit Quilts, die sie selbst genäht hatte. Das neue »Bettchen« wurde mit Kissen und einer Wolldecke versehen und auf zwei Hockern direkt neben meinem Bett aufgestellt. Nun gab es genug Platz zum Strampeln.

Ardith Campbell Dentzer, die drittälteste Tochter des Hauses, mit der ich mich sofort verstand, wurde Patentante. Sie taufte ihn »My-Hannes« und beschenkte ihn mit Stofftieren. Zwischen Ardith und mir entwickelte sich eine dicke Freundschaft, 27 Jahre hat sie gehalten, bis Ardith im November 2010 nur wenige Tage nach Johannes' Geburtstag im Alter von 52 Jahren an Lungenkrebs verstarb. Sie hatte furchtbar viel geraucht und immer, wenn ich mit ihr in den letzten Jahren telefonierte oder mailte, versprach sie mir, damit aufzuhören. Ihr Auftreten stellte im Übrigen für mich gelegentlich eine wirkliche Herausforderung dar. Wenn sie, die ihr Haar feuerrot färbte, lauthals ihre emanzipatorischen Ansichten über den Tisch hinwegposaunte, verkündete, dass Männer gefälligst zu zahlen hätten für die Pille, Spirale und Tampons und dann alle Arten von Binden aufzählte, Carefree, Safe Way …, deren Preise und Verbrauch auf das Jahr hochrechnete, dann wurde es schon manchmal peinlich. Stieß ich sie unter dem Tisch mit dem Fuß an, dann begann sie erst recht laut loszulegen.

24.3.1984

»Liebe Eltern!

Vor zwei Tagen habe ich die Entscheidung vom Richter erhalten. Eine gute Nachricht: Der Prozess soll in New York geführt werden und die Blutgruppentests sollen sofort vorgenommen werden, auf Kosten von Bob. Gott sei Dank!

Leider hat der Richter einen Fehler begangen, indem er seine Entscheidung u. a. damit begründet hat, dass ich in N. Y. wohnhaft sei, was kaum zu behaupten ist. Dieses hat jedoch der Gegenseite Grund genug gegeben, erneut Einspruch zu erheben. Die Entscheidung soll angefochten werden mit der Begründung, ich sei nur hier zum Zwecke des Prozesses. Daraufhin habe ich alles in Bewegung gesetzt, um eine ›Green Card‹ zu bekommen. Sie ist Voraussetzung für eine Arbeitsstelle […] und Wohnsitz […]

Morgen ist wieder ein Termin vor Gericht und so Gott will, wird er abgelehnt.

Ich melde mich wieder.

Bleibt gesund für euer Enkelkind, sicher wird es ein Bergsteiger mit amerikanischem Akzent.

eure Susi«

Tatsächlich wurde jener Einspruch abgelehnt und das bedeutete, dass die Unterhaltssache in den USA verhandelt und entschieden würde. Eine baldige Rückkehr nach London wurde immer unwahrscheinlicher und allmählich begann ich, mich damit abzufinden. Ich beschloss, die Flucht nach vorne anzutreten und mich auf Arbeitssuche zu machen.

Vor Gericht hatte Bobs Anwalt in dessen Anwesenheit offiziell die Vaterschaft anerkannt. Das Gericht erließ demzufolge eine »Order of Paternity«. Was den Unterhalt anging, so gab es allerdings keine Einigung, die Richterin, die nun mit meinem Fall befasst war, eine äußerst unangenehme Person, zwang mich sogar, das Kind während der Verhandlung nach draußen zu bringen, die Anwesenheit des Kindes im Gerichtssaal verstieß angeblich gegen geltendes Recht.

Inzwischen hatte Bill Dentzer mir signalisiert, dass die Zeit unserer Herberge leider ein Ende haben müsse, was nur verständlich war, denn über sechs Wochen hatten wir schon in seinem Haus mit seiner Familie gewohnt. Also griff ich wieder zum Telefon. Diesmal fanden wir Asyl bei Doug und Ann Holladay, jenen amerikanischen Freunden, die mir Vater damals in seinem Brief ans Herz gelegt hatte. Sie wohnten in Arlington in der Nähe von Washington. Das bedeutete zwar einen Ortswechsel, aber in Washington gab es gute Fachleute für das Problem, an eine Arbeitsgenehmigung zu kommen.

27 |

Es war nun Anfang Mai und ein neuer Abschnitt meines amerikanischen Abenteuers begann. Dieses Mal war die Luft feuchtheiß, die mir beim Verlassen des Flughafens entgegenschlug. Ich schob den türkisfarbenen Buggy vor mir her, unser Hab und Gut in zwei Taschen gepackt, über je eine meiner Schultern gehängt.

Auf dem George Washington Parkway, einer Schnellstraße parallel zum Potomac River, dem großen Fluss, der die Hauptstadt von Arlington trennt, gelangten wir in unser neues Zuhause.

Johannes wurde sofort krank. Er bekam hohes Fieber und Husten mit Verdacht auf eine Lungenentzündung.

Am 21. Mai berichtete ich nach Hause:

»… nach zwei Wochen ist Johannes wieder auf dem Damm, und jetzt, da Karen, meine Nanny, da ist, bin ich wieder ein Mensch. Habe ein paar Nächte schlafen können und sie die Nachtwache halten lassen. Alle zwei Stunden ist er aufgewacht, konnte kaum schnaufen und mittlerweile haben wir hier 30 Grad Celsius und es ist wahnsinnig feucht […]

Letzte Woche war ich beim IWF, habe ich mich offiziell beworben, obwohl die Chancen gering sind. Na ja, man weiß nie.

[…] Rosenman hat genug von der Klage und will die Sache vom Tisch haben. Er hat letzte Woche Druck gemacht und ein Quasi-Settlement herbeigeführt: Es bedeutet US$100 pro Woche unter der Bedingung, dass ich der Vereinbarung zustimme und später, wenn ich nachweisen kann, dass Johannes mehr kostet, wieder vor Gericht gehe, aber mit einem neuen Anwalt. Ich hab hin und her überlegt, abgewogen. Schließlich hat Bob aber für mich unannehmbare Zusatzforderungen gemacht:

keine Anwaltsgebühren für Rosenman zu übernehmen, später kein Geld für Schule etc. für Johannes zu zahlen [...]

Dieses Feilschen hat mir den Rest gegeben. Ich will eine Entscheidung vor Gericht haben (sammle sowieso seit Monaten Belege für alles). Ich habe entschieden, dass eine ›subpoena duces tecum‹ angeordnet wird. Das ist eine Veranlassung vom Gericht an Merrill Lynch, Bobs sämtliche finanzielle Ressourcen offenzulegen, ein in der Tat hartes Instrument. Aber das wollten wir ja immer.

Im Übrigen hat die Richterin am 25.4. gesagt, $50 seien genug für Pampers und Milch. Dann sind aber $100 nicht genug für Kleidung, Nanny oder Daycare, Krankenversicherung, Spielzeug, Transport, Ausgaben für einen Autositz, Laufstall, ein Dreirad etc. Daran, an dieser Aussage kann ich sie packen.

Im Übrigen, wer kann behaupten, es sei gerecht, dass ich mit Schulden und Arbeitslosigkeit genauso viel beitragen muss zur Versorgung, wenn Bob im Geld schwimmt und allein im April $15000 an einen Freund überwiesen hat, um seine Liquidität zu mindern. Er hat nämlich zu mir gesagt, dass sein Gehalt – US$100,000 pro Jahr – nur ›Pocket Money‹, also Taschengeld seien. Wo also sind dann seine anderen Einkünfte? [...]

So, das waren die letzten News und im Übrigen denke ich immer viel an euch und bete für euch mit dem kleinen Johannes, er ist mein Schutzengel. Der Doktor hat gesagt, er wird bald sitzen. Im Moment ist er in einem kleinen Laufstall, pest in der Gegend herum, zieht an Tischdecken, Pflanzen und hält laut Vorträge, um unsere Stimmen zu übertönen. Auch isst er Rindfleisch mit Gemüse, Schokoladenpudding und trinkt viel frischen Karottensaft.

Bis bald, Bussis, eure Susi«

Ich habe es Vater zu verdanken, dass ich all diese Unterlagen und Briefe nun doch noch habe, die Quittungen, Belege, die Akten, meine Briefe. Die Tatsache, dass ich davon erzählen kann, habe ich meinen Freunden zu verdanken. In dieser Zeit, in der ich nichts hatte außer meinem Kind, hatte ich Freunde. Und ich lernte wieder eine neue Art der Kultur kennen, miteinander zu reden, füreinander da zu sein. Und das, was einen belastet, einfach auszusprechen. Insbesondere bei den Freunden von der Fellowship lernte ich, dass man ohne Vorbehalte von seinen Sorgen erzählen konnte, und niemand rümpfte die Nase oder sah einen von der Seite an. Das war eine sensationelle Entdeckung, und es war ganz anders als in Deutschland und auch als in London, wo es in fast allen Gesprächen um eine Art gesellschaftliches Ranking gegangen war. Bei diesen Menschen, mit denen ich hier zusammentraf, brauchte ich mich weder zu schämen, dass ich ledig war, noch dass ich weder Geld noch Wohnung hatte. Das machte mir Mut, gab mir Kraft und so machte ich mich verstärkt auf Jobsuche.

Als einen der Ersten suchte ich Klaus Ringwald in der Deutschen Botschaft auf. Und prompt bekam ich einen Namen und eine Adresse: Mr. Richard V. Allen. »Das ist der ehemalige Sicherheitsberater von Ronald Reagan, ein Freund von Henry Kissinger und Zbigniew Brzezińsky. Er hat enge Verbindung zu Kongress und Senat«, erklärte mir Ringwald. Ich stutzte. »Und da soll ich hin? Meinen Sie?« – »Warum denn nicht? Gehen Sie zu ihm. Machen Sie einen Termin, er spricht fließend Deutsch. Gilt als sehr einflussreich in der politischen Szene. Außenpolitischer Berater von Richard Nixon. Kennt Helmut Kohl und Franz J. Strauß. Hier bitte, seine Telefonnummer!«

Und so machte ich mich auf den Weg.

Sixteenth and I Street, North West, sollte ich dem Taxifahrer sagen. So hatte es mir die Sekretärin erklärt. Sie hieß tatsächlich Mrs. Kindness. Im dritten Stock befinde sich das Büro von Mr. Allen. Ich möge mich an der Pforte melden und würde dann abgeholt. Für 10 Uhr sei das Gespräch vorgesehen. Ich wurde in eine Art Wartezimmer gebeten, das für amerikanische Verhältnisse edle Mobiliar fiel mir sofort ins Auge, gedämpftes Licht aus zwei

Stehlampen. Ein Mann namens Kenneth Sheffer stellte sich mir vor, schmächtige Statur, braves Bubigesicht, die Haare glatt nach hinten frisiert.

»Welcome to Washington, well I hope you had a good trip over here! So how long are you here for, Mrs. Filbinger? What brings you here this morning …« eine Litanei von Small Talk-Fragen. Damit kannte ich mich aus. Ich entschied mich für Gegenfragen, sehr wohl spürend, dass man mich vielleicht einfach nur testen wollte. Übrigens, auch eine der Techniken, die ich bei Vater abgeguckt hatte. Schließlich erschien Richard Allen, wahrscheinlich mit Absicht verspätet, damit wächst die Bedeutung. Und es war ein wirklicher Auftritt:

Eine elegante Erscheinung, das silberne Haar fein säuberlich in einen Seitenscheitel gekämmt, randlose Brille mit dicken Gläsern, dunkelblauer Sommeranzug aus Gabardine mit einem hellblauen Hemd. Dazu eine dunkelblaue Krawatte, bedruckt mit kleinen roten Elefanten, dem Symbol der Republikanischen Partei.

Er bat mich in sein Arbeitszimmer, nahm hinter dem großen Schreibtisch Platz und bot mir einen Sessel an. Kenneth Sheffer nahm ebenfalls Platz, einen Notizblock auf den Knien.

Nach den üblichen Höflichkeiten und »how is your father«, erkundigte er sich nach meinem Anliegen. »What are you here for?«

Ohne große Umschweife kam ich zur Sache und schilderte ihm meine Lebenssituation. Dass ich dringend Arbeit suchte, um Geld zu verdienen. Ken Sheffer wurde aus dem Büro hinausgebeten und Allen stellte präzise Fragen, machte sich Notizen, telefonierte, erwähnte einen Experten für Arbeitsgenehmigungen, einen »Immigration Attorney« namens Mario Noto und versprach, sich bei mir zu melden. Ich war angenehm überrascht, bedankte mich und machte mich auf den Heimweg.

Am nächsten Tag schrieb ich an meine Eltern:

»Über Klaus Ringwald habe ich einen Termin mit Richard Allen gehabt – gestern –, der sich über eine Stunde mit mir unterhalten hat, nachdem ich ihm, auch auf Rat von Doug Holladay, meine Situation offen und ehrlich geschildert habe. Er war voller Zustimmung und Respekt für meine Entscheidung und will mir helfen. Er hat mich mit einem Immigrationsanwalt in Verbindung gebracht, der eventuell in zwei bis drei Monaten eine Arbeitserlaubnis beschaffen kann. Allen erwähnte auch, dass Franz J. Strauß in Washington ein Büro hat, das als Informations- und Verbindungsstelle dient und Kontakte zu CIA und Regierung unterhält, um die jeweilige politische Lage zu analysieren. Er hat mich gefragt, wie gut du, Papi, zu Strauß stehst und vielleicht wird jemand gebraucht in diesem Office.«

Aber Richard Allen kam meinem Vater zuvor. Alles ging sehr schnell. »Dick Allen here«, meldete er sich am Telefon bei mir. Er habe sich die Sache überlegt, mit seiner Frau darüber gesprochen und beschlossen, mir ein Angebot zu machen: für die Mitarbeit in seiner Unternehmensberatung, für Geschäftsanbahnung mit deutschen Technologiefirmen, für Geschäfte in Asien. Ich würde eng mit ihm zusammenarbeiten, er wolle sein Deutsch aufpolieren, zunächst befristet auf drei Monate, bis die Frage des Visums geklärt sei. Dann könne man weitersehen.

Was mit dem Baby sei, ob ich Betreuung habe, fragte er. Ja, die hatte ich zum Glück …

Gleich am Montag in der folgenden Woche könne die Arbeit beginnen. Mrs. Kindness wird da sein. Beginn 9 Uhr. Er selbst habe Termine, dann ein Interview mit *NBC Nightly News,* dann Mittagessen im University Club mit einem japanischen Kunden. Am Nachmittag finde sich sicher ein Moment für eine kurze Einführung, ein Rundgang durch die Büroräume und Vorstellung bei den Mitarbeitern … Er redete schnell und mit durchdringender Stimme.

Meine Ohren waren glühend heiß, als ich den Hörer auflegte.

Natürlich habe ich sofort zugesagt. Thank you, Mr. Allen. Thank you very much!

Umgehend rief ich zu Hause an, jetzt konnte ich mir ein Telefongespräch ja auch leisten.

Als ich Vater von diesem Erfolg berichtete und den Namen sagte: »Stell dir vor, bei Richard Allen!«, hörte ich ein scharfes Zischen am anderen Ende. Ich kannte dieses Geräusch, Vater zog die Luft durch die Zähne und ich wusste auch, was es hieß: Vorsicht, Vorsicht.

Er hatte Allen bei einem Vortrag in dem von Vater gegründeten Studienzentrum Weikersheim erlebt. »Der Allen ist einer, der muss immer Erfolg haben«, sagte er. Ich dachte: Na, wenn schon. Ich habe einen Job.

Von nun an war mein Leben zweigeteilt. Der neue Job hielt mich vom ersten Tag an in Atem, denn Richard Allen entpuppte sich als ein Tausendsassa. Er war Unternehmer, Banker und Politiker, Autor und Redner zugleich. Dazu ein Vater von sieben Kindern, der alles selbst in die Hand nahm. »I dial my own telephone numbers, drive my own cars and build my own houses«, so brachte er sein Lebensmotto auf den Punkt.

Seine Agenda, Reisen und Reden, beschäftigte ein großes Team von Mitarbeitern, demzufolge standen die Telefone und Tastaturen auch in seiner Abwesenheit nicht still.

Frühmorgens lieferte der Kurier ein braunes Kuvert mit Tonbändern von Diktaten ab, in wenigen Stunden musste alles fertig sein. Änderungen und Ergänzungen gab der Chef per Telefon im Laufe des Tages durch. Lücken tauchten im Terminkalender selten auf. Auf kleinen weißen Karten von etwa acht mal zehn Zentimetern Größe, gerade so, dass sie immer griffbereit in die Tasche seines Blazers passten, war das gesamte Tagesprogramm fixiert, vom Arbeitsfrühstück um 7 Uhr im University Club bis zum Dinner spät am Abend.

Schnell gewöhnte ich mich daran, jeden Tag das jeweils Wichtigste von dem, was er mir auftrug, in Stichworten zu notieren, denn Nachfragen, Missverstehen oder Vergessen war tabu. Tägliche Memos mit Statusberichten, wenn möglich Erfolgsmeldungen, das erwartete er nach Büroschluss. Am nächsten Morgen fand ich sie in meiner In-Box, mit Fragen, Kommentaren oder Kritik versehen.

Als er schließlich einen Moment Zeit hatte für die mir angekündigte Einführung in die Arbeit und das Büro, zeigte er mir als Erstes seine Fotogalerie. »Schauen Sie hier! Kennen Sie diesen Herrn?« Er zeigte auf Helmut Kohl und Ronald Reagan. »Ich war es, der zu Reagan damals vor der Wahl 1978 sagte: ›Wenn Sie, Mr. Governor, Präsident der Vereinigten Staaten sein werden, wird Helmut Kohl Bundeskanzler sein.‹ – ›Also‹, hat Reagan entgegnet, ›dann muss ich Helmut Kohl treffen.‹«

Daraufhin hatte Allen im November 1978 eine Reise nach Paris, London und Bonn arrangiert, zu Gesprächen mit François Mitterrand, Margaret Thatcher und Helmut Kohl. Bei einem Aufenthalt in Berlin hatte Reagan an der Mauer Halt gemacht und spontan, in Hörweite seiner Begleiter, gesagt: »Wir müssen einen Weg finden, dieses Ding niederzureißen.« Als Dick Allen mir dies alles erzählte, war ich beeindruckt.

Zu Hause gaben sich die Babysitter die Klinke in die Hand. Mehr oder weniger sollte das auch in den folgenden Jahren so bleiben. Sie kamen aus dem Allgäu, um die englische Sprache zu erlernen und den Duft der großen weiten Welt zu schnuppern. Zu Beginn des Jahres traten sie ihren Dienst an, sie blieben für die Dauer eines Jahres und dann drehte sich das Au-Pair-Karussell, inklusive Einarbeitung, von neuem. Wie viel Esslöffel Milchpulver für eine Flasche, wie viel Tassen Wasser auf eine Tasse Reis, wie viel Pulver für einen guten Kaffee gebraucht wird, wie man sich in den riesigen Supermärkten zurechtfand, Freizeit und Freunde organisierte und Tröstung fand, wenn das Heimweh allzu sehr schmerzte. Bis der Alltag wieder in gewohnten Bahnen verlief, verging oft ein halbes Jahr und dann begann schon die Suche nach einer Nachfolgerin.

Mutter war ich zwischen Feierabend und Nachtgebet und so

gut es ging an den Wochenenden. Das schlechte Gewissen, das weiß jede Alleinerziehende, wird zum steten Begleiter, entweder wegen noch unerledigter Arbeit im Büro oder dem Gefühl, nie genug Zeit für das Kind übrig zu haben.

»Mami, pielen!«, bettelte Johannes, wenn ich zur Tür hereinkam. Noch im Mantel zog er mich so fest an der Hand, bis ich alles stehen und liegen ließ. Vor Erschöpfung legte ich mich auf den Teppichboden, stützte den Kopf mit der rechten Hand auf, um die Linke für das nun folgende Spiel frei zu haben. Mittlerweile hatte sich unser Fußboden in einen Parkplatz für Spielzeugautos verwandelt und alles, was Krach machte, Sirenen, Karambolagen und Motorradgeheule, stand auf dem Programm. Es kann durchaus sein, dass ich dabei für kurze Momente sogar wegnickte, ich weiß aber auch, dass mich manchmal das pure Glück durchströmte. So hatte ich es mir nämlich vorgestellt, damals in München, als ich die Biografien erfolgreicher, unabhängiger Frauen las. Alleinerziehend wollte ich freilich nicht sein, aber einen spannenden Beruf und ein wonniges Kind, Freunde und ein aufregendes Leben, alles zusammen, das schon.

In New York beim Familiengericht gingen derweil die Verhandlungen weiter. Immer wieder landeten Anwaltsbriefe, Kostennoten, Gerichtsbescheide im Briefkasten. Die Tage vor Gerichtsterminen gelang es mir kaum, nachts zu schlafen. Stundenlang lag ich wach, grübelte und versetzte mich geistig in den Gerichtssaal vor meine Feindin, Sarah P. Schechter, die Richterin in der Lafayette Street, und simulierte die nächsten Verhandlungen, um nur ja keinen Fehler zu machen. Wenn alles vorbei war, gönnte ich mir einen Spaziergang durch die Stadt, bis zum berühmten Spielwarenladen Schwartz auf der 5th Avenue und kaufte ein Mitbringsel für Johannes. Dann ging es wieder heim nach Washington.

Eines Morgens, ich war vertieft in meine Arbeit, hörte ich merkwürdige Geräusche, die ich nicht zuordnen konnte. Ich stand auf, ging an mein Fenster und blickte hinunter auf die Straße, konnte aber nichts Auffälliges entdecken. Ich hielt inne und lauschte. Eine Männerstimme. Schreie. Dann wieder Stille. Und jetzt ging es richtig los:

»God damned, son of a bitch, God damned! God, God, God … damned!« Allen brüllte so laut, dass es überall zu hören war. Es folgte ein dumpfer Knall. Etwas fiel zu Boden, ein Möbelstück. »God damned!«

Auf einmal flog die Tür meines Büros auf und rammte gegen die Wand. Mrs. Kindness stand vor mir. Aufgelöst, die Hände vor dem Gesicht: »Oh my God! He's slamming everything around!«

Manuskripte und Akten flogen in die Ecken, die Unterschriftenmappe mit der Korrespondenz. Was nicht niet- und nagelfest war, schleuderte er zu Boden.

Keiner wagte sich hinaus auf den Gang oder in den Waschraum. Wie Hasen in ihrem Stall, hatte sich jeder in seinem Büro verkrochen. Allen fluchte, abwechselnd donnerten Papierstapel, Kartons oder größere Gegenstände zu Boden. Und es nahm kein Ende.

Irgendwann wurde es dann doch still, der Sturm schien sich gelegt zu haben. Ich wagte mich in sein Büro und traute meinen Augen kaum. Wenn uns allen der Schrecken nicht noch in den Knochen gesessen hätte, dann hätte man jetzt lauthals lachen müssen. Denn nun holte Richard V. Allen sein Minigolfset aus Plastik hinter der Tür hervor, das er auf dem Flughafen Narita gekauft hatte, zog den Golfschläger raus und kickte die kleinen weißen Bälle über den grauen Teppichboden seines Arbeitszimmers. Als sei nichts gewesen, er spielte. Es kehrte wieder Ruhe ein. Mrs. Kindness half später beim Aufräumen.

29 |

»Inside the beltway« arbeitete ich also jetzt und mit diesem Begriff ist nicht nur der Ort gemeint, der Distrikt Washingtons, der von der sechsspurigen Interstate 495 eingerahmt wird, mit diesem Begriff ist der innere Zirkel der Macht gemeint, die Politik, die Verhandlungspartner, die Lobbyisten, auch Medienvertreter. Es war interessant und neu für mich zu sehen, wie hier in den USA gearbeitet wurde. Die Revolving-Door-Praxis, als fliegender Wechsel könnte man sie bezeichnen. Politiker, die ihr Amt, aus welchem Grund auch immer, niederlegen, erhalten zum Beispiel dadurch die Möglichkeit, in die Wirtschaft zu gehen, sie gelten dann als Berater und können auch wieder zurück in die Politik. Im Unterschied zu reinen Ministerialbürokraten haben sie viele Erfahrungen und natürlich Einfluss auf beiden Seiten. Auch die sogenannte Bipartisanship lernte ich hier kennen. Da ging dann eben ein Republikaner mit einem Demokraten Golf spielen, um sich über das anstehende Thema auszutauschen. Solche Gepflogenheiten kannte ich aus Deutschland nicht.

Richard Allen hatte seine Company schon während seiner Zeit als Sicherheitsberater in der Regierung Ronald Reagan gegründet, ausgebaut hat er sie danach und ganz selbstverständlich agierte er weiterhin im Beltway.

Der Anlass zu seinem Rücktritt aus dem hohen Amt war aus Japan gekommen und wurde von zwei Journalisten ausgelöst, die Richard Allen einen weißen Briefumschlag mit tausend Dollar und zwei Armbanduhren als Geschenk für die Vermittlung eines Interviews mit Nancy Reagan überreicht hatten. Das Interview war zustande gekommen und Uhren und Dollars landeten »versehentlich« in einem Bücherschrank in seinem Office. Er aber, so behauptete Allen, hatte angeordnet, die Geschenke unverzüglich dem Finanzministerium zu übergeben, vorschriftsgemäß. Diese Weisung sei jedoch nicht ausgeführt worden. Eines Tages entdeckte ein Mitarbeiter die Uhren und das Geld in besagtem Möbelstück und die Sache gelangte an die Öffentlichkeit. Unterschlagung lautete der Vorwurf, der ihm gemacht wurde. Wochenlange Debatten und Spekulationen in den Medien hatte er ausgelöst, bis Allen schließlich sein Amt zur Verfügung stellte. Viele Wochen oder gar Monate später, als die Wogen sich geglättet hatten, veröffentlichte das amerikanische Justizministerium das Ergebnis seiner Untersuchung: … dass nämlich »kein Zusammenhang hergestellt werden könne zwischen der Vermittlung des Interviews und den Geschenken.«

Im August 1984 wurde mir vom Immigration and Naturalization Service eine Arbeitserlaubnis erteilt, und zwar für die Dauer eines Jahres mit der Möglichkeit zur Verlängerung. Es war eine Sensation!

» […] damit haben wir etwas erreicht«, berichtete ich am 15.8. an meine Eltern, *»was von jedermann als die Quadratur des Kreises und für völlig ausgeschlossen bezeichnet wurde. Ich habe aufgeatmet. Habe mit Allen noch gar nicht sprechen können. Er ist auf der Republican Convention, dem großen Wahlparteitag der Republikaner, auf dem Reagan für die Wiederwahl im Herbst kandidieren wird. Werde nun mit Allen einen Vertrag aushandeln und, hoffentlich noch in dieser Woche, die Finanzen regeln.*

Na ja, also ist man schon wieder einen Schritt weiter. Habe sofort mit Bonnie Josephs in N. Y. telefoniert, damit können wir das nächste Hearing beantragen. Bob und sein Anwalt werden nicht schlecht gucken, wenn sie das erfahren […]«

Am 6. September, zwei Wochen später, folgender Bericht an meine Eltern:

»Vor ein paar Tagen haben wir wieder agiert vor Gericht, um die Anwaltskosten, die in den vergangenen Monaten angefallen sind (US$13 000, inklusive der $2 000, die ihr mir geliehen habt), einzuklagen. Es war ein harter Kampf, mit vielen Schriftsätzen, hin und her. Habe Kopien angefordert für euch, denn es würde zu weit führen, hier auch nur eine kurze Zusammenfassung der jüngsten Episode zu liefern. […]

Von den $250,00 plus $77,25, die ich von Allen bekomme pro Woche, werden folgende Ausgaben gemacht: Babysitter $120, Strom, Gas und Telefon betragen $40,00; Essen, für Babymilch und Pampers $85, also insgesamt $245,00, und das ist absolutes Minimum. Dazu kommen Transportkosten, Taxis zum Arzt, Friseur, Arztrechnungen und Medikamente […] wovon diese Ausgaben bezahlt werden sollen […] Als Nächstes muss ich die Wohnungssuche in Angriff nehmen, denn Ende Oktober müssen wir das Haus von Ringwalds verlassen […]

[…] Auf jeden Fall scheint sicher zu sein, dass ich mindestens für ein Jahr hier bleiben muss und nun arbeiten kann bei Richard Allen. Nach Deutschland zurückzukehren, plane ich vorerst nicht.«

Tatsächlich blieb ich noch acht weitere Jahre in den USA, erlebte das Ende des Kalten Krieges zwischen den beiden Supermächten, den beginnenden Dialog zwischen Reagan und Gorbatschow bis zum Fall des Eisernen Vorhangs und der deutschen Wiedervereinigung. Zunächst aber bekam ich noch Einblick in all das, was mit der Rüstungsindustrie zu tun hatte. In Washington gaben sich die Lobbyisten und Vertreter von Großkonzernen bei den politischen Entscheidern innerhalb des Beltways die Klinken in die Hand.

Richard Allen erhielt einen Auftrag von McDonnell Douglas, den Jagdbomber F/A-18 Hornet an die südkoreanische Luftwaffe (die Republic of Korea Air Force) zu verkaufen. McDonnell Douglas war damals, noch vor der Fusion mit Boeing, einer der weltweit größten Hersteller von zivilen und militärischen Flugzeugen. Der Konkurrent, die Firma General Dynamics, stellte die als F-16 bekannte Version her, ein Mehrzweckkampfflugzeug, das für vielerlei Aufgaben eingesetzt werden konnte. Meine Aufgabe bestand darin, an Sitzungen teilzunehmen, Protokolle darüber zu erstellen und Richard Allen über neueste Entwicklungen auf dem Laufenden zu halten. Da ich fließend französisch spreche, beauftragte er mich damit, einmal im Jahr zur Internationalen Air Show nach Le Bourget bei Paris zu fahren. Ich stattete den Kunden Besuche ab, traf mich mit den Projektverantwortlichen und informierte mich über die neuesten technologischen Entwicklungen. Gelegentlich spielte ich auch ein wenig Mata Hari, es schöpfte ja niemand Verdacht, wenn eine Frau sich äußerst lange in einem Pavillon umsah, nicht um die vorgestellten Neuheiten zu bewundern, die jedem zugänglich waren, sondern um genauestens zu prüfen, wer dort vorstellig wurde und wie lange mit wem sprach und ob diese Herren auch zu uns kamen. Dick war mit meinen Informationen stets sehr zufrieden.

Um erfolgreich in der Firma zu sein, reichte das allerdings nicht aus, deshalb hatte ich in der Zwischenzeit meine Fühler ausgestreckt, alte Kontakte mobilisiert und eigene Kunden angeworben. Ein deutsches und ein Unternehmen aus der Schweiz machten den Anfang. Die Firma König AG aus Zürich baute für die Schweizer Armee Leichtbau-Unterstände aus Wellblech und beauftragte uns, eine Strategie für deren Verkauf an die amerikanische Armee, die NATO und Südkorea zu entwickeln und umzusetzen.

Aber auch große zivile Projekte waren Teil unseres »Client Portfolios«. Bei einem Treffen mit Franz Josef Strauß stand das Interesse bayerischer Unternehmen an Großprojekten in Japan und den Tigerstaaten Südkorea, Taiwan und Hongkong auf dem Programm. Zwei Vorhaben hatten Priorität: der Export von Helikoptern von Messerschmidt-Bölkow-Blohm (MBB) für den zivilen Einsatz und der Hochgeschwindigkeitszug ICE. Als Hersteller der Triebköpfe und Entwickler einer innovativen Rad-Schiene-Technologie, mit der insbesondere in Kurven sehr hohe Geschwindigkeiten erzielt werden konnten, verfolgte Siemens das Programm der koreanischen Regierung mit großem Einsatz. Die Konkurrenz des französischen TGV war nicht untätig und mobilisierte alles an Verkaufspotenzial, sandte hochrangige Regierungsvertreter nach Korea und eröffnete ein Büro vor Ort.

Besuche von MBB, Siemens und Panavia in Seoul fanden regelmäßig statt, bei denen Verhandlungen mit Militärs und Regierungsvertretern aus dem »Blue House«, dem Regierungssitz in Seoul, geführt wurden. Dick kannte alle inklusive Chun Doohwan, den damaligen Präsidenten. Seine politischen Kontakte hatte er sorgsam kultiviert und auch das Verständnis für die jeweilige Kultur der Geschäftspartner. Sein Wissen und seine Kontakte rührten noch aus der Zeit der Nixon-Regierung, für die er die Grundlagen einer neuen amerikanischen Außenpolitik entwickelt hatte.

Was man heute im Smartphone und auf dem Laptop hat, sammelte ich damals auf den sogenannten »Contact Sheets«. Klein und eng geschrieben, waren hier alle wichtigen Kontakte vom Präsidenten bis zum Hotelboy nach Ländern und Städten sortiert, Adressen und Telefonnummern ständig aktualisiert; als eine Art Handbuch diente es uns für das politische Geschäft in den Hauptstädten und finanziellen Nervenzentren rund um die ganze Welt.

30 |

Meine erste Geschäftsreise nach Asien führte mich nach Seoul. Nach außen wirkt diese Stadt modern, vom Koreakrieg fast völlig zerstört, findet man nur wenige traditionelle, an die alte Geschichte erinnernde Bauwerke. Doch hinter den modernen Fassaden, den Hochhäusern und dem westlichen Flair verbergen sich Traditionen, von denen ich gleich zu Beginn eine Kostprobe bekam. Und wie sollte es anders sein, es ging um das Essen.

»Kommen Sie mit?«, fragte mich mein Kollege Klaus Rettig von Panavia, während er seine Unterlagen nach einer Sitzung zusammenpackte. Ich war nicht eingeladen gewesen, ließ mich aber überreden, obwohl ich mich auf einen frühen Abend im Hotel Shilla gefreut hatte, um mein Schlafdefizit aufzuholen.

Nichts ahnend – und ich hätte es besser wissen müssen – fuhr ich mit Klaus und seinem Kollegen Rolf Riccius zum Chaegundam Restaurant im Stadtteil Insadong, nicht weit vom Zentrum Seouls entfernt.

In einem separaten Raum war eine lange Tafel gedeckt. Der Tisch war aus rot lackiertem Holz mit breiten roten Hockern davor, auf denen bunt bestickte Seidenkissen lagen.

Mir wurde mulmig, als ich nur männliche Wesen unter den Gästen sah und einen Schwarm koreanischer Frauen, die liebreizend lächelten und sich immer wieder tief verneigten. Am liebsten hätte ich mich auf dem Absatz umgedreht, doch bevor ich die Flucht ergreifen konnte, wurde ich schon zu Tisch gebeten.

Die Herren der Schöpfung hatten bereits Platz genommen, flankiert von je einer der bildhübschen Koreanerinnen. Im Fersensitz hockten sie auf den Seidenpuffs, in ihren eleganten Hanboks, der koreanischen Landestracht. Frauen-Hanboks bestehen aus einem langen Gewand, das vom Brustansatz bis hinunter auf den Boden fällt, und einer kurzen, Bolero-ähnlichen Jacke, die »Tsoburi«-Jacke, die darüber getragen wird. Die hellen, fast knalligen Farben der Hanboks der anwesenden Damen, das war mir bekannt, bedeuteten, dass sie unverheiratet waren. Meine Vermutung schien richtig zu sein: Ich war fehl am Platze!

Und kaum gedacht, begannen die Damen auch schon, die ihnen zugeteilten Herren unserer Delegation zu füttern. Mit eleganten flinken Bewegungen jonglierten sie die kleinen Happen oder besser gesagt, länglichen Kohlstreifen des marinierten Kimchi – dem koreanischen Nationalgericht – am oberen Ende der elfenbeinfarbenen Essstäbchen direkt aus der Schüssel und steuerten sie, ohne dass auch nur ein Fädchen herabfiel, bis in die breiten deutschen Münder hinein. Während die Happen zermalmt wurden, spießten die Damen die nächste Ladung auf und das Manöver begann von vorne. Noch nie hatte ich eine solch groteske Essprozedur miterlebt. Laut schlürfende Chinesen, die ihre Nudelsuppe mit Stäbchen inhalierten, indem sie den Kopf tief in die dampfenden Porzellanschüsseln eintauchten, waren sonderbar genug für uns Europäer. Aber diese auf mich entwürdigend wirkende Verköstigung übertraf alles kulturell Eigenartige, was ich bisher in Asien erlebt hatte.

Auch Franz Josef Strauß war an diesem Abend mit dabei. Er saß mir schräg gegenüber, eingerahmt von den beiden hübschesten Exemplaren, die wie Porzellanpuppen aussahen. So nah hatte ich ihn noch nie vor mir gesehen. Er redete ununterbrochen auf sein deutsches Gegenüber ein, der dicke Leib wogte auf und ab, dabei schien er sich nicht im Geringsten durch die »Fütterung« aus der Ruhe bringen zu lassen.

Schließlich wurde auch ich gefüttert, was mir so peinlich und unangenehm war, dass ich meiner Tischdame alsbald gestillten Hunger signalisierte, um die Tortur abzukürzen. Nach den asiatischen Höflichkeitsregeln kam dies mit Sicherheit einem Affront gleich. Ob diese Vermutung richtig war, habe ich nicht feststellen können. Ab und zu schielte ich vorsichtig nach links und rechts oder zu meinem Gegenüber, wollte aber nicht von den Anwesenden dabei ertappt werden, unter welchem Schock ich stand.

Wie der Abend für die anwesenden Herren genau endete, habe ich nicht erfahren, außer dass angeblich nur wenige ein Taxi zum Hotel bestellt haben sollen, sondern sich anschließend mit ihrer Koreanerin »zurückzogen«. Nur von Strauß weiß ich, dass er nicht zurückblieb im Chaegundam.

Klaus begleitete mich auf der Rückfahrt zum Hotel Shilla. Wie mir der Abend gefallen hätte? Er habe sich gut amüsiert und das Essen habe ihm vorzüglich geschmeckt, aber die Sitten für hinterher, die würde er sich sparen. Ich ließ mich über den Geschmack und den Geruch von Kimchi aus; was ich tatsächlich dachte und fühlte, sagte ich nicht. Selbst bei meinen Landsleuten war es besser, zu schweigen und nicht seine Meinung kundzutun, das hatte ich inzwischen gelernt.

Die nächste Station, und so sollte es auch auf allen folgenden Asienreisen sein, war Taipeh, die Hauptstadt der Republik Taiwan. Alles, was ich bis dahin über Taiwan wusste, war, dass es sich um eine eher unbedeutende Insel handelte im Vergleich mit China, dem Reich der Mitte, dem riesigen Markt, auf dessen Öffnung der Westen sehnsüchtig wartete.

Nun, zehn Jahre nach meinem ersten Besuch in China, kam ich auf diese Insel, gemeinsam mit einem amerikanischen Geschäftsmann, um Kriegsschiffe zu verkaufen. Deutsche Fregatten, in einer Hamburger Werft entwickelt, die für die Verteidigung gegen den »großen Bruder« China, eingesetzt werden sollten, der jeden Tag zuschlagen könne, wie es die Taiwanesen fürchteten.

Ein Marathon von Terminen stand uns bevor, den wir in nicht mehr als zwei Tagen bewältigen mussten. Zwischendurch Protokolle anfertigen, Berichte nach Washington senden und neue Termine vereinbaren. Vertreter aus der Regierung treffen, führende Militärs und Wirtschaftsbosse, und zum Abendessen zu Y. C. Wang, dem Gründer der Formosa Plastics Group, und seinen vielen Töchtern.

Unser Hotel, das Grand Hotel Taipeh, lag etwas außerhalb auf einem Hügel, ein 14-stöckiger Palast mit goldenen Dachziegeln. In der ebenso riesigen wie düsteren Hotelhalle thronte gleich gegenüber des Eingangs eine überlebensgroße Bronzestatue von Chiang Kai-shek, dem Gründer und ersten Präsidenten der Republik. Im Kampf gegen Mao und die Kommunisten hatte er Anfang der 1950er Jahre verloren und war mit seinen Anhängern auf die Insel geflohen.

In meinem Zimmer – wir sollten immer die gleichen Nummern bekommen, Dick in 908, ich war in 910 und Ken Sheffer etwas weiter entfernt am Ende des Korridors – empfing mich ein prächtiges Gebinde mit Lilien und Orchideen, meinen Lieblingsblumen. Immer wieder musste ich mich über die Blumen beugen, um das köstliche Parfum zu inhalieren. Ich wollte bleiben, riechen, immer wieder aus dem Fenster sehen, den Blick auf den Keelung-Fluss genießen, die Dschunken in der Abendsonne vorbeiziehen sehen. Ich war müde und erschöpft, meine Kleider klebten am ganzen Körper, aber an Feierabend war noch lange nicht zu denken. Hastig riss ich den Koffer auf, zog etwas Passables zum Anziehen heraus, da klopfte es auch schon an der Tür. Es war Dick. »Put lipstick on«, kommandierte er mich, als wir zum Lift gingen. Ich fand es unpassend, holte aber den Lippenstift aus meiner Tasche, Paloma Picasso-Rot, die Farbe für jede Gelegenheit, und fuhr mir über die Lippen. Seit geraumer Zeit schon hatte ich bemerkt, dass etwas anders war an seinem Verhalten mir gegenüber. Etwas, das über das rein geschäftliche Verhältnis hinausging.

Unsere damalige Kontaktliste – sie liest sich wie ein Who's who in Taiwan. Darauf standen, in Rubriken eingeteilt: Government, National Assembly, Office of the Prime Minister, Press und eine Auswahl taiwanesischer Unternehmen. Circa dreißigmal Chang und Chen, vierzigmal Koo und Fu, fünfzigmal Lee und Yeh habe ich auf der Liste gezählt. Fred Chen, unser erster Termin an diesem Abend, empfing uns am Fahrstuhl im ersten Stock des Außenministeriums. Er war Harvardabsolvent, sprach perfektes Englisch und seine schwarzen Haare trug er so akkurat gescheitelt, dass man die schlohweiße Kopfhaut leuchten sah.

»Hello Mr. Allen, how are you? Welcome to Taipei.« Er verbeugte sich, scherzte ein wenig über das Wetter und führte uns in sein Büro zu einer Sitzgruppe, wo er uns bat, Platz zu nehmen.

Dick schwang ein Knie über das andere, zupfte den Stoff seines Hosenbeins zurecht und holte sein silbernes Schreibzeug aus der Westentasche. Das blaue Ringbuch, DIN-A4-Format, lag auf seinem Oberschenkel parat. Noch kurz vor der Abreise sei er im Weißen Haus gewesen und habe über die Sicherheitslage in Taiwan gesprochen. Neueste Informationen wurden ausgetauscht, zur Lage in Festlandchina, den asiatischen Nachbarn, die Wiederwahl von Präsident Reagan im November 1984 und was sie für die Welt bedeuten würde. Nach einer tour d'horizon durch die politischen Brennpunkte der Welt kamen endlich die Geschäfte zur Sprache: die MEKO 360.

Blohm und Voss aus Hamburg, die größte deutsche Werft, hatte uns den Auftrag erteilt, eine Strategie für den Verkauf der MEKO an die Taiwanesische Marine zu entwickeln. Es ging um ein Milliardenprogramm für den Bau dieser Kriegsschiffe mit sogenannter Mehrzweck-Kombination. Je nach Bedarf konnte man sie als Patrouillenschiffe, Korvetten, Fregatten oder Zerstörer einsetzen, mit verschiedenen Waffensystemen ausstatten und in unterschiedlicher Baugröße herstellen, den Wünschen und der geopolitischen Situation des Landes angepasst, in das sie exportiert werden sollten. Argentinien, Portugal, Griechenland und die Türkei hatten sie bereits angeschafft.

Deutsche Rüstungsgeschäfte mit Taiwan waren jedoch aus politischen und rechtlichen Gründen nur schwer durchsetzbar. Der Bundestag musste abstimmen und würde bei einer Zustimmung einen Affront gegenüber der Regierung in Peking riskieren. Das war unter der Regierung von Helmut Kohl unwahrscheinlich.

Also mussten andere Wege beschritten werden. Umwege über die USA. Die MEKO sollte auseinandergenommen werden, in Einzelteile zerlegt, in zivile und militärische, und dann nach Taiwan exportiert werden. Jahrelang beschäftigten wir uns mit diesem Projekt. Alle nur möglichen Varianten wurden eruiert und jeden Taiwanbesuch widmeten wir der MEKO, bis sie eines Tages auf Sand lief.

Es war merkwürdig: Ich war bei den größten Rüstungsgeschäften dabei, erlebte mit, wie Milliardensummen verhandelt wurden und auch, was gemacht wurde, damit diese Geschäfte zustande kamen. Mit meinem eigenen Lebensstandard hatte das alles wenig zu tun, der bewegte sich nach wie vor auf niedrigem Niveau, ein amerikanisches Gericht sprach das letzte Wort darüber.

Von weit größerer Brisanz ist für mich heute allerdings die Tatsache, dass ich, wenn auch selbst nicht unmittelbar aktiv, in Geschäfte mit Rüstungsgütern involviert war. Es gab Gründe dafür, ich war froh, dass ich einen Job hatte und mich und mein Kind ernähren konnte. Aber geht es nicht um etwas Grundsätzliches, mit dem ich mich hätte auseinandersetzen müssen? Handelte ich nicht auch hier gegen meine eigentlichen inneren Werte und Grundsätze, in dem ich direkt oder indirekt Unterstützung für einen Krieg leistete, der Unschuldige das Leben kosten könnte? Hatte ich nicht einfach Glück, dass das Geschäft mit der König AG damals nicht zustande kam, die Wellblechunterstände nicht während des Golfkriegs in der Wüste errichtet wurden? Nein, ich habe nicht aktiv daran mitgewirkt, dass ein Mensch zu Tode kam. Dennoch bin ich vielleicht zu sorglos mit diesem hochsensiblen Thema Rüstung umgegangen.

Jener Tag damals in Taipei endete mit dem Besuch bei Y. C. Wang in der Tung Hwa Road, dem Gründer und Inhaber der Formosa Plastics Group, einem Konglomerat aus 100 Firmen. Sportschuhe für Nike, Rechner für Dell, Waschmaschinen für General Electric produzierte sie. Alles für den Export in die ganze Welt.

Y. C. Wang war inzwischen achtzig Jahre alt, sprach nur Mandarin und ließ jedes Wort von seinem Sohn dolmetschen. Vor dem Abendessen, das wieder einmal nicht endete, weil unzählig viele Speisen aufgetragen werden mussten, bat er uns in einen großen rechteckigen Besprechungsraum. Er begrüßte uns, stellte seine Familie vor und hielt lange, lange Monologe, bei denen er uns nicht ansah. Es folgte die Übersetzung und der Monolog wurde fortgesetzt.

Es war spät, als wir ins Grand Hotel zurückkehrten. Am nächsten Tag war Abreise, davor hatten wir noch drei Termine auf dem Programm. Ich sehnte mich nach Ruhe und Schlaf. Als ich den Flur im 9. Stock entlangging, stutzte ich: Die Tür von Zimmer Nummer 908 stand offen, weit genug, dass Licht in den stockfinsteren Hotelflur fiel. Eine Einladung an mich einzutreten. Ich blieb stehen, ließ die Hand in der Tasche stecken, aus der ich gerade den Schlüssel ziehen wollte, um keine Geräusche zu verursachen. Eine Weile lang verharrte ich. Nichts war zu hören. Schließlich zog ich den Schlüssel heraus, so leise wie möglich schob ich ihn ins Schloss, drehte um und zog die Tür hinter mir zu. Allein – endlich. Und dann nahm ich den Duft wieder wahr, Lilien und meine Orchideen. Wie eine Wolke von kostbarem Parfum, Opium von Yves Saint Laurent, das ich mir erst viel später leisten konnte, betörte er mich. Wie süchtig beugte ich mich hinunter, steckte die Nase tief in den Blütenkelch, um mein Depot des süßen Duftes aufzufüllen. Erschöpft sank ich auf mein Bett und streckte die dick geschwollenen Füße auf dem kühlen Bettlaken aus.

31 |

Mich den Avancen meiner Kollegen zu entziehen fiel mir in der Regel leicht, auch wenn ich glaube, dass ich es zumindest einmal zu spüren bekam, stets konsequent nein gesagt zu haben. Mir aber war mein Privatleben, das Leben mit dem Kind, so kostbar und wichtig, und obendrein nahm es den ganzen Rest der Zeit ein, dass ich mich auf keinerlei Flirt einlassen konnte oder wollte. »Du hattest die ganze Zeit über keinen Freund in Amerika?«, fragte mich meine Tochter einmal vor kurzem. Ich hatte darüber bis dahin noch nicht einmal nachgedacht. »Ja«, antwortete ich, »dafür war einfach kein Raum.« Vielleicht, so dachte ich, brauchte ich aber auch diese Zeit als Schutz für mich, um zu mir selbst zu finden, mir meiner selbst sicherer zu werden.

Ich hatte inzwischen für mein Kind und mich ein richtiges, eigenes Zuhause gefunden. Obendrein hatte dieses Haus auch noch einen wunderschönen Namen, dem es einen Vogel zu verdanken hatte. Wie alt dieser Vogel war, woher er kam und wie lange er bereits im Garten des backsteinziegelroten Hauses seine Heimat gefunden hatte, habe ich nie erfahren. Er gehörte zur Familie der Rotkardinale und blutrot war auch tatsächlich sein Federkleid. Immer wieder sorgte er für Gesprächsstoff bei den Hausbewohnern. »Have you seen him?« – »Is he still alive?« – »Oh my God, let's hope he's still around!« Wie einen Schutzpatron verehrten ihn die Bewohner des Cardinal-Hauses.

Frühmorgens, an den Wochenenden, ich war schon wach, hörte

ich den schrill klingenden Tönen des seltenen Vogels zu oder seinem gleichmäßigen tock, tock, tock, wenn er seinen Schnabel an einer Baumrinde stutzte. Sah ich aus dem Fenster, entdeckte ich ihn sofort, sein rotes Gefieder verriet ihn. Selbst im grellen Herbstlaub konnte ich ihn ausmachen.

An die Zugvögel dachte ich, als ich ihn zum ersten Mal sah. In meiner Heimat und in nördlichen Gefilden Europas machten sie sich auf den Weg in den Süden, wenn es draußen kalt wurde. Aber hier, auf dem Breitengrad von Tunis oder Lissabon, war das anders. Bis Ende Oktober oder November zeigten die Temperaturen noch über 30 Grad Celsius und die Luftfeuchtigkeit war hoch. Der »Indian Summer« brachte kurz vor Einbruch des Winters immer noch einmal ein paar unerwartet warme Tage und die Farben der Herbstblätter leuchteten intensiver als sonst. Aber auch im Winter war der Himmel über Washington meistens blau, die Sonne schien fast immer oder jedenfalls öfter als in London, sogar an bitterkalten Januartagen, wenn der »wind chill factor« nahezu 100 Prozent betrug.

Ich setzte mich an den runden Esstisch, eine Tasse dampfender Kaffee stand neben mir, und schrieb den ersten Brief von dort an meine Eltern. Auch heute ist es für mich die schönste Stunde des Tages, morgens früh, mit Papier und Schreibgerät …

»Seit einer Woche bin ich in meiner neuen Wohnung, besitze einen Schlüssel und bin mein ›eigener Herr‹. Nach dem Zigeunerleben der letzten 18 Monate ist das ein schönes Gefühl. Viele Möbel gibt es zwar noch nicht, außer zwei Betten, einem Tisch und vier Stühlen, die mir Freunde geliehen haben. Am Wochenende kam Ardith Dentzer aus New York mit einem vollbepackten Wagen mit Geschirr und Kleinkram für die Küche!

Die Präsidentschaftswahlen waren ein großer Erfolg für Reagan, aber darüber wird euch Richard Allen erzählen.

Gestern bekam ich wieder eine freundliche handschriftliche Botschaft von einem gewissen Herrn aus New York, der plötzlich einen liebenswürdigen Kurs eingeschlagen hat.

[...] im Übrigen freuen wir uns auf das Fest am 16. Dezember und das Weihnachtsoratorium [...]«

Immer wieder lag Post aus New York im Briefkasten. Wenn ich vom Büro nach Hause kam, fand ich sie vor, die Briefe von den Anwälten, von meiner Erzfeindin, der Richterin Sarah Schechter und von Bob.

Manches Mal schickte uns Bob jetzt aber auch freundliche Briefe oder Notizen und ab und zu rief er sogar an. An einen Anruf erinnere ich mich noch bis heute. Es war an einem Abend im Cardinal House. Johannes krabbelte auf dem Boden im Wohnzimmer herum, da stellte mir Bob eine Frage, die ich bis heute nicht begreife: Warum ich denn so einen weiten Weg auf mich genommen hatte, über das Gericht, über New York, von Europa nach Amerika? Einen solch mühevollen Weg habe ich auf mich genommen, fand er. Es hätte doch eine Lösung gegeben zwischen uns. Er hätte uns doch unterstützt. Ehrlich! Das sei doch selbstverständlich für ihn gewesen. Sonnenklar! Ich weiß nicht mehr, was ich darauf antwortete. Aber dass ich anfing zu zittern, das weiß ich noch genau, und gefragt habe ich, wann er denn endlich seinen Sohn einmal besuchen kommen würde.

Eines Tages, so berichteten es mir Freunde, sei er, Bob, von New York nach Arlington gefahren. Wahrscheinlich um uns zu besuchen. Das sei sicher gut gemeint gewesen, sagten die Freunde. Und dass er tatsächlich da gewesen sei. Er habe sein Auto vor der Tür geparkt und von außen durch die große Glasfront neben der Eingangstür hineingeschaut. Und da habe er Johannes und mich in der Lobby gesehen, beim Fangen und Versteckspielen hinter den Möbeln, den Sesseln, Sofas und den Blumenkästen mit den Plastikblumenarrangements. Wir mussten dort rumgetobt sein und er sich die Nase an der Scheibe plattgedrückt haben. Ohne hereinzukommen. Er sei sofort wieder nach New York zurückgefahren.

»That's my Daddy«, rief Johannes, wenn wir im Fahrstuhl gemeinsam mit anderen Hausbewohnern in den vierten Stock fuhren. In seinem Buggy sitzend, ein Kuscheltier im Arm, zeigte er abwechselnd auf wildfremde Männer, die dicht gedrängt um uns herumstanden, mit Aktenkoffern in der Hand oder einer braunen Einkaufstüte aus dickem Packpapier mit den Lebensmitteleinkäufen für die Familie.

Bei mir rannen dann wieder die Schweißrinnsale aus den Achselhöhlen und die kurze Fahrt schien eine halbe Ewigkeit zu dauern. Wenn der Aufzug endlich anhielt, stürzte ich hinaus, so schnell ich konnte.

Es mag sich seltsam anhören, aber den Glauben daran, dass der Daddy meines Sohnes eines Tages doch noch zu uns kommen würde, gab ich nicht auf. Ich weiß nicht warum, vielleicht, weil es Kraft gab.

32 |

Im Frühjahr 1987 veröffentlichte Vater sein Buch *Die geschmähte Generation*. Insgesamt drei Auflagen sollte dieses Buch erleben. Seit seinem Rücktritt hatte Vater damit begonnen, die Geschehnisse aufzuarbeiten, seine Rehabilitation zu verfolgen und dieses Buch zu schreiben.

Eine Wissenslücke habe er schließen wollen, heißt es im Klappentext des Buches, über die Generation, die gezwungen war, »nicht nur in Hitlers Staat zu leben, sondern auch den Zweiten Weltkrieg zu bestehen hatte. Es ist eine geschmähte Generation, die für die Sorge bestimmter Kreise in der Welt und im eigenen Land herhalten musste, wir Deutsche könnten unsere Haftung für die durch Hitler geprägte Vergangenheit abschütteln, wenn man uns nicht Schuldgefühle tief und dauerhaft im Bewusstsein verankern würde.«

Seine Stellungnahme hier zeigt, dass mein Vater eine persönliche Schuld nicht anerkennen wollte. Im Vorwort des Buches betonte er dennoch, dass es sich nicht um »eine Rechtfertigung« handele, es sei ihm vielmehr »… über der Vertiefung in die Materie klar geworden, wie wenig die Geschichte der Kriegsgeneration und der ihr vorausgegangenen Generation bisher bekannt ist«. »Der Lebenskreis, der hier beschrieben wird«, erläuterte er weiter, »stellt nur einen bescheidenen Ausschnitt aus der Generation dar, die den Zweiten Weltkrieg zu bestehen hatte. Doch ist dieser Ausschnitt eben auch ein Stück jener Wahrheit, in der wir leben«.

»Der *Osservatore Romano* wird eine Besprechung meines Buches bringen ...«, schrieb mir Vater, »womit dieses dann weltweit bekannt werden wird. Kardinal Ratzinger hat das veranlasst.«

Auch ich las das Buch. Und ich war zufrieden, denn ich hatte das Gefühl, dass er nun mit dem Thema abgeschlossen hätte. Und besonders gut taten mir Reaktionen auf das Buch wie die von Golo Mann, der in einem langen Artikel unter anderem urteilte, der Autor habe nicht etwas, sondern viel zu erzählen und er glaube ihm heute aufs Wort. Ähnlich auch der damals sehr kritische Friedrich Karl Fromme von der *FAZ*, der feststellte, die kraft Jahrgangs »Braven und Unbescholtenen hatten es leicht zu sagen, sie hätten es damals, wären sie nur schon auf der Welt gewesen, besser gemacht«. Ich dachte, dass Vater nun auch ein wenig zur Ruhe kommen würde, sich endlich wieder anderen Aufgaben und auch Mutter etwas mehr widmen konnte, die darunter litt, wie viel Energie er in das »Projekt Rehabilitation« steckte. Doch das, was Golo Mann zum Abschluss des Artikels schrieb, war Vater leider nicht beschieden. »Ein Wort des Trostes« wollte Golo Mann sagen und war der Meinung, »wenn noch immer Gram in seiner Seele wühlte, so mag er sich durch sein Buch *Die geschmähte Generation* davon befreit haben«.

Doch es gab auch kritische Auseinandersetzungen mit dem Buch, zum Beispiel im *Spiegel*. Das Auf und Ab des Filbinger-Barometers ging weiter. Auch nach diesem Buch stand es nicht still.

Als das Buch erschienen war, rief Vater verstärkt in Washington an. »Du, Susala, was machen die Geschäfte? Wie geht es und was macht Johannes?«, begann er, und ich ahnte schon, dass da ein Auftrag auf mich zukommen sollte. Und so war es: Ich sollte für die Übersetzung ins Englische sorgen und einen amerikanischen Verlag finden. Doch dazu kam es nicht, ich war inzwischen viel zu sehr mit meinem eigenen Leben beschäftigt, Johannes war zu diesem Zeitpunkt erst vier, sein Wohlergehen nahm meine ganze Aufmerksamkeit in Anspruch. Für solcherlei Aufträge blieb da keine Zeit.

Mein Leben hatte sich mittlerweile stabilisiert, das Gerichtsurteil war gesprochen, alle drei Monate kam nun ein Scheck per Post, Unterhalt für Essen, Wohnen und die Kinderbetreuung. Jedes Jahr kam ein neues Au-pair-Mädchen und einmal im Jahr – immer an Weihnachten – fuhren wir auf Heimaturlaub nach Deutschland. War ich nicht mit Dick auf Reisen, dann saß ich im Büro mit Blick auf das Weiße Haus mit seinen sechs Etagen, 132 Zimmern und 35 Bädern. »Da macht Reagan jetzt sein Nickerchen«, diese flapsige Bemerkung über den Präsidenten, der mal Schauspieler war, ging mir manchmal durch den Kopf, wenn ich unter hohem Termindruck stehend noch Expertisen für Richard Allen anfertigen musste. Ich erinnere mich an einen Tag, es muss Frühling 1989 gewesen sein, denn George Bush war schon Präsident, als ich einen unerwarteten Anruf bekam. Es war Ostermontag, ein Tag, an dem die Amerikaner arbeiten, doch im Weißen Haus hatte der Präsident die Kinder zum Egg-Hunting eingeladen. Diese Tradition geht bis ins 19. Jahrhundert zurück, es wimmelt dann von Kindern auf der Wiese vor dem Weißen Haus, ein riesiger »Bunny« tritt auf, die Kinder haben ihren Spaß. Das Telefon läutete, ich nahm den Hörer ab, am anderen Ende war das Kindermädchen: »Ei, isch han dem Bush grad de Hand gebbe«, posaunte sie stolz, »un der hat mit dem Johannes gebabbelt.«

33 |

Einen wesentlichen Anteil daran, dass es mir gut ging, hatten meine Freunde von der Fellowship, jene Menschen, denen ich auf Vaters Brief hin in England zum ersten Mal begegnet war. Und hier in den USA konnte ich deren Aktivitäten nun auch genauer kennen lernen. Dass für die »Familie von Freunden in Christus« die Bibel im Vordergrund stand, das gemeinsame Gebet, dass sie für Gläubige aller Konfessionen offen war und zusammenkam ohne Bürokratie, ohne Struktur oder Hierarchie gar, erstaunte mich anfangs sehr. Noch mehr allerdings die Tatsache, dass dies alles innerhalb des Beltways stattfand. Was hatte die Fellowship mit Politik zu tun? Ich erinnere mich noch genau daran, als ich den Gründer der Fellowship, Doug Coe, bei unserer ersten Begegnung danach fragte. »Was machen sie eigentlich?«, wollte ich von dem bemerkenswerten Mann wissen, der für mich in keines meiner bekannten Schemata passte, er hatte Physik studiert und traf sich mit den Präsidenten nicht nur der USA. »Well, I help people, I talk to people, about Jesus. I try to follow Jesus. That's about it«, gab er mir lakonisch zur Antwort. Ich begriff es nicht, aber da war ich keine Ausnahme, denn es ging den meisten Menschen so, die sich für dieses auch für Washington ungewöhnliche Phänomen interessierten.

Doug verstand es, Menschen zusammenzubringen, Politiker der unterschiedlichsten Couleur und auch der gegnerischen Parteien, das war und ist seine große Gabe. Der einzige gemeinsame Nenner sei die Person von Jesus Christus, sein Leben und sein Vorbild, erklärte man mir. Diejenigen, die sich zu diesem Kreis zählten, praktizierten »tithing«, privates Spenden des zehnten Teils vom Einkommen für wohltätige Zwecke. Noch wichtiger war aber, so glaube ich, das Zusammenkommen in kleinen Gruppen zur Andacht, zum Gebet, zu jener Form der Rückbesinnung, die man in diesem politischen Geschäft doch eigentlich so dringend brauchte. Die Einsamkeit, unter der Politiker leiden – auch an meinem Vater hatte ich sie erlebt –, hier konnte sie aufgehoben werden. Und für diejenigen, die praktische Hilfe brauchten, gab es immer eine Anlaufstelle. Ich lernte hier eine neue Form des Glaubens kennen, eine angewandte, praktizierte, wirklich gelebte Form, und das überzeugte mich. Ein Christusbild, das den Kern des Christentums für mich ausmachte, wie Dietrich Bonhoeffer es einmal über die Person von Jesus Christus formuliert hatte: »Sein Wesen besteht darin, dass er für andere da ist. Er ist ein Mensch für die anderen. Er steht dort, wo wir nicht hin können, leistet Fürbitte für uns und schützt uns.« Das war der Geist, den ich in der Fellowship gefunden hatte. Noch heute, wenn ich mit Doug telefoniere, geht das Gespräch nicht zu Ende, ohne dass er mich fragt, ob er etwas für mich tun könne.

Durch diese Form des Zusammenkommens in kleinen Gruppen zum Gebet oder zum Gespräch entstand eine andere Art des Austausches, manchmal bildeten sich dabei Freundschaften, nicht selten unter denjenigen, die offiziell Gegner waren. Auch Hillary Clinton gab in ihrer Biografie an, dass sie hier eine Chance hatte, mit Menschen privat zusammenzukommen, mit denen ihr dies offiziell gar nicht möglich war und dass sie diese vertrauensvolle Rückzugsform schätzte.

Doug Coe glaubt an die Kraft des Gebets, bekannt wurde sein weltweiter Aufruf zum Gebet, bevor das Camp David-Abkommen 1978 zustande kam, er selbst hielt sich allerdings in der Öffentlichkeit lieber zurück. Ich weiß, dass es auch Vorwürfe gegen ihn gibt. Der Grat zwischen Überzeugung und Fanatismus ist schmal. Ich aber habe Coe als geistigen Beistand erlebt. Durch ihn fing ich an, mich tiefer nach meinen eigentlichen Werten zu befragen, über meine Arbeit nachzudenken und sie kritisch zu durchleuchten. »In die Stille zu gehen«, wie man vielleicht heute eher sagt, den inneren Raum aufzusuchen. In den USA fand ich diese Möglichkeit im Zusammensein mit der Fellowship, später, als ich wieder zurückging, nach Deutschland, suchte ich Kirchen und Kathedralen auf. Unsere alten Kirchen, die es ja so in den USA gar nicht gibt, sind heute die Räume der Einkehr für mich.

Das Beeindruckendste, was ich in Zusammenhang mit der Fellowship erlebte, war das sogenannte »National Prayer Breakfast«.

Einmal im Jahr, am ersten Wochenende im Februar, versammeln sich dreitausend Freunde der Fellowship, Gäste aus der ganzen Welt, zu diesem gemeinsamen Frühstück. Politiker aus der ganzen Welt werden eingeladen und auch der Präsident erscheint, ob Reagan, Bush, Clinton oder jetzt Obama, sie waren dabei.

Es findet immer am selben Ort statt, einem riesigen Saal, dem Hilton Washington International Ballroom. In der Regel spricht erst der Präsident und dann ein Gast, egal ob Muslim, Hindu, Jude oder Christ, über seinen Glauben und die religiösen Werte jenseits aller Differenzen. Man sitzt an runden Tischen, ich erinnere mich an einen Schwarm gut gelaunter Serviererinnen, die sich unbekümmert zwischen dreitausend Stuhllehnen hindurchquetschten, um das Frühstück zu bringen, bacon and eggs, blueberry muffins, potatoes and sausages, bevor der Präsident erschien. Mehrmals hatte ich an diesem Breakfast teilgenommen, doch dieses eine, im Jahr 1994, grub sich tief in mein Gedächtnis ein. Wir hatten gerade Platz an unserem Tisch genommen und unseren Teller mit einer silbernen Wärmehaube vor uns stehen, als ein dreifaches Schlagen eines Hammers ertönte:

»Ladies and Gentlemen! Please rise from your chairs and join me in welcoming the President of the United States!« Sechstausend Hände klatschten Beifall, als der Präsident – war Bill Clinton, umringt von Bodyguards – hereinkam und das Podium mit schwungvollem Schritt betrat. Er winkte, verbeugte sich mehrmals und nahm dann vorne Platz an einer langen Tafel von Senatoren und Kongressabgeordneten. Auf dem Stuhl neben ihm hatte eine kleine, von weitem kaum erkennbare Person Platz genommen. Ein in sich zusammengesunkenes Häuflein Mensch in eine weiß-blaue Kutte gekleidet, ein leuchtend blauer Streifen um die Haube am Kopf. Doug Coe hatte sie als Ehrengast und Rednerin geladen: Mutter Teresa aus Kalkutta. Nach einem kurzen Gebet klapperten und schepperten die Teller und Bestecke, es folgten Ansprachen und Gebete für den Frieden und die dringenden Anliegen in der ganzen Welt.

Schließlich erhob sich Bill Clinton, begrüßte Mutter Teresa, schilderte die Stationen ihres Lebens und bat sie dann an das Rednerpult. Es wurde augenblicklich still in dem großen Saal, als sie an das Mikrofon trat und mit rauchiger Stimme und eindringlichen Worten an die Menschen appellierte. Man hätte die viel zitierte Stecknadel fallen hören können, so gebannt hörten ihr die Menschen im Saal zu. Der Kern ihrer Botschaft ist mir noch heute fest im Gedächtnis geblieben. Sie, diese bescheidene Ordensfrau aus Kalkutta, die den Ärmsten der Armen beistand, rief den Anwesenden, den Mächtigen und Weltgeschicklenkern, vor Augen, dass die Armen Kalkuttas reicher seien als sie. Sie hätten Gott, und er sei der eigentliche Reichtum. Mir war klar, das war, was wirklich zählt, und ich war bewegt vom Mut dieser kleinen zierlichen Frau. Minutenlanger Beifall setzte ein, als sie mit ihrer Rede fertig war.

Was zählte in meinem Leben wirklich? Das war genau die Frage, die ich mir selbst immer mehr stellte. Wie wollte ich weitermachen, wo wollte ich arbeiten und wo wollte ich leben?

Zunächst aber waren es wieder die politischen Ereignisse, die mein Leben veränderten. Es war der 9. November 1989. Wie nach jedem Arbeitstag hatte ich mein Büro um 18.30 Uhr verlassen, um mit der Orange Line, der Washingtoner Metro, nach Hause zu fahren. »Ballston« hieß die Station, an der ich ausstieg. An jenem Tag hatte die Bahn etwas Verspätung, weshalb ich erst kurz nach sieben Uhr zu Hause eintraf. Johannes, mittlerweile war er sechs Jahre alt, wartete schon sehnlichst, er hockte auf dem Boden, spielte mit seinen Feuerwehrautos und sofort wurde ich vereinnahmt. Es war Zeit für die Nachrichten, wie jeden Abend, ich schaltete den Fernseher ein, *Channel 4, NBC Nightly News* mit Tom Brokaw, dem Anchorman des Senders. Dann zog ich den Mantel aus, den ich, trotz der noch immer milden Witterung, übergezogen hatte.

Als ich auf den Bildschirm sah, stutzte ich. Es liefen nur Bilder, ohne Kommentar, minutenlang. Eine Mauer, Steine, Steinbrocken, zwei Männer stemmten einen Brocken heraus, Gesichter, immer mehr Menschen, dann war etwas zu hören, Hämmern, Klopfen, dann wieder Menschen, ich erkannte das Brandenburger Tor, Trabbis, die von Menschen umringt auf einer Straße fuhren. »The Berlin Wall«, mehr war nicht zu hören, wie gebannt starrte ich auf den Bildschirm, dann war Schluss. Werbung: »Advil takes the pain away. Guaranteed pain relief«. Das kam jeden Abend, Werbung für Kopfschmerztabletten. Johannes wollte beachtet werden. »Sei ruhig, psst«, zischte ich ihn an. Er schepperte mit seinen Autos über den Holzboden, ich schaute auf die Armbanduhr und überlegte. Es war ein Uhr nachts in Deutschland, zu spät, um noch jemand aus der Familie oder von den Freunden anzurufen. Es war Zeit zum Abendbrot und den Kleinen ins Bett zu bringen.

Während in Deutschland die Freude über die Wiedervereinigung überwog, beobachtete ich in den USA in der folgenden Zeit die Sorge um ein zu großes Wiedererstarken Deutschlands. Ich verfolgte mit Spannung diese Diskussion, zumal Deutschland wieder mehr in meinen Fokus rückte.

34 |

Im Sommer 1992 war nach acht Jahren Amerika die Zeit gekommen, in die Heimat zurückzukehren. Immer öfter hatte ich mir die Frage nach der Rückkehr gestellt. Zukunft kommt von Herkunft, hatte Vater immer gesagt, und meine Herkunft, meine Heimat, war Europa. Vielleicht hatte es auch mit dem Alter zu tun, ich weiß es nicht. Ich kann nur sagen, dass die Sehnsucht nach der europäischen Kultur immer größer wurde, nach unseren gotischen Kathedralen, dem Bodenseebarock und dem Ursprungsland unserer Kultur: Italien. Ich wollte wieder nach Rom fahren können, nach Modena, Vicenza und Florenz, einen Streifzug durch die Villen und Paläste von Andrea Palladio machen, wie damals mit Tito … Man kann es auch so sagen: Ich hatte Heimweh.

Schon eine geraume Zeit lang hatte ich versucht, eine neue Tätigkeit in Washington zu finden, denn auch beruflich war die Zeit für eine Veränderung gekommen. Nach der Wiedervereinigung öffneten sich neue Türen, diesmal in das Geschäft des Investmentbankings. Amerikanische Banken planten nun Niederlassungen in Deutschland, Geschäftsgründungen in den Ländern Osteuropas waren von großem Interesse, dafür suchten sie Unterstützung und strategische Beratung. Über meinen langjährigen Freund Doug Holladay erhielt ich eines Tages jenes Stellenangebot bei Goldman Sachs in New York, es beinhaltete die Option, nach Frankfurt versetzt zu werden. Der Messeturm war gerade fertiggestellt, jahrelang das höchste Gebäude Deutschlands. 50 Millionen Mark hatte Goldman investiert und die obersten zehn der sechzig Stockwerke angemietet.

Ich lehnte ab. Johannes war der Grund. Noch mehr Reisen, noch längere Bürozeiten, noch weniger Zeit für mein Kind? Nein, das kam nicht in Frage, trotz der Attraktion, die die »Street« auf mich damals ausstrahlte, wie auf viele.

Es gab Alternativen. »We want to be on the continent«, sagte Benjamin Griswold zu mir, der Inhaber von Alexander Brown (Alex. Brown & Sons), einer kleinen Investmentbank in Familienbesitz aus Baltimore. Bisher war England der wichtigste Standort für US-Banken gewesen, die auf den europäischen Markt wollten. Nach der Wende gab es auch hier einen Wandel.

Zur selben Zeit, als sich meine Rückkehr immer konkreter abzeichnete, signalisierte Alex. Brown Interesse an einem deutschen Standort: Ich erhielt ein Beratungsmandat, was mich mit Stolz erfüllte, immerhin zählten Bill Gates und Paul Allen, die Gründer von Microsoft höchstpersönlich, zu Alex. Browns' wichtigsten Kunden. Um diese »High-Net Worth Individuals«, wie sie genannt wurden, vermögende Privatkunden, drehte sich Strategie und Geschäft.

Ein anderes Ereignis, das mich zurück in die Heimat brachte, war die Begegnung mit meinem zukünftigen Ehemann Thomas. Die hatte in den Schweizer Alpen beim Schlittenfahren an einem kalten Januartag in Sils Maria im Engadin stattgefunden. Und schon am Abend, am Kaminfeuer in einer Bauernstube, bei Käsefondue und Glühwein, hatte es gefunkt. In rasantem Tempo entspann sich eine Romanze zwischen uns, die Telefondrähte zwischen Washington und Düsseldorf, wo Thomas lebte, liefen heiß und im Zweiwochentakt flogen wir zwischen Deutschland und Washington hin und her, um uns zu besuchen. Nach wenigen Monaten stand ein ausgedehnter Sommerurlaub auf Mallorca auf dem Programm, davor noch eine Woche Osterurlaub in Florida.

»Du bist die Frau! Dich will ich heiraten!«, sagte Thomas zu mir. Mir fiel ein Traum wieder ein, den ich vor Jahren gehabt hatte. Darin war mir ein Mädchen erschienen, und als ich aufwachte, hatte ich dieses merkwürdig wissende Gefühl in mir, dass dieser Traum nichts mit der Vergangenheit zu tun hatte, sondern mit dem, was noch kommen sollte.

Ein Jahr später, am 16. Januar 1993, fand unsere Hochzeit statt. In Sankt Andreas, der frisch renovierten Barockkirche in der Altstadt von Düsseldorf, traten mein Mann und ich vor den Traualtar. Meine Eltern waren begeistert, Mutter schenkte mir ihre mit Brillanten besetzten Ohrringe, Vater freute sich über den Schwiegersohn, der ihn – Thomas war Unternehmensberater – in die Finessen der Geschäftswelt einführen konnte und mit dem es sich trefflich diskutieren ließ.

In seiner Predigt empfahl uns der kleine Dominikanerpater Emmanuel, keinen Tag, an dem es Unstimmigkeiten zwischen uns gegeben habe, zu Ende gehen zu lassen, ohne dass wir uns versöhnen. Eindringlich legte er uns diese Worte aus der Bibel ans Herz, die, wie er es aus seiner langen Erfahrung als Priester wisse, viel Krankheit und Streit und Scheidungen verhindert hätten. »Vergebt einander«, wiederholte er noch einmal, »dann vergibt euch auch Gott!« Ich habe diese Predigt aufbewahrt, ganz oben auf den Hochzeitsfotos, und viele der Gäste baten ebenfalls um eine Abschrift.

Im Anschluss an die Hochzeitsmesse gab es einen Empfang im Steigenberger Parkhotel mit 130 Gästen. Richard Allen war angereist, Ann Holladay und die Freunde aus Amerika, Kanada, England und Frankreich. Sogar die argentinische Verwandtschaft war vertreten: Vetter Jean Paul Lohlé aus Buenos Aires mit seiner Frau Delfina. Was für eine große Familie wir doch waren, dachte ich und genoss das Fest. Die Gäste waren mindestens so bunt und schillernd wie die der Karnevalsgesellschaft, die im Saal nebenan feierte. Es war eine schöne Hochzeit, groß und gelungen, doch das Wichtigste war mir, endlich eine richtige Familie zu haben. Ich war glücklich.

35 |

Mein neues Leben in der alten Heimat war wieder dreigeteilt und wie damals in Günterstal begann »eigentlich alles ganz normal«.

Als frischgebackene Ehe- und Hausfrau hatte ich alle Hände voll zu tun: den Umzug von Washington nach Düsseldorf zu organisieren, auf Wohnungssuche zu gehen, ein Büro aufzumachen, und die Einschulung von Johannes stand an. Genau so eine Frau habe er sich immer gewünscht, sagte mein Mann, eine, die beides ist, berufstätig und Hausfrau und Mutter. Und genauso hatte ich es mir ja auch immer vorgestellt. Dass dies für meinen Mann allerdings keineswegs bedeutete, ebenfalls nun beiden Anteilen des gemeinsamen Familienlebens Raum zu geben, verstand ich erst mit der Zeit. Während der Woche war er geschäftlich unterwegs und am Wochenende ruhte er sich aus. Ich erlebte die typische Doppelbelastung der arbeitenden Mutter wieder. Was allerdings von Vorteil war: Wir hatten beide denselben Beruf, konnten uns ergänzen und austauschen und Thomas achtete meine Fähigkeiten sehr.

In der Nähe der Rheinauen bei Düsseldorf fanden wir ein schönes Haus mit Garten, nicht weit vom Ortskern; Apotheke, Bäcker, Friseur und Kaiser's Kaffeegeschäft – alles was man brauchte, war zu Fuß erreichbar.

Die Berge und Täler meiner Heimat Schwarzwald gab es zwar nicht in unserer Nähe, dafür aber ein paar Bauernhöfe, umgeben von großen Äckern und Wiesen. Im Frühjahr holte ich frischen Spargel direkt vom Hof und zur Herbstzeit, wenn die orangefarbenen Kürbisse über die Wiesen leuchteten, feierten wir Erntedank in der Scheune von Bauer Deußen.

Ein nicht gepflügtes Feld betrat ich beruflich mit der Gründung der »Filbinger Consulting«, meiner kleinen internationalen Beratungsfirma.

Zwei Beraterverträge mit den amerikanischen Investmentbanken Lehman Brothers und Alex. Brown hatte ich bereits abgeschlossen. Das Barometer von Lehman Brothers stand gerade auf »hoch«, die Bank hatte sich auf einen weltweiten Expansionskurs eingestellt. Meine Aufgabe war die Begleitung und Betreuung von Neukunden, die Vermittlung von Kontakten zu anderen Banken und weiteren potenziellen Partnern auf dem Markt. Mit einem Wort: Strategie. Das, was man als interkulturelle Strategieberatung bezeichnete.

Bob Brown, Head of Investment Banking von Lehman Brothers New York, den ich über meinen Freund Dean Overman kannte, rief eines Tages an und bat mich, umgehend nach London zu kommen. »To talk business for the German market …«

»Revenue Bonds for German clients.« Ehrlich gesagt: Ich verstand nichts von dieser Materie, aber ich flog nach London. Rückblickend muss ich über meine eigene Chuzpe lachen. Mein Mann Thomas bewunderte mich dafür, machte mir Mut und fütterte mich mit Informationen, so gut er konnte. Von den ständig neuen Finanzprodukten, die sich die »smart boys«, die Investmentbanker, ausdachten, hatte er allerdings auch nicht immer Kenntnis.

Im zehnten Stock eines imposanten Glaspalastes in der Londoner City wurde ich also erwartet und zwar von Bob Mabon und Bob Brown. Beide elegant gekleidet, dunkle Nadelstreifenanzüge und Krawatten von Hermès. Das sah ich sofort und ebenso die goldenen Krawattennadeln, geschmackvoll, dezent und doch eindeutig signalisierend, dass hier Männer von Welt mit Geld vor mir standen. Bob Mabon, mit dem ich zusammenarbeiten sollte, war stattlich und groß, Typ Sky Du Mont. Ich hatte Respekt. Alle hatten Respekt vor Investmentbankern. Doch, wie auch immer, die Frage musste gestellt werden: Was waren eigentlich »revenue bonds«?

Eine geniale Idee, wie ich nun erfuhr: Projektfinanzierung. Zum Beispiel für den Bau von Kraftwerken, Flughäfen, Wasserwerken, gebührenpflichtigen Straßen oder Autobahnen, ja sogar für den Bau von Gefängnissen. Hierfür neue Geldgeber zu finden und nicht länger nur staatliche Finanzierungsquellen, das ermöglichte ein ganz neues Geschäft und eben dafür sollten nun Interessenten gesucht werden, denen man, neben einem guten Gewinn, in diesem Fall auch eine hohe Sicherheit versprechen konnte. Denn die Rückzahlung war gesichert: Ein Flughafen kann nicht pleitegehen, ebenso wenig ein Wasserwerk, und Gefängnisse sind auch immer vonnöten. Und gebaut wurden sie basierend auf der Bonität von Regierungen, die bekanntermaßen auch nicht so schnell pleite gehen würden. (Heute sind wir da freilich eines Besseren belehrt.) Das Modell überzeugte und mir fiel sofort der Flughafen Stuttgart ein, er expandierte zu dieser Zeit und brauchte Geld. Begeistert arbeitete ich mich in die neue Materie ein, verfasste Briefe, übersetzte und »verkaufte« das neue Konzept.

Es sollte sich jedoch bald herausstellen, dass dieses Konzept nicht in die damals noch vornehmlich bodenständige deutsche Wirtschaftskultur passte. Die Skepsis war groß, die Zurückhaltung auf deutscher Seite noch mehr, und nach einem halben Jahr war man bei Lehman Brothers ungeduldig geworden. Die aus deren Sicht behäbigen deutschen Mittelständler waren offenbar noch nicht so weit. Lehman blies das Geschäft ab und konzentrierte sich vorerst wieder auf lukrativere Märkte. Rückblickend bin ich heilfroh, so rechtzeitig von Lehman Brothers weggekommen zu sein.

Alex. Brown, mein zweiter Kunde, war dagegen selbst mittelständisch geprägt und darauf spezialisiert, junge innovative Unternehmen in Deutschland aus der wachstumsstarken Hightechbranche – der Telekommunikation, Computer-Software, Bio- und Gentechnologie – zu identifizieren.

Auch der bevorstehende Börsengang der Deutschen Telekom, als die Geburt der Volksaktie gefeiert, stand bereits auf der Agenda. Man erinnere sich: Damals wurden Firmenchefs wie Popstars gefeiert und bekannte Schauspieler, wie Manfred Krug, machten für das Vorhaben Reklame. Jede Investmentbank der Welt wollte, nein, musste im Konsortium eines so prestigeträchtigen Geschäftes mitvertreten sein. So auch Alex. Brown und es war eine meiner wichtigsten Aufgaben, die Bank bei den Entscheidungsträgern in Bonn, dem Bundesfinanzministerium und Bundespostministerium, einzuführen. Also Arbeit genug und alles neu und unbekannt. Ich hatte alle Hände voll zu tun.

Mein tägliches Programm bestand aus Büroarbeit, viel Kontaktanbahnung und Reisen in die USA, nach Baltimore, nach London und innerhalb Deutschlands, wenn ich neue Kunden präsentieren musste. Im Keller unseres Hauses richtete ich ein kleines Büro ein. Nach meiner Erfahrung als alleinerziehende Mutter wollte ich die Zeit fern von zu Hause auf ein Minimum reduzieren. Mein Tagewerk war erst dann erfüllt, wenn ich von einer langen Liste von Unternehmen, die ich per Telefon kontaktierte, mindestens zehn erreicht und überzeugt hatte, dass ein weiterer Kontakt von Nutzen sein würde. Wie ein Angler mit seinen Ködern war ich unterwegs, um Kunden zu werben, Netzwerke aufzubauen und Alex. Brown und Lehman Brothers in den deutschen Markt einzuführen. Klinken putzen, das war mein neuer Job!

Da ich nach meiner Heirat meinen Mädchennamen behalten hatte, erfuhr ich nach den ersten Telefonrunden auch den Stand des Filbinger-Barometers.

»Aber mit dem Filbinger haben Sie nichts zu tun, oder?«

»Buchstabieren Sie doch noch mal. Wie? Mit F? Also doch … wie der … äh … der Ministerpräsident aus Stuttgart?«

»Haben Sie etwas mit dem zu tun?«

»Stuttgart … aber nicht verwandt, oder? Eine Tochter? Nein, nicht möglich! Dann kennen wir uns …. erinnern Sie sich? … Ja, welche Tochter?«

Ich war überrascht. Keiner legte auf, kein »nein danke, ich gehe zur Konkurrenz«, im Gegenteil, der Name F. war noch etwas wert – wie Vater es viele Jahre zuvor prophezeit hatte.

Eines Tages telefonierte ich mit dem Büro von Lothar Späth, um einen Termin für ein Gespräch zu vereinbaren. Wir kannten uns aus alten Zeiten und obwohl er als Nachfolger meines Vaters in der Position des Ministerpräsidenten für meine Eltern der Königsmörder war und dies auch für alle Zeiten blieb, entschloss ich mich zu diesem Treffen. Er war Vorstandsvorsitzender von Jenoptik, einem modernen Hightechunternehmen aus Leipzig. Alex. Brown interessierte sich für deren neueste Entwicklungen von Industrielasern.

Unzählige Telefonate, sehr viel Schriftwechsel und noch mehr Energie und Durchhaltevermögen musste ich aufbringen, bis schließlich Datum, Uhrzeit und ein Ort festgelegt waren für das wichtige Treffen mit Herrn Späth. Er sei viel beschäftigt und überall gefragt und ein Dreivierteljahr Vorlauf habe er mindestens für seine Termine, so die Sekretärin seines Stuttgarter Büros.

Genau zwei Wochen vor jenem Termin, den ich mit großer Sorgfalt vorbereitet hatte, kam unsere Tochter Georgia auf die Welt. Die Geburt war ein Kaiserschnitt und ein Krankenhausaufenthalt von mindestens einer Woche war nötig.

Die Freude über das gesunde Kind war riesig, dennoch musste ich bereits kurz nach der Geburt dafür sorgen, dass das Geschäft weiter lief, denn besagter wichtiger Termin mit Lothar Späth stand an. Ich konnte diese so lange im Voraus geplante Verabredung nicht einfach platzen lassen.

»Das können Sie Ihrem Kind nicht zumuten, das ist viel zu früh«, warnte mein Arzt, als ich ihn ins Vertrauen zog und um Rat fragte.

»Dann ist es aus mit Stillen«, ermahnte mich Schwester Vera, die Hebamme.

Aber Herrn Späth auf später zu verschieben, das kam für mich nicht infrage. Also beschloss ich, nach Bonn zu fahren und packte den Säugling auf den Rücksitz meines Autos. Frau Ruschpler, eine pensionierte Kinderfrau, die ich für die ersten vier Wochen nach der Geburt engagiert hatte, begleitete mich. Als wir im Hotel Günnewig im Zentrum Bonns, am Kaiserplatz, angekommen waren, pünktlich zur Stillzeit, installierten wir uns samt Babykorb, Milchpumpe und Maxi Cosi in einem Zweibettzimmer, um von den aus London zum Termin mit dem hohen Herrn angereisten Kollegen möglichst nicht bemerkt zu werden.

Das Treffen mit Lothar Späth und dem ehemaligen Bundespostminister Schwarz-Schilling hatte ich für den nächsten Tag anberaumt. Früh am Morgen im Hotelzimmer stillte ich, dann ging ich zu den Terminen, und bis die Gespräche beendet waren, war wieder Zeit zum Anlegen. Man gratulierte mir zum Baby, aber dass ich es bei mir hatte, um ja nicht aus der Stillroutine zu kommen, registrierte keiner.

36 |

Vater gewährte mir nach meiner Hochzeit und Heimkehr eine gewisse Schonzeit und hielt sich mit seinen ureigenen Anliegen und Themen zurück. Nach dem Umzug von Stuttgart zurück nach Freiburg und dem Bau seiner neuen Bibliothek hatte auch für ihn ein neuer Lebensabschnitt begonnen. 25 Jahre politische Tätigkeit in Stuttgart endeten. An seinem Arbeitspensum, seinem Lebensrhythmus, den vielen Einladungen, Reisen und Reden sollte sich nichts ändern. Hinzu kam das Projekt »Rehabilitation«. Es nahm viel Zeit in Anspruch, zum Kummer meiner Mutter, die sich oft bei mir darüber beklagte. Sie wünschte sich mehr Zweisamkeit und Muße.

Dass es »still um Hans Filbinger geworden« war, wie anlässlich seines 85. Geburtstages ein Journalist kommentierte, davon konnte keine Rede sein.

Einmal in der Woche traf er sich mit Freunden zum Stammtisch in der »Hauskapelle«, wie der große runde Tisch im Gasthaus »Kühler Krug« getauft wurde. Ehefrauen waren nicht geladen, das war ungeschriebenes Gesetz. Die intime Runde zog sich über viele Stunden hin, mehrere Flaschen Riesling oder Spätburgunder wurden geleert und zum Schluss erzählte man sich die neuesten schmutzigen Witze, die für weibliche Ohren nicht geeignet waren. Oft genug geschah es, dass Vater mit dem Taxi nach Hause fahren musste, weil er den Parkplatz seines Autos nicht mehr finden konnte. Wenn er uns am nächsten Tag Witze aus der nächtlichen Runde erzählte, musste er so lachen, dass sein ganzer Körper auf und ab wogte, Tränen aus seinen Augen spritzten und er nur mithilfe seines großen weißen Taschentuchs sein nasses Gesicht abtrocknen konnte. Vorher mussten wir hoch und heilig versprechen, niemandem davon zu erzählen.

Innerhalb der Großfamilie mit vierzehn Enkeln und drei Urenkeln war und blieb er der Patriarch, um den sich alles drehte. Sein Schreibtisch war die Drehscheibe für den Empfang und die Weitergabe wichtiger Neuigkeiten und Nachrichten. Freudige Ereignisse wie die Geburt eines neuen Enkelkindes, ein gutes Zeugnis oder berufliche Erfolge von uns Kindern wurden ihm sogleich berichtet. Vater hat sich immer gefreut, wenn Nachrichten über die Spitzenleistungen seiner Enkel eingingen, wenn gute Noten aus der Schule gemeldet wurden, Ergebnisse vom Fußball oder musikalische Leistungen. Ihm oblag es, die Neuigkeiten in Umlauf zu bringen. Das geschah nicht ohne seinen Kommentar, seine Wertung oder ein Schweigegebot, wenn es sich um vertraulich zu behandelnde Informationen handelte.

Am Sonntagabend, wenn ich meine Kinder zu Bett gebracht hatte und die Talkshow bei Sabine Christiansen beendet war, tauschten wir am Telefon die Ereignisse der vergangenen Woche aus.

Seit seinem Rücktritt hatte Vater nicht aufgehört, sich seiner Rehabilitation zu widmen, und – damit verbunden, zumindest in den ersten Jahren – wieder ein politisches Amt anzustreben. Dazu war es nicht gekommen, doch mit der Wiedervereinigung standen ihm bisher unzugängliche Quellen offen, mit denen er eine Rufmordkampagne gegen ihn nicht nur länger behaupten, sondern auch beweisen wollte. Er kam in Kontakt mit ehemaligen Mitarbeitern des Ministeriums für Staatssicherheit (MfS) in Ost-Berlin auf, zwei Überläufern, Günter Bohnsack und Herbert Brehmer, mit denen sich intensiver Austausch entwickelte.

Die Aktenstapel, die ich beim Ausräumen seiner Bibliothek dazu fand, sind geradezu erschreckend hoch, wie zum Beispiel die dreißig Leitzordner über den »Fall F. in den Medien«. Fachleute und Historiker werden lange mit deren Erfassung und Auswertung beschäftigt sein.

Vater hatte mir immer wieder von seinem Verdacht erzählt, westliche Politiker wie er seien wegen ihrer antikommunistischen Haltung Zielobjekt für Kampfmaßnahmen der Stasi gewesen, die mit Methoden der Desinformation, des Rufmords, der Denunziation und dergleichen versucht habe, sie in Misskredit zu bringen und, je nach dem Grad ihrer politischen Bedeutung, vorzeitig aus dem Amt zu entfernen. Anhaltspunkte dafür bekam er schon 1979 von einem aus der DDR übergelaufenen Oberstleutnant namens Stiller.

Vater empfand die Anschuldigungen gegen sich als Rufmord. Er konnte in seinem Verhalten kein Unrecht erkennen und die öffentliche Auseinandersetzung mit seiner Vergangenheit und sein jäher Absturz aus der Politik hatten ihn geradezu traumatisiert. So kam es, dass mein Vater sich als »Opfer einer Rufmordkampagne« sah, obwohl die Anschuldigungen auf historisch belegten Fakten beruhten. Ich erinnere mich an eines unserer nächtlichen Gespräche in der Bibliothek. Vater erzählte mir von »umfangreicher Korrespondenz« über die »mögliche Steuerung der Vorwürfe gegen mich durch das MfS der DDR«. Generalbundesanwalt Rebmann habe ihn seinerzeit darüber informiert, ihm mitgeteilt, dass es ein »Aufkommen« gegen ihn gebe, so der Fachjargon, doch diese Informationen habe Vater damals nicht öffentlich machen dürfen. Wir waren bestimmt bei der zweiten Flasche Wein angekommen, Ihringer Spätburgunder, Vater war in seinem Metier, wir blieben sitzen und redeten bis in den frühen Morgen. Stiller, fuhr Vater fort, hatte damals schriftlich mitgeteilt, dass er bei einer Veranstaltung für Parteifunktionäre gehört habe, dass das MfS mit »dokumentarischem Schießpulver« etwas nachgeholfen habe in der Sache F. Sicher sei sich Stiller im Übrigen, dass die wahrscheinlich indirekte Einflussnahme, vielleicht auch Steuerung, innerhalb des MfS als »Ruhmestat« kolportiert wurde.

Als ich 2009 Vaters Bibliothek ausräumte und auch diese Unterlagen fand, fiel mir all das wieder ein. Ich merke immer mehr, wie auch mich diese Fragen umtreiben, ein Teil unserer Geschichte, meiner Geschichte sind. Zu diesem Zweck habe ich auch die Stasiunterlagen über meinen Vater angefordert, bislang konnte ich sie allerdings noch nicht einsehen. Sie könnten ein anderes Licht auf die Ereignisse 1978 werfen. An den historischen Tatsachen über das Wirken meines Vaters in der NS-Zeit ändert es nichts.

Vater war nun weit über achtzig, ich glaube, es war kurz nach seinem neunzigsten Geburtstag, als er zu mir sagte, hundert sei eine gute Zahl. Auf den Hundertsten steuere er jetzt zu. Ich hatte ihn in all der Zeit nur selten niedergeschlagen gesehen, er lebte nach der Devise: Zum Kämpfen ist es nie zu spät. Das hatte er uns von klein auf gelehrt. »Aber Papi«, fragte ich ihn, »willst du es denn nicht einfach ruhen lassen?« Er schaute mich an, als würde er mich zum ersten Mal sehen. Wie kannst du bloß so etwas auch nur denken, das sagte sein Blick.

37 |

1993 beriet der Deutsche Bundestag in mehreren Lesungen ein Gesetz zur »Aufhebung nationalsozialistischer Unrechtsurteile in der Strafrechtspflege«, das am 25. August 1993 in Kraft getreten ist. Dabei ging es zunächst um strafgerichtliche Entscheidungen, »die unter Verstoß gegen elementare Gedanken der Gerechtigkeit nach dem 30. Januar 1933 zur Durchsetzung und Aufrechterhaltung des nationalsozialistischen Unrechtsregimes aus politischen, militärischen, rassischen, religiösen oder weltanschaulichen Gründen ergangen sind«. Diese wurden qua Gesetz aufgehoben. 2002 entstand ein Änderungsgesetz dazu, durch das auch Urteile gegen Deserteure der Wehrmacht sowie Urteile gegen Homosexuelle pauschal aufgehoben wurden. 2009 sollte dieses Gesetz nochmals geändert werden mit der Erweiterung auf alle »Kriegsverräter«.

Vater beteiligte sich in den 1990er Jahren aktiv an diesem Prozess, führte Gespräche mit Mitgliedern des Rechtsausschusses des Bundestages und machte konkrete Vorschläge. Ihm ging es dabei um das Aufrechterhalten einer differenzierten Sichtweise, so lese ich es aus seinen Tagebüchern. Für ihn war der wesentliche Punkt, dass er einen Unterschied darin sah, ob jemand desertiert war, weil er den Krieg als verloren und ungerechtfertigt, das Naziregime als unrecht ansah, oder weil derjenige eine Strafverfolgung etwa aufgrund von Diebstählen, Körperverletzung oder ähnlichem befürchtete.

Unabhängig von der Diskussion um Pauschalamnestie und

Differenzierung hatte sich ein Bild verselbstständigt: Wurde der Name Filbinger in der Debatte aufgegriffen, so stand er für das an Deserteuren begangene Unrecht. Und sicher hatte Vater selbst Anteil daran. Denn er ließ nicht locker, nährte das Thema mit seinen Rehabilitationsversuchen über die Jahre, wie es auch von den Medien genährt wurde, bis es schließlich arretiert war. Loskommen war praktisch unmöglich geworden.

Es war eine Krankheit, die mich zum Nachdenken zwang. Ich hatte sie auf einer Reise nach London bekommen, eine seltene Augenkrankheit, für die es außer Ruhe und das Auflegen von Kompressen kein anderes Heilmittel gab. Wochenlang musste ich das Bett hüten und hatte Zeit nachzudenken. Über mich, über mein Leben, wie alles weiterging, darüber, was ich tun wollte. Das Gefühl, einen kleinen Holzbalken unter den Lidern zu haben, war so schmerzhaft, dass mir nichts anderes übrig blieb, als die Augen geschlossen zu halten. Alles, was ich tun konnte, war denken.

Einfach nur nachdenken, bis mir eines Tages im wahrsten Sinn des Wortes die Augen geöffnet wurden und ich zwei Dinge realisierte. Das eine war: Auch ich hatte bisher nach der Maxime gelebt, ich bin, was ich leiste. Das zweite war: Ich wollte nicht mehr reagieren auf die öffentliche Meinung, ich wollte selbst handeln. Erzählen, wie ich, die Tochter, das Geschehen um meinen Vater erlebt hatte, wie es keine Ruhe gab, wie sich das anfühlte, den Vater immer nur und immer wieder reduziert zu sehen auf die NS-Vergangenheit, nicht zuletzt durch seine Wagenburgmentalität, die er aufgrund der massiven Kritik und auch heftigster Anfeindungen entwickelt hatte.

Einen allerletzten Impuls bekam ich nach Vaters Tod. Ich beteiligte mich an einer Wanderung rund um den Bodensee, hatte mich einer geführten Gruppe angeschlossen, die von Überlingen aus um den See herum zum Schloss Bodman unterwegs war. Unsere Führerin hatte vor, zum Skulpturengarten des Künstlers

Peter Lenk zu gehen. Lenk sei ein renommierter Bildhauer aus der Gegend, der sehr bekannt sei. Seine hervorragenden Arbeiten seien sehenswert. Es war ein sonniger Herbsttag, der Weg führte durch Apfelplantagen und Sonnenblumenfelder, am See entlang, glatt wie ein Spiegel glänzte das Wasser in der Morgensonne.

In einer Unterführung, unter der Bundesstraße, die von Überlingen auf die Südseite des Sees nach Konstanz führte, hielt Frau Leimer an und bat die etwa fünfzig Wandersleute, vor einem Bronzerelief des Bildhauers Peter Lenk von etwa drei mal vier Metern Größe stehen zu bleiben. Im Halbkreis stellten wir uns davor und hörten aufmerksam zu. Mit der Spitze ihres Teleskopstockes zeigte sie auf die Tafel und jetzt genau auf den Kopf eines Mannes am unteren Rand des Kunstwerks.

»... und da sehen Sie, das ist der Herr Filbinger. Erkennen Sie ihn? Der Nazi und Günther Oettinger.«

Deutlich zu erkennen am unteren Rand des Reliefs: das Gesicht meines Vaters, den Blick nach oben wie auf den Herrgott gerichtet. Günther Oettinger blickte gnädig auf ihn herab, reichte ihm die Hand.

»Die Trauerrede, Sie erinnern sich? Es ging um seine NS-Vergangenheit, na ja, das war auch so 'ne Sache, aber da ist noch mehr, wir sehen gleich die anderen Arbeiten. Kommen Sie bitte mit, wir überqueren jetzt die Straße und gehen zu einem Bauernhof. Dort können Sie Äpfel kaufen. Erste Ernte, die schmecken hervorragend, Sie werden sehen!«

Der Appetit auf die Äpfel war mir vergangen und ich hatte Mühe, den Rest der Wanderung, auf die ich mich so gefreut hatte, mitzumachen. So unversehens war ich der Fratze meines Vaters begegnet, in Stein gemeißelt, auf einer Wanderung durch die malerische Landschaft im Hegau. Ich war betroffen. Aber was sollte ich tun? Wie Vater es in den letzten Jahren getan hatte, auf alles immer zu reagieren und sich zu rechtfertigen, das konnte mein Anliegen nicht mehr sein. Reflexartig zu reagieren, wie ich als Zwölfjährige den Journalisten entgegengetreten war, das war keine Option mehr. Jenseits von Rechtfertigungen musste es auch noch andere Möglichkeiten geben. Ich wollte die Geschichte meines Vaters für mich persönlich endlich zu einem Abschluss bringen – mit dem differenzierten Bild eines Menschen, der meiner Verteidigung nicht länger bedarf.

38 |

Es war Anfang 2012, als ich dabei war, endlich Ordnung in Vaters Tagebücher zu bringen, sie nach Jahreszahl zu sortieren, immerhin 60 Stück waren es, ich musste ihnen irgendeine Struktur geben. Warum es ausgerechnet jenes Ringbuch mit der schwarzen rauen Oberfläche war, das ich aufschlug, weiß ich nicht. Ein braunes Kuvert fiel heraus, in dem ein Brief steckte. Galke stand auf dem Absender. Ursula Galke aus Einbeck. Mit blauem Kugelschreiber geschrieben. Ich musste eine Weile überlegen, der Name kam mir bekannt vor, dann fiel es mir ein, die Schwester von Walter Gröger, dem Deserteur. Und damit fiel mir alles wieder ein, die Frau, die meinen Vater angegriffen hatte, immer wieder hatte sie ihre Stimme gegen ihn erhoben. Auch nach seinem Tod, auch auf die Trauerrede Oettingers hin. Zunächst hatte die baden-württembergische SPD-Fraktionsvorsitzende Ute Vogt an das Wahren der Totenruhe appelliert. Über dem Sarg eines politischen Gegners solle man innehalten, ich war ihr dankbar. Die Ruhe der Toten wahren. Ja, das war anständig und sollte immer beachtet werden. Eine Grenze, die nicht zu überschreiten war, auch beim härtesten Gegner nicht. Aber hatte Vater selbst diese Regel beachtet?

Ich zog den Brief aus dem Kuvert und begann zu lesen. Er datierte vom 18.9.1987 und war mehrere Seiten dick.

»Sehr geehrter Herr Filbinger«, redete sie ihn an. Mit großer Spannung habe sie auf die Publikation seines Buches *Die ge-*

schmähte Generation gewartet und es sorgfältig gelesen. Da sie eine Gröger sei, nehme sie sich das Recht, Stellung zu beziehen.

Auch ihre eigenen Unterlagen aus dem Jahr 1978 habe sie noch einmal studiert. Nun wolle sie selbst zum Todesurteil wegen Fahnenflucht etwas sagen.

Um die Wahrheit über ihren Bruder Walter Gröger ging es Ursula Galke, ihre Version, ihre Informationen über das, was ihr Bruder erlebt hatte. Ihre ganze Wut, ihr ganzer Zorn waren in diesen Brief geflossen, Seite für Seite. Als ob es gerade geschehen sei, was nun sechzig Jahre zurücklag, und ich spürte ihren Schmerz in jedem einzelnen Wort. Immer wieder musste ich absetzen und tief Luft holen, bevor ich weiterlesen konnte.

Ein hilfsbereiter und freundlicher Mensch sei ihr Bruder gewesen. Ausgehungert und vor Kälte zitternd sei er von Bord der »Scharnhorst« gegangen und nach Schweden geflüchtet. Eine Norwegerin habe ihn aufgenommen und versorgt und das sei keine Liebschaft gewesen, wie Vater behauptete, mit der sich ihr Bruder angeblich »amüsierte«. Die Frau habe kein Wort deutsch gesprochen, sie habe damals schon zwei Kinder gehabt, die sie nicht verlassen hätte, um mit Walter Gröger nach Schweden zu flüchten. Auch das sei eine unwahre Behauptung. In ein KZ nach Rostock sei sie gekommen und habe viel Leid erfahren und sei schwer krank schließlich entlassen worden.

Bei der großen Rettungsaktion der vielen Menschen aus dem Osten, für die Disziplin und Ordnung bei der Truppe notwendig gewesen seien, da hätte ihr Bruder gerne mitgemacht, es sei ihm nicht möglich gewesen, da er sich in Gefangenschaft in Akershus, einem Gefangenenlager für politische Häftlinge, befunden habe.

Sein Hauptmann und Kompaniechef habe seine Aufrichtigkeit, seinen Fleiß und seine Sauberkeit im Arbeitseinsatz im Zuchthaus in Akershus gelobt und ihm gute Führung attestiert.

»Das jedoch haben Sie, Herr Filbinger, für nicht erwähnenswert gefunden! Wenn Sie meinen, mit Ihrem Buch die ganze Wahrheit gesprochen zu haben …, dann kann ich Ihnen nur attestieren, dass Sie armselig verloren haben!«

Als ich auf Seite sechs zu Ende gelesen hatte, ihre Liste von Vorwürfen und Anklagen, faltete ich den Brief zusammen, steckte ihn in den braunen Umschlag hinein und zurück in die Innenklappe des Ringbuches.

Es war inzwischen Mittag geworden, Zeit das Essen zu kochen. Meine Tochter würde bald aus der Schule zurück sein, eine Unterbrechung, die ich bitter nötig hatte. Aber der Brief von Frau Galke ging mir nicht aus dem Sinn. Hatte Vater je eine Antwort an sie geschickt? Sicher nicht, die Abschrift wäre vorhanden. Wie ging es ihr heute? Gab es einen Weg, eine Brücke zu bauen? Es sollten Wochen des Grübelns vergehen, ich überlegte hin und her, was ich tun konnte, nur den Brief traute ich mich nicht noch einmal hervorzuholen. Und dann, an einem Montagmorgen, viel Geschäftliches war zu erledigen, der Terminkalender voll, war es so weit. Mein Brief an Ursula Galke, ich musste ihr schreiben.

Ob sie jemals eine Antwort erhalten habe? Wie es ihr heute gehe? Ob sie Genugtuung empfunden habe durch die Rehabilitierung der Deserteure? Ob an eine Aussöhnung zu denken sei? Eine Begegnung? Ein Gespräch? Bedenken, Zweifel an der Richtigkeit des Briefes verwarf ich, auch die Ratschläge derer, die ich um Hilfe gebeten hatte, es nicht zu tun, waren mir egal. Ob sie überhaupt noch am Leben war, ob sie Familie hatte, ihre Adresse noch immer stimmte, das wusste ich nicht. Aber dass der Brief abgeschickt werden musste, da war ich mir ganz sicher.

Ich war erleichtert. Jetzt war wenigstens eine Hand ausgestreckt. Wie oftmals, wenn ich etwas Schwieriges, über das ich lange nachgedacht, in Angriff genommen hatte, jegliches Kalkül beiseitegeschoben hatte, kehrte Ruhe in meinem Innern ein.

Einige Wochen später erhielt ich einen Anruf von Ursula Galkes Tochter. Ihre Mutter sei wenige Tage zuvor verstorben, habe aber meinen Brief noch erhalten und sich darüber gefreut. Viel mehr könne sie mir gar nicht dazu sagen, fuhr Frau Galkes Tochter fort. Sie selbst habe nur sehr wenig über die ganze Geschichte mit ihrem Onkel gewusst, das meiste erst durch das, was durch Rolf Hochhuth herauskam, womit die Familie Galke nicht einverstanden gewesen sei, und durch alles, was danach geschah. Bis dahin war in ihrer Familie über Onkel Walter praktisch kaum geredet worden.

Frau Galkes Tochter erzählte mir, dass sie lange Zeit kein einfaches Verhältnis zu ihren Eltern gehabt habe. Zu viel war in ihrer Familie geschwiegen, zu wenig offen ausgesprochen worden. Ja, denke ich bei mir, wie gut ich das verstehen kann. Wir beide sprachen noch lange, über die Familie, über Eltern und Kinder und darüber, wie wichtig es für die nächste Generation ist, dass geredet wird und Versöhnung stattfindet.

Als ich auflegte, war es schon vier Uhr nachmittags. Gern hätte ich jemand zum Reden dagehabt. Aber ich war allein, ich zog mein Tagebuch aus dem Regal und machte mir ein paar Notizen. Mein Blick fiel in den Garten. Ob die Rosen diesmal die Kälte überstehen? Etwas verspätet, die kalten Nächte mussten ihnen schon zugesetzt haben, kam ich auf die Idee, Herrn Wagner anzurufen und um Folie zu bitten, damit wir die Beete abdecken konnten. Mutter hatte die Beete mit den Polyantha-Rosen immer rechtzeitig mit Reisigzweigen zugedeckt.

Wer weiß, was ich noch alles finde unten im Keller, im Regal, dachte ich. Mir fiel der Spruch des Propheten Jesaja ein: »Denkt nicht mehr an das, was früher war. Seht her, nun mache ich etwas Neues.«

39 |

Nun bin ich fast am Ende meines Buches angekommen. Die letzten Seiten müssen noch geschrieben werden. Zum ersten Mal seit den vielen Jahren, in denen ich mich mit diesem Vorhaben befasse, denke ich darüber nach, in welchen, in wie vielen Bücherregalen es einmal stehen wird. In Bibliotheken vielleicht, auf den Kindle geladen, für eine Weile gespeichert und dann gelöscht. Entsorgt.

Alles in Ordnung, denke ich, wichtig nur, dass die Geschichte festgehalten, zu Papier gebracht wurde. Kein weißes Blatt mehr übrig bleibt von dem, was mich seit meinem 27. Lebensjahr beschäftigt und was ich rund um die Ereignisse von 1978 beschrieben habe. Eines jedoch bleibt zu tun, eine Frage ist noch offen, und vielleicht habe ich sie hinausgezögert, mich bis jetzt davor gedrückt, darauf die Antwort zu suchen, schließlich war Vater ja auch Mitglied in der NSDAP. Ich will es wissen, war er nicht doch ein Nazi? Noch einmal werde ich in den Keller hinuntergehen, den weißen Vorhang vor dem Regal zur Seite ziehen und die kleinen, dunklen, von der Zeit brüchig gewordenen Büchlein, nicht größer als Taschenkalender, herausgreifen und lesen.

Das Erste datiert aus dem Jahr 1940. Bis zum Kriegsende und darüber hinaus hat er sie geschrieben, in der Zeit, als Vater Soldat war und später den Posten als Marinerichter bekommen hat, den er nicht wollte. Wer war Vater als junger Mensch? Wer war er, als er 27 Jahre alt war, und was finde ich da über seine Gesinnung? Ich habe ihn zeitlebens nie als einen Menschen erlebt, der die Definition eines Nazis erfüllt, eines Zynikers oder Rassisten, eines, der Abfälliges über andere, über Minderheiten verbreitete. Aber die frühe Gesinnung, sein Denken als junger Mensch, was weiß ich darüber? Ein mulmiges Gefühl habe ich bei diesen Gedanken.

Seit dem Fund im Sommer 2009 habe ich diese ersten schriftlichen Zeugnisse von ihm höchstens auszugsweise angesehen. Seit dem Fund weiß ich, dass Vater den Tagebüchern sein Innerstes anvertraute. Wo, wenn nicht hier, kann ich etwas über seine innere Haltung in dieser Zeit fnden? Einen Blick hatte ich schon mal hineingeworfen, Stichworte notiert und versucht, die blasse Schrift zu entziffern, herauszufinden, wann und wo die Aufzeichnungen gemacht wurden; vieles ist unleserlich, Datum und Ort kaum zu entziffern. Es gibt Lücken in den Eintragungen, denn nicht jeden Tag hat er geschrieben. Ob ich einen Fachmann für Handschriftenlesen engagieren sollte, hatte ich mich gefragt.

Nun liegen sie neben mir auf dem Tisch, meine gelben Zettel kleben darauf, die Stellen, die ich bereits als wichtig ausgemacht habe. Über das Soldatendasein, die Barbarei, seinen Widerwillen am Richterberuf, erste Nachrichten aus KZs, über das Saufen und die Liebe und den Schmerz. Und dazu die Briefe von Reinhold Schneider, dem Dichter der »Inneren Emigration«, den er im Freiburger Kreis kennen gelernt hatte. Als »Rufe aus einer anderen Welt« hatte er diese Briefe empfunden.

»Wenn Sie es wirklich wissen wollen, dann gibt es nur eines: Sie müssen Seite für Seite lesen!« Das hatte mir ein Historiker gesagt. Ich möchte es wirklich wissen.

Damit ich einigermaßen über die Zeitumstände Bescheid weiß, klappe ich mein Laptop auf und lese im Netz über den Kriegsverlauf nach, am Boden vor mir breite ich eine Landkarte aus: Norwegen 1940.

Tromsø und Kirkenes, Narvik und Harstad, die vielen Städte, die von den Deutschen angegriffen wurden.

Am frühen Morgen des 9. April 1940 erfuhr das norwegische Volk aus dem Radio die Nachricht, dass die Wehrmacht ihr Land angriff. Ohne Kriegserklärung. Deutsche Soldaten marschierten durch Oslo, der Flughafen Stavanger bei Sola war unter Beschuss, Städte wurden bombardiert, die Seeschlacht um Narvik hatte stattgefunden, Hunderte waren umgekommen, wurde gemeldet. Die Orte Elverum, Åndalsnes und Bodø waren von deutschen Truppen mit Stukas bombardiert worden. Überall kämpften norwegische Soldaten gegen die vorrückende Wehrmacht. Die norwegische Regierung, das Parlament und der König befanden sich auf der Flucht. Die Menschen waren wie gelähmt. So und ähnlich steht es in den Chroniken.

Im September, wenige Monate später, wurde Vater als Soldat der Kriegsmarine einberufen.

Ich blättere durch das erste Heftchen, die Tinte ist ausgebleicht, wie ins Meer getaucht, kaum zu entziffern seine Schrift. Welchem Menschen werde ich hier begegnen?

Ich finde eine Reihe von Einträgen, in denen mein Vater über das Soldatentum schreibt. Von der harten Schule des Militärs, die den Soldaten wie den Menschen formt. Ist er erstaunt, als er feststellt, dass in ihm das Harte wie das Weiche, das Rücksichtsvolle und das Rücksichtslose gleichermaßen stecken?

Jedenfalls schreibt er davon, dass nicht nur die soldatische Erziehung wichtig ist – Entschlusskraft, Disziplin, Ordnung – sondern auch die Ausprägung der inneren Haltung. Damit kann, so verstehe ich seine Worte zu dieser Zeit, der gute Soldat auch ein aufrechter Mensch sein.

Doch er scheint auch Momente des Zweifelns verspürt zu haben, etwa wenn er sich die Frage nach dem Sinn seines Tuns stellt, wenn er sein Verhältnis zu Gott und seinem Glauben hinterfragt. Während ich lese, gewöhne ich mich immer mehr an seine Schrift.

Es muss eine Entwicklung gegeben haben, 1940 notiert die Chronik neben mir, fühlt sich Hitler auf dem Gipfel der Macht. Was schreibt Vater später, als sich die Lage bereits ändert?

Noch immer ist für ihn das Soldatentum ein Ordnung gebendes Element. Andererseits findet sich in seinen Aufzeichnungen immer wieder sein Sinn für die Dichtung wieder, für das Philosophieren, der für ihn nicht zusammen zu passen scheint mit dem Anspruch der Wirklichkeit, die das Handeln im Jetzt fordert, nicht das Sinnieren oder Betrachten. Will er härter werden, entschlossener?

Zur gleichen Zeit stellt er in einem anderen Eintrag fest, dass das Soldatentum die Hand für das Schreiben untauglich macht. Wer täglich, so verstehe ich seine Worte, mit dem Gewehr in der Hand agiert, der verflacht, dem geht allmählich der Sinn verloren für andere Formen des Ausdrucks und des Agierens.

Inzwischen dramatisiert sich die Kriegslage. Am 23. Juli 1942 gibt Hitler den Befehl – gegen erhebliche Bedenken der Generalität – zur Stalingrad-Offensive.

In Afrika sind die deutschen Truppen in aussichtsloser Lage. Am 8. November in der »Operation Torch« landen alliierte Truppen in Casablanca und Algier. Die deutschen und italienischen Truppen in Nordafrika werden von zwei Seiten in die Zange genommen.

Zu dieser Zeit lese ich in Vaters Aufzeichnungen von Sorge um das weitere Kriegsgeschehen und von der Möglichkeit, dass es zu einer Niederlage kommen könnte. Wie würde Deutschlands Schicksal in einem solchen Fall aussehen, fragt er sich – wie das Polens nach dem Ersten Weltkrieg?

Wir sind im Jahr 1942. Vater bekennt sich zum Soldatentum und bei allem, was ich lese, finde ich, dass auch in ihm das Soldatische mehr und mehr Gestalt annimmt. Auch den Deutschnationalen sehe ich, den Katholik – all das finde ich in den kleinen Büchern und es zeigt sich ein grausames Bild: der Krieg. Jetzt steht er nicht mehr zwischen den Zeilen, jetzt bestimmt er die Zeilen.

»Was glauben Sie denn«, erklärte mir ein namhafter Historiker, Professor Hans-Peter Schwarz, »was der Drill mit einem macht, auch mit Ihrem Vater gemacht hat!« – »Jetzt wurde er geschliffen«, fügte er noch hinzu, als ich ihm von meinem Eindruck berichtete.

Das mag sein, wir sind alle Kinder unserer Zeit. Aber es gab auch Ausnahmen. Es gab den Vater von Joachim Fest und dessen frühes Berufsverbot wegen »öffentlich herabsetzenden Reden gegen den Führer«, die er 1933 gehalten hatte. Und Fest blieb bei dieser Haltung, selbst als seine Frau ihn zu einer »gewissen Nachgiebigkeit gegenüber den Machthabern« bewegen wollte. Wie war das möglich? Was machte diese frühe Reife, diese Erkenntnis aus? Und was ließ ihn durchhalten? Und wieso waren es so wenige, die handelten wie er?

Aber die Frage, die mich drängt, ist noch eine andere. Ich will ja wissen, ob und wenn ja inwieweit mein Vater vom nationalsozialistischen Gedankengut infiltriert wurde. Seine Gesinnung, wie war sie? Und wonach muss ich suchen? Ich lese weiter, Seite für Seite.

Manches Mal erschrecke ich, wenn er sich nach Heldentum sehnt, die großen Taten für das Vaterland anstrebt und diesem zu dienen bis in den Tod.

Er hatte sich zur U-Boot-Flotte beworben, doch sein Gesuch war abgelehnt worden. Das hatte ihn zutiefst betrübt. Er schreibt über den Überdruss am Richterberuf und wie wohl er sich fühlt wenn er an Bord ist. Zuviel Würde habe er in dieser Rolle aus seiner Sicht, und seine Jugend falle ihr zum Opfer.

Im Juli 1943 schreibt er davon, wie gebannt er den Seekrieg verfolgt und jede Erfolgsmeldung ihm neue Hoffnung gibt, die Kriegspropaganda funktioniert augenscheinlich auch bei ihm noch vorbildlich. Tatsächlich wirft er sich selbst Unbeständigkeit in Haltung und Meinung vor, spricht von Ereignissen, die ihn dazu bringen, den Geschehnissen »seit 1933« in Deutschland nachträglich uneingeschränkt zustimmen zu wollen.

An dieser Stelle muss ich mit dem Lesen innehalten. Was meint er mit dem Geschehenen, das er bewundern möchte? Er schwankt, ringt und sucht, woran er Selbstkritik übt, und scheint seine alters- oder schwächebedingten Urteilsgrenzen zu erkennen. Ist es ein Ringen um eine ureigene Position, die er (noch) nicht hat?

Dann wieder folgen Einträge voller Bedrohlichkeit und Sorge, am 3. August notiert er erschüttert die Zerstörung Hamburgs im Feuersturm.

Noch im selben Jahr erfolgt Vaters Berufung in die Marinejustiz: Einsatz in Deutschland und im besetzten Norwegen (August 1943 bis Oktober 1944: Kirkenes; November bis Dezember 1944: Tromsø; ab 1945 Oslo) steht in seiner Biografie.

Wenig finde ich über seinen Alltag als Marinerichter, nur den einen Fall eines Deserteurs, der von Bord gegangen ist, die extensiven Recherchen, Ermittlungen, ein hartes Brot sei diese Arbeit. Und das zweifache Todesurteil gegen Pfarrer Möbius, das ihn erschüttert, ob er etwas tun kann …

Er schreibt erneut von regelrechtem Widerwillen, den er bei seiner Richtertätigkeit empfindet. Dieses Tagebuch endet im Dezember 1944. Vater erzählt noch vom Untergang der Tirpitz, dann schreibt er im Weiteren vor allem über seine aktuelle Lektüre, Ortega y Gasset, Kopernikus, er beschäftigt sich mit Grundfragen der menschlichen Existenz. Mein Eindruck bei der Lektüre ist, dass er sich zurückzieht in die Welt der Literatur und Philosophie. Das nächste Tagebuch beginnt dann erst im März 1945. Ich suche natürlich nach dem Fall Walter Gröger, aber dazu kann ich keine Einträge finden. Fehlt ausgerechnet das? Mir fällt auf, wie wenige Bemerkungen er insgesamt zu seiner Arbeit macht.

Im Mai schließlich resümiert er, als er den Selbstmord Hitlers festhält, dass nun offenbar das Tor zur Welt wieder aufgestoßen sei, und dass es nun endlich wieder möglich sei, überhaupt ein Gespräch zu führen. Zuvor sei jeder Wortwechsel mit einem anderen Menschen entweder nur in irrealer Missachtung der allgemeinen Situation möglich gewesen oder als Zersetzung der Wehrkraft aufgefasst worden.

Am 15. Mai 1945, also schon nach Kriegsende, erfahre ich aus seinem Eintrag schließlich, dass ihn die ersten Berichte der Alliierten über die Gräuel der KZ erreicht haben. Er kann, trotz allem, was er selbst in seinen Kriegsjahren erlebt haben muss, kaum fassen, dass diese schrecklichen Grausamkeiten, das massenhafte systematische Morden, wirklich stattgefunden haben. Eine Katastrophe, in der Deutschland nun steckt, so stellt er für sich fest.

Als ich dieses Büchlein zuklappe, schaue ich mich um. Mir schmerzen die Augen. Es ist etwas anderes, Dokumentationen im Fernsehen zu sehen, als Dokumente in der Hand zu halten. Ich komme mir merkwürdig unwirklich vor. Was soll ich denn nun denken?

Ich habe keinen Beleg gefunden für den Nazi, den Hitlerverehrer womöglich, für den Sadisten, den Rassisten. Nichts. Sehr wohl für das Soldatentum, den Kampf, das Heldentum. Aber auch für die Verflachung, die es bewirkt. Aber ist das nun die Wahrheit, diese eine Wahrheit, die ich gerne hätte? Ich schaue mich um, längst ist es Nacht geworden, der Tee auf dem Couchtisch ist schon lange kalt, die Kerze im Stövchen verloschen.

Neben mir liegt noch ein kleines Büchlein. *Der Kreuzweg* steht auf dem Umschlag aus dünner, brauner Pappe. *Für Hans Filbinger, in herzlicher Verbundenheit, Reinhold Schneider, Freiburg 25.XII.42.*

Die Freundschaft zu diesem Mann war Vater sehr wichtig, er

hat ihn verehrt. Sonette und andere Schriften, die Schneider ihm nach Norwegen geschickt hat, stehen noch im Regal. Den Briefwechsel zwischen den beiden von 1941 bis 1944 habe ich kürzlich gelesen. Wir übergaben ihn der Badischen Landesbibliothek und bald werde ich die Abschriften auch der Konrad-Adenauer-Stiftung zukommen lassen.

Ich weiß, dass, als die beiden Männer sich nach Kriegsende wiedersahen, es eine schmerzliche Begegnung für Vater wurde. Er bat Schneider um ein weltanschauliches Zeugnis, doch dieser hatte Bedenken. Offenbar, so hielt es Vater in seinem Tagebuch fest, waren es politische Äußerungen seinerseits gewesen und besonders seine militärischen Überzeugungen, die Schneider zu dem Schluss kommen ließen, dass mein Vater der NS-Ideologie nahe stand. Vater schreibt, er habe sich bemüht, es Schneider gegenüber zu verbergen, aber dessen Einschätzung habe ihn sehr getroffen.

Ein Satz von Reinhold Schneider fällt mir ein: »Aus dem Zirkel der Schuld befreit allein schonungslose Wahrheit.« Und ein zweiter Satz: »Loslassen können ist Gnade. Ein zusätzliches Geschenk ist Gelassenheit.« Als ich endlich vom Sofa aufstehe, alles beiseitelege, dämmert es bereits. Mein Blick fällt auf einen Bildband, der auf einem Hocker liegt, Tito hat ihn verfasst. Ein Bildband über das badische Land. Ich muss lächeln. Wie viele Fäden habe ich durch das Arbeiten an diesem Buch wieder aufgenommen. Erst kürzlich habe ich Dick Allen wiedergetroffen. Wie viele neue Menschen sind in mein Leben getreten, die mir Mut machten, die bereitwillig Auskunft gaben, die mir halfen. Ob Wissenschaftler oder die Freunde aus der Schreibgruppe. Ich ziehe die Vorhänge ganz beiseite und öffne die große Schiebetür zum Garten. Die frische Morgenluft – plötzlich durchströmt mich ein Gefühl von Dankbarkeit, von tiefer Dankbarkeit, für alles, für einfach alles.

40 |

Ich habe inzwischen zum zweiten Mal Einsicht in die Stasiakten beantragt, ein langer, ein schwieriger Prozess, wer würde denken, dass man mehr als zwei Jahre warten muss. Meiner jüngsten Schwester Alexa habe ich von den Vorbereitungen zu dem Kongress anlässlich von Vaters 100. Geburtstag erzählt. Und natürlich auch von diesem Buch hier. Sie ist fast eine Generation jünger als ich und manchmal beneide ich sie um ihre flapsige Art, die Leichtigkeit, die sie hat. »Hoffentlich wird das nicht so 'ne semibraune Soße«, sagt sie, als ich vom wissenschaftlichen Kongress erzähle, ich muss lauthals lachen.

Inwischen war ich noch zweimal beim Haus in Günterstal, einmal im Sommer mit einer Freundin. Die jetzige Besitzerin war so nett, uns in das leere unrenovierte Haus noch einmal hineinzulassen. Ich zeigte meiner Freundin den Garten, den oberen und den unteren, den viel zu groß gewordenen Tulpenbaum mit seinen kuriosen grünen tulpenähnlichen Blüten. Wir konnten in mein altes Kinderzimmer gehen und in das Elternschlafzimmer. »Ist hier dein Vater gestorben?«, fragte die Freundin mich. Ich nickte: »Ja.« – »Und die Mutter auch? Hier?« Wieder nickte ich: »Ja.« Ich stand am Fenster und schaute hinaus, wie klein mir hier jetzt alles vorkam. »Und da sind die Matratzen rausgeflogen, als die ›Spinnweben‹ kamen? Komm, wir machen ein Foto von dir, wie du da am Fenster stehst«, sagte die Freundin. Dann gingen wir in die Bibliothek. »Hier hat er immer gesessen und wenn du von da zur

Tür reinkommst, siehst du es, es war wie eine Schneise, man ging direkt auf ihn zu.« Wir gingen auf die Terrasse hinaus, dort wo ich mit Vater zuletzt gestanden hatte, er von seinen Orden erzählte und ich das mobile Sauerstoffgerät in der Hand hielt. »Und wo waren die Tagebücher?«, fragte die Freundin. »Hier war die Schrankwand mit den Büchern und hier in der Mitte, dahinter versteckt, da waren sie.« Ich holte ein Foto heraus und zeigte ihr, wie es früher aussah.

Seit ich begonnen habe zu schreiben, ist mir Vater näher gekommen, als er es früher war. Ich würde mir wünschen, dass ein neues Licht auf ihn fällt, und zwar so, dass sich nun jeder selbst ein Bild machen kann, ein Bild, das man aus verschiedenen Blickwinkeln her ansehen kann. Und nicht länger ein Abziehbild des Vorurteils.

»Was werden Sie mit dem Raum machen?«, fragten wir die neue Besitzerin. Sie lächelte: »Vielleicht einen Yogaraum oder Qi Gong?« Eine gute Idee. Wir verabschiedeten uns, auf dem Rückweg wollten wir noch in den »Kybfelsen« gehen, aber er war geschlossen.

Im Herbst letzten Jahres war ich ein letztes Mal am Haus, diesmal allein. Ein Baukran stand im Garten und vor der Garage ein Dixi-Klo. Ich ging auf den Friedhof, legte ein Sträußchen auf das Grab der Eltern. Diesmal hatte der »Kybfelsen« geöffnet, doch ich beschloss, im Zugrestaurant zu essen, und einen Sekt genehmigte ich mir. Und dann zog ich mein Notizbuch heraus, lauter weiße Blätter für neue Geschichten, ganz neue.

Mein Dank gilt der Schriftstellerin *Liane Dirks*. Ich habe wiederholt ihre Seminare über die Kraft und die Bedeutung des biografischen Schreibens besucht. Sie hat mir Mut gemacht und mich immer wieder darin bestärkt, meine Geschichte anzuschauen und aufzuschreiben. Dafür mein inniger Dank.

Für Ermutigung und viel Zuspruch beim Schreiben bedanke ich mich bei *Eric Gutzler, Agnes Spiewack* und *Esther Jörns;* für tägliche treue Unterstützung bei *Shera Kielgas* und *Danielle Gelhard;* für professionellen Rat und Sachverstand bei *Christoph Scholz* und *Hubertus Sepaintner;* für moralischen Beistand bei meinen Schwestern *Johanna* und *Alexa* sowie Geduld, Rücksichtnahme und viel Kraft bei meinen Kindern *Johannes* und *Anna-Georgia.*